예술하는 일상

Everyday, Doing Art in the City

부산문화재단
BUSAN CULTURAL FOUNDATION

부산문화재단
문화+@ 총서

1-문화+도시

1

예술하는 일상

Everyday, Doing Art in the City

윤주 김용승 박소윤 박현정 양초롱 원향미 이영범 이철호 정종은

부산문화재단
BUSAN CULTURAL FOUNDATION

부산문화재단
문화+@ 총서

1-문화+도시

강윤주 김용승 박소윤
박현정 양초롱 원향미
이영범 이철호 정종은

1

예술하는 일상

Everyday, Doing Art in the City

부산문화재단
BUSAN CULTURAL FOUNDATION

프롤로그

과거 산업화 시대, 도시는 공단 조성과 도시 개발이 중심이었습니다. 그 과정에서 문화적 불균형이나 생태 문제가 야기되기도 했습니다.

2015년 유엔이 유엔발전어젠더로서 지속가능발전(SDGs) 의제를 제시한 것과 유엔 해비타트Ⅲ의 키토 선언에서 '모두를 위한 도시'를 채택한 것을 통해 우리는 도시가 지향해야 할 가치가 무엇인지를 보게 됩니다. 즉, 오늘날 도시는 도시거주자 모두를 위한 도시를 표방하며 문화, 환경, 생태와의 조화와 균형 속에서 지속 가능한 상생을 추구하며 나아가고 있습니다.

이와 같은 맥락에서 『예술하는 일상』은 도시와 도시거주자, 그리고 문화를 성찰하면서 예술을 행위하는 도시거주자의 일상성으로서 도시를 조명하고자 합니다. 도시에서 문화를 즐긴다(창작과 향유)는 것은 '모든' 도시거주자의 권리이며 그것은 한정된 시간이나 특수한 공간에 제한된 것이 아닌 일상의 것입니다. 그리고 이러한 도시거주자의 예술적 행위는 도시의 지속 가능한 발전과 미래를 위해 꼭 필요한 일일 것입니다.

부산문화재단의 『예술하는 일상』은 도시가 갖는 공공의 의미, 도시에서 이루어지는 예술의 다양성, 일상과 닿아있는 생활예술, 그리고 도시의 기억과 미래를 인문적 시각으로 탐색해 보고자 합니다.

깊은 성찰과 사유의 글을 실어주신 필자님들께 깊은 감사 드립니다.

부산문화재단 정책연구센터장 **박소윤**

목차

박소윤   프롤로그   06

1   도시와 공공성   10

박소윤   도시와 도시거주자의 예술, 일상   13
이영범   문화와 도시공공성   35

2   도시예술의 다양성   54

강윤주   시민예술 공동체의 생활예술   57
양초롱   도시와 예술의 만남   82
정종은   한국 문화정책의 역사적 변천과 장애예술의 방향 모색   99

3   일상 그리고 장소   124

박현정   도시 산책과 문화생태학적 의미   127
원향미   제3의 장소로서 문화공간은 도시를 어떻게 돌보는가   147

4   도시의 기억과 미래   166

김용승   도시의 기억과 문화시설   169
이철호   도시의 미래, 문화   187

참고문헌   204

도시와 공공성

도시와 도시거주자의 예술, 일상
박소윤 부산문화재단 정책연구센터장

문화와 도시공공성
이영범 건축공간연구원장

도시와 도시거주자의 예술, 일상

박소윤 부산문화재단 정책연구센터장

도시는 도시거주자의 집이다
일상의 예술 '하기'
모두의 일상, 예술
예술 '하는' 도시

도시는 도시거주자의 집이다

집은 어떤 곳인가.

사람들이 아침에 일어나 하루를 준비하는 곳은 대개 집이다. 직장에서 일하거나 학교에서 공부한 후, 많은 생각과 감정을 안고 다시 집으로 돌아가 일과를 정리하면서 쉰다. 어린 자녀이거나, 부모이거나, 혹은 다른 동거인이거나 모두에게 집은 하루의 시작이자 휴식이다. 이렇듯 거주자는 그 집의 명의가 누구이건 간에 그 공간에서 함께 먹고, 자고, 설거지나 청소와 같은 가꿈의 활동을 하면서 일상의 안정과 평안함을 누린다.

도시에도 다양한 이유로, 여러 삶의 모습을 가진 시민들이 함께 거주한다. 도시거주자라면 누구나 필요에 따라 학교와 도서관과 같은 공공시설을 이용하고, 도로와 공원, 그리고 그 도시의 자연경관을 공유한다. 주거권이 모든 사람이 인간다운 생활을 영위하기 위한 기본적인 권리이듯이, 도시거주자의 집인 도시를 누리는 도시권 역시 기본적인 권리이다.

도시에 대한 권리는 처음부터 도시거주자의 것은 아니었다. 오랫동안 도시는 소수의 권력자가 통치하는 땅이었기에, 도시거주자들은 통치자들이 허락하는 일부만을 누릴 수 있었다. 또한 산업혁명 이후 자본 중심 체제에서 도시의 땅은 이익 추구를 위한 공간으로 사유화되기 시작했다. 도시와 도시 현실은 사용 가치에 지배받게 되는데, 사용 가치의 보루이자 사용의 실질적 지배와 재평가의 근간이 되는 도시와 도시 현실은 교환가치와 산업화를 통한 상품의 일반화에 따라 종속되고 붕괴하게 된다.[1]

프랑스의 철학자 앙리 르페브르Henry Lefebvre는 도시의 공간이 소수를 위한 이윤 창출 도구가 아니라 도시거주자들이 전유하는 공간이 되어야 한다고 주장하며 도시에 대한 권리를 제시하였다. 도시에 대한 권리는 더 높은 형태의 권리, 즉 자유에 대한 권리, 사회화 속 개인화의 권리, 주거와 거주의 권리와 함께 나타나며 작품에 대한 권리(참여 활동에 대한 권리)와 전유에 대한(소유에 대한 권리와 매우 다른)권리가 함축되어 있다.[2] 도시거주자라면, 그들이 세금을 많이 내거나, 적게 내거나, 혹은 내지 않더라도 그 도시에서 일상의 행복을 누릴 권리를 가지고 있으며 도시 공간에 대한 중요한 결정에 있어 참여할 수 있어야 한다.

또한 도시는 지난 역사 동안 모두가 함께 만들고 가꾸어온, 그 자체로서 공공의 작품이므로 임의로 변경하거나 훼손시킬 수 없다. 도시는 단순한 물질적 제품이 아니라 예술적 결과물에 가까운 작품이기 때문이다. 앙리 르페브르는 도시는 역사의 작품이고, 다시 말해 역사적 조건에서 그것을 실현한 과단성 있는 인간과 집단의 작품[3]이라고 주장했다.

부산 시민공원이 있는 장소부산광역시 부산진구 시민공원로 73는 부산기지 사령부 캠프 하야리아가 있던 곳이었다. 광복 이후 미군정과 함께 미군이 주둔하게 되면서 1950년에 군부대가 조성되었다.

1995년 부산 시민사회단체를 중심으로 반환 운동에 들어간 결과

---

1 앙리 르페브르(2024), 곽나연 역, 『도시에 대한 권리』, 이숲, p.40.
2 앙리 르페브르(2024), 위의 책, p.244.
3 앙리 르페브르(2024), 앞의 책, p.108.

그림 1. 어린이들이 부산시민공원에서 뛰어놀고 있다. ⓒ박소윤

2006년 미군기지 폐쇄가 결정되었으며 2010년에는 캠프 하야리아가 사용하던 부지를 반환받게 되었다. 16만 평이 넘는 평지인 데다 시내 중심부와 가까운 곳이라 상업적으로도 매력 있는 입지였으나 시민 모두의 공원을 조성하기로 의견을 모았다. 2011년 시민들의 자발적인 나무 기증 운동과 함께 공원 조성을 시작하여 2014년 마침내 시민들에게 개방하였다.

미국 뉴욕의 하이라인 파크The High line도 원래는 1934년 개설된 고가 화물 철도였다. 물류 수송에 있어 트럭이나 항공기 같은 교통수단의 이용 증가로 기존의 철로를 더 이상 이용하지 않게 되자 1980년 폐선되었다. 10여 년 방치되다 보니 잡초들이 우거지고, 오물이 쌓이면서 도시의 흉물이 되어갔다.

1990년대 부동산 개발업자들이 인근 첼시 지역 개발을 위해 철로를 철거하고자 하였으나 조슈아 데이비드Joshua David와 로버트 하먼드Robert Hammond를 중심으로 만든 비영리단체 '하이라인의 친구들Friends of Highline'은 첼시 지역의 예술가, 주민들과 함께 철거에 반대하며 공중 정원으로 만들자는 제안을 했다. 10년 넘는 기간 동안 토지주, 건물주, 철도회사, 뉴욕시 관계자, 뉴욕시 주민들이 합의하고 노력한 결과 2005년 철로 소유사 CSX Transportation는 하이라인을 뉴욕시에 기증하게 되었으며, 하이라인은 도시거주자들의 정원이자, 예술 공간으로 변모하여 2009년 마침내 개장하게 되었다.

이 두 사례는 도시의 공간 사용에 대한 도시거주자 권리의 중요성과 이행 가능성을 보여주고 있다. 중앙이나 지방정부의 행정 결정이나 자본가의 사업 논리가 아니라 도시거주자들의 주체적이고 역동적인 저항과 노력이 그 시작점이었다. 두 공원 모두 뜻을 세운 후 공원 개장이 이루어지기까지 무려 19년이 소요되었다. 그것은 같은 길을 가기로 합의하고, 이해관계를 조율하고, 방법을 만들고, 꿈을 이루어 가는 과정의 예술이었다.

도시에 대한 권리 개념은 자본에 의해 지배되는 도시를 그곳에 사는 사람들을 위한 도시로 변혁해야 하며 그것은 도시거주자들의 '권리'라고 규정하는 점에서 인권과 연결된다.

2차 세계대전 직후 제정된 「유엔헌장」 제1조에서는 국제 평화 및 안전과 함께, 인종·성별·언어·종교에 따른 차별 없이 모든 사람의 인권 및 기본적 자유에 대한 존중을 촉진하고 장려한다는 것을 적시하였으며 이어 1948년 12월 10일 유엔총회에서 전 인류가 함께 추구해야 할 보편적 기준으로서 「세계인권선언」을 선포했다. 1966년에는 국제법적 효력을 가진 인권 관련 국제조약이 채택되었는데 「시민적·정치적 권리에 관한 국제조약ICCPR」(통칭 자유권 조약)과 「경제적·사회적·문화적 권리에 관한 국제조약ICESCR」(통칭 사회권 조약)이 그것이다. 유엔 해비타트는 사회권 조약 가운데 주거에 대한 권리와 연결성을 갖는다.

1948년 「세계인권선언」 및 1950년 「유럽 인권 협약」에 근거하여 1998년 유엔 인권선언 50주년 기념 회의에서 「도시에서의 인권 보호를 위한 유럽 헌장」을 발의했다. 이 헌장의 제1장 총칙에서 도시는 그 안에 사는 모든 사람에게 속하는 집합적 공간이며 이들은 정치적·사회적·생태학적 발전을 가능하게 하는 조건들에 대한 권리를 가지고 있음을 천명하고 있다. 동시에 도시거주민들은 연대에 대한 책무를 진다고 하면서 지방자치 당국은 가능한 모든 수단을 동원해서 모든 사람의 존엄과 거주민 삶의 질을 존중 하도록 권장하고 있다.

여기서 주목할 점은 '그 안에 사는 모든 사람'이다. 법적 제도 안에 있는 시민으로 제한하지 않은 점은 시시하는 바가 크다. 이러한 방향성은 유네스코와 유엔 해비타트의 「도시에 대한 권리 헌장」(2004)에 영향을 주게 된다.

1976년 캐나다 벤쿠버에서 개최된 유엔 해비타트HABITAT I, 제1회 유엔 인간 정주 회의에서 「인간 정주定住에 관한 벤쿠버 선언」을 하게 된 이후 20년마다 전 세계 인구의 정주 방안과 도시발전 방향을 공표하는 자리가 마련되고 있다.

유엔 해비타트 I 의 도시 의제는 '모두를 위한 적정한 주거'였다. 유엔 해비타트 I 은 주거 및 도시 문제의 해결을 위한 국제협력의 필요성을 공감하고, 1977년 유엔 인간 정주위원회UN Commission on Human Settlements와 유엔 인간 정주센터UN Center for Human Settlements를 설립하였다.

1996년 터키 이스탄불에서 해비타트 II 가 개최되었는데 이때의 도시 의제는 '모두를 위한 적정한 주거와 환경적 지속가능성'이었다.

2005년 유네스코와 유엔 해비타트는 도시에 대한 권리 개념에 입각한 도시정책을 제시했는데, 지금까지 국가 차원에서 논의되던 인권을 도시 차원에서 바라보게 되었으며 핵심 주제는 지방 민주주의와 도시 거버넌스, 도시에서 배제되고 소외되는 집단에 대한 사회적 포용, 도시의 문화적 다양성과 종교적 자유, 값싸고 쾌적한 도시 서비스에 대한 권리이다.

2016년 10월 에콰도르 키토에서 유엔 해비타트 III 가 열렸는데 이때의 핵심 주제는 주거권을 넘어 도시권이었다. 「새로운 도시 의제The New Urban Agenda」를 제시하며 '모두를 위한 도시cities for all'를 주창하게 되었다.

유엔 해비타트 II 에서도 지속 가능 도시발전이라는 방향성은 있었으나 주거 중심이었고 사회환경적 측면이 강조되었다. 유엔 해비타트 III 는 도시에 대한 권리와 모두를 위한 도시라는 '새로운' 도시 의제를 천명하면서 도시에 대한 권리는 글로벌 의제로서 위상을 갖게 되었다.

유엔 해비타트 III 에서 도시가 그곳에 거주하는 '모두'에게 도시를 누리는 것이 권리임을 선포하는 것은 도시의 주체가 바뀌는 사건이었다. 이

것으로 도시에 사는 다수자, 원주민뿐 아니라 소수자, 이주민, 장애인 등
경계에 있던 '모든' 사람이 도시의 주체가 되었다.

　　모두를 위한 도시 cities for all라는 주제는 앙리 르페브르가 주장한 '도시
에 대한 권리'와 일치하고 있어 유엔 해비타트Ⅲ가 이를 근간으로 하고
있음을 알 수 있다.

　　「모두를 위한 지속가능한 도시와 인간 정주에 관한 키토 선언」 11장
에는 다음과 같이 '도시에 대한 권리'를 비전으로 명시하고 있다.

> 　　우리는 도시와 인간 정주의 평등한 이용과 향유를 의미하는 '모두를 위한 도시
> cities for all'라는 비전을 공유한다. 이러한 비전하에 포용성을 증진하도록 노력하며,
> 모두를 위한 번영과 삶의 질 개선을 위하여, 현재와 미래 세대의 모든 거주자가 어
> 떤 종류의 차별도 받지 않고 공정하고 안전하며 건강하고 접근성 있으며 저렴하고
> 회복력 있으며 지속 가능한 도시와 인간 정주 공간에 거주할 수 있도록 하며, 그러
> 한 도시 및 인간 정주 공간을 창출할 수 있도록 노력한다. 우리는 '도시에 대한 권리
> the right to the city'로 지칭되는 이러한 비전을 법률과 정치선언문 및 헌장에 명시한
> 일부 국가와 지방정부의 노력을 중요하게 여긴다.[4]

　　이와 같이 도시거주자라면 도시에 대한 권리가 있다고 하지만, 우리
나라는 이민법이 없는 나라다. 산업현장, 농어촌, 건축 현장 등 외국인 노
동자는 사회 곳곳에서 일하고 있지만 대한민국 국민이 되기는 어렵다. 그
들 대부분은 E9 비자, 즉 비전문취업 비자 소지자인데 E9 비자는 유효
기간이 3년으로 최대 1년 10개월까지 연장할 수 있다. E9 비자를 받고 4
년 10개월이 된 외국인 노동자가 출국한 후 성실 근로자로 인정을 받거
나 특별 한국어 시험을 통과한 경우, 단 1회만 재입국할 수 있다. 따라서
한국에 입국한 외국인 노동자 중 일부는 다시 입국하지 못할 것을 우려하
여 출국하지 않고 불법 체류를 하게 된다. 그리고 속인주의의 원칙에 따
라 그들의 자녀는 한국에 태어나더라도 대한민국 국민으로 등록되지 못
한다.

　　<날고 싶어>(2016)는 제10회 이주민 영화제에 출품된 작품이다. 감
독은 산타모니카, 방글라데시 이주노동자의 딸이다. 그녀의 부모는 외국인

4　국토연구원(2020), 『해비타트Ⅲ: 새로운 도시의제(2016)』 p.10.

노동자로 한국에 들어왔다. 아버지는 일시 귀국했다가 입국 허가가 나지 않아 돌아오지 못하고 있고, 어머니와 다른 가족들은 다시 한국에 돌아올 수 없을지도 모른다는 생각에 방글라데시에 가지 못한 채 불법 체류 중이다.

산타 모니카의 어머니는 마석 가구공단에서 방글라데시 노동자들과 함께 일하고 있다. 한국에서 태어난 산타 모니카의 동생은 미등록 이주민이라 학교에 다니지 못하고 있으며, 산타 모니카는 한국에서 거주하고 있으면서도, 사회적으로 존재하지 않는 자신들의 현실을 작품 속에 담아내고 있다.

우리의 도시에는 장기 체류 이주민과 등록되지 않은 그들의 자녀가 함께 살고 있다. 한국은 아동의 '출생 등록될 권리'가 기본권임을 천명한 「유엔 아동 권리 협약」을 비준한 당사국이지만 「가족 관계의 등록 등에 관한 법률」에 따라 한국에서 태어나더라도 부모가 외국인인 경우나 외국인 어머니가 혼외로 출산한 경우, 그 아동의 출생등록은 불가능하다.

이에 따라 외국인 노동자의 자녀 다수는 미등록 상태로 학교 교육이나 예방접종, 건강검진과 같은 의료 혜택에서 배제되어 있으며, 법적인 보호조차 받지 못한다. 게다가 한국에서 태어나서 줄곧 성장하고 있음에도-**그들의 집은 이곳이다.**- 늘 추방당할 수 있다는 두려움을 가진 채 거주하고 있다.

우리나라는 2008년 「다문화가족 지원법」을 제정하였으며 전 행정기관에서 다문화정책을 실시하고 있다. 그러나 이 법의 정의에서 명시하듯, 다문화가족이란 「재한외국인 처우 기본법」이든지, 「국적법」이든지 간에 일단 대한민국 국적을 취득한 자에게만 해당한다. 「국적법」 제 5조 1항에 의하면 외국인이 귀화 허가를 받기 위해서는 5년 이상 계속하여 대한민국에 주소가 있어야 하는데 E9 비자로 입국한 외국인의 경우 계속해서 대한민국 주소를 유지할 수 있는 최대 기간이 4년 10개월이다. 그러므로 E9 비자를 소지하고 있는 외국인 노동자들은 결코 이 조건을 충족시킬 수 없다.

지구가 초연결되어 경제, 문화적 교류와 협력이 긴밀한 시대다. 이 말은 우리나라 국민 역시 다른 나라에서 디아스포라로 살아가고 있다는 말이다. 임마누엘 칸트Immanuel Kant나 에마뉘엘 레비나스Emmanuel Levinas가 말하던 세계 시민은 오늘날 지구에 사는 인류의 신분이 된 지 이미 오래다. 국가와 사회의 지속 가능한 발전과 번영은 일찍이 로마나 콘스탄티노플의 사례에서 볼 수 있듯이 다양성과 포용성에 있다. 그리고 무엇보다 사람에 대한 제도의 태도가 어떠해야 할지는 깊이 성찰해야 할 것이다.[5]

일상의 예술 '하기'

설마라고 생각하겠지만, 우리는 매일, 매 순간 일상에서 예술을 '하고' 있다. 유리코 사이토Yuriko Saito의 견해에 따르면 특별한 환경에서만 미학이 깃드는 것이 아니라 일상생활, 즉 빨래를 널고 설거지를 하고 마당을 쓸고 물건을 고를 때와 같은 일상의 행동에도 미학이 깃들어있다고 한다. 유리코 사이토의 일상미학에서 중요한 것은 일상과 비일상의 구별이 아니라 일상의 대상과 환경에 대한 우리의 미적 태도와 감상이 갖는 파급력을 간파하고 사회적 책임을 지향하는 것[6]이라고 한다. 그는 일상에서 발견되는 미학적 환경과 가치에 주목한다.

일상의 대상과 환경에 대한 미적 태도는 얀 바밍Yarn Bombming에서 볼 수 있다. 뜨개질 투하라는 명칭을 가진 이 퍼포먼스는 뜨개질 작품을 도로 표지판, 신호등, 건물, 버스 등에 입혀 도시를 따뜻하게 감싸는 공공예술이다. 얀 바밍을 처음으로 시도했던 미국의 아티스트 마그다 사예그Magda Sayeg는 TED 강연(2016.3.23.)을 통해 "우리 모두 빠르게 변화하는 디지털 세상에 살고 있으나, 여전히 공감할 수 있는 것을 갈망한다. 숨겨진 힘은 가장 소박한 곳에서 발견될 수 있으며, 우리 모두 발견되기를 기다리는 기술을 가지고 있다."라고 하며 자신의 퍼포먼스 의도를 밝혔다. 이것이 그녀가 가지는 일상에 대한 미적 태도이다. 소박한 뜨개질 전의 온도

5 본 장의 유엔과 유엔 해비타트에 대한 논의는 박소윤(2022), 「지속가능발전과 도시문화정책: 부산 문화현장을 통해 본 문화다양성의 지역회복 함의」, 부산대 박사논문의 p.40-50 참고.

6 배정한(2023), 「환경미학의 다변화와 일상미학의 부상-유리코 사이토의 일상미학 이론의 의제와 쟁점을 중심으로」, 「한국조경학회지」제 51권 2호, p.51.

가 다른 사람에게 전해지기를 바라는 것.

일상의 예술과 관련해서 빠질 수 없는 논의가 있다.

19세기 후반 영국의 문필가이자 공예가 그리고 사회개혁가였던 윌리엄 모리스[William Morris]의 예술론이다. 그는 문화연구의 관점에서 볼 때, 인간의 예술 행위를 일상의 삶에서 일어나는 상징적 창조 행위의 과정으로 이해하고 그것이 민주적 삶의 존재 조건이라고 생각한 최초의 문화이론가라고 할 수 있다.[7]

윌리엄 모리스는 값비싼 비용을 지출할 수 있는 상류층들만 예술을 소유하거나 향유 하는 것에 문제를 제기했다. 일반 노동자들도 일상생활 속에서 질 좋은 수공예품들을 사용함으로써 심미적 아름다움을 소유하고 향유 할 수 있어야 한다고 주장하며 그 실천을 위해 지인들과 1861년 모리스 마샬 포크너 상회[Morris Marshall Faukner & Co]를 설립하여 운영하기도 했다.[8]

레이먼드 윌리엄스[Raymind Williams]의 "문화는 일상적"이라는 명제는 한 공동체의 중요한 의미 생산과정을 인간 정신 능력의 예외적 성취로서의 문학적 전통 속에 한정시켜 보는 관점에서, 일상적 삶 속에서 일어나고 있는 다양한 형태의 상징적 재현 행위로 확장시키는, 문제 틀의 전환을 의미한다.[9] 그래서 평범한 여성들의 대화가 예술이 되기도 한다. 미국의 새로운 장르 공공미술 아티스트 수잔 레이시[Suzanne Lacy]의 <크리스탈 퀼트[The Crystal Quilt]>(1985-1987)가 그것이다. <크리스탈 퀼트>는 22명의 예술가와 430명의 노년 여성들이 자신이 살아온 인생과 당시 겪고 있던 일들을 이야기 나눈 작품이었다.

빨간색과 노란색 사각 테이블이 다이아몬드 형태로 배치된 공간에 모여 앉은 참여자들이 10분마다 테이블을 바꾸면서 대화를 나눴는데, 그 과정을 사람들이 현장과 방송을 통해 관람한 프로젝트였다. 이 작품은 여성의 이야기를 당사자의 목소리로 발화하면서 서로 소통하고 연대하게 한 것으로, 보

---

7 여건종(2010), 「일상적 삶의 상징적 창조성-윌리엄 모리스와 유물론적 미학」, 『안과 밖:영미문학연구』 제28호, p.90.

8 1861년 포크너(수학자), 딕슨(시인), 마샬(화가), 로제티(화가), 웹(건축가), 브라운(가구디자이너), 번 존스(가구디자이너)와 함께 모리스 마샬 포크너 상회(Morris Marshall Faukner & Co)를 설립하였으나 1875년 모리스 단독 경영의 모리스 상회 (Morris & Co)로 변경하여 운영함.

9 여건종(2010), 위의 책, p.89.

통 사람들의 평범한 생애와 일상의 대화가 곧 예술작품임을 알게 해주었다.

존 러스킨^{John Ruskin} 역시 예술은 특별한 인간만이 아닌 모든 사람이 누릴 수 있는 것이라고 했다. 그의 가치관의 핵심은 예술-인간-사회의 유기적 관계 속에서 예술을 실현하는 것으로, 예술을 어떤 특정한 부류의 선택된 기술이 아닌 모든 사람이 누리고 향유 할 수 있는 공적인 가치로 확대하고자 하였다.[10] 이러한 존 러스킨의 사상은 윌리엄 모리스, 존 듀이에게로 전해졌다. 20세기 문화정책에서도 "예술은 모든 사람이 누리는 것"이라는 이들의 철학이 반영되었는데 그 시스템을 구성하는 방향에 있어서는 차이가 있었다.

1950년대 프랑스 샤를 드골^{Charles de Gaulle} 대통령 때 문화부 장관 앙드레 말로^{André Maiaraux}는 문화의 민주화^{démocratisationde la culture} 정책을 펼치면서 고급예술을 사회 저변에 널리 확대하고자 하였다. 이는 예술에 있어 엘리트 예술만 지원한다는 비판을 받았다. 이후 1980년대 프랑수아 미테랑^{Francois Mitterrand} 대통령 시절 문화부 장관 자크 랑^{Jack Lang}은 문화민주주의^{Démocratie culturelle} 정책을 표방하면서 고급문화와 하위문화의 이분법을 해체하고 문화예술교육, 생활문화, 아마추어 예술, 거리예술 등 모든 사람이 스스로 예술에 '참여'할 수 있는 정책들을 펼쳤다.

우리나라에서도 문화예술교육 지원법(2005), 지역문화 진흥법(2014)을 제정하고 학교와 사회 전반에 걸쳐 문화예술교육, 생활문화, 지역문화를 활발히 펼칠 수 있는 장을 마련하고 있다.

『시집살이 詩집살이』[11]와 『눈이 사뿐사뿐 오네』[12]는 전라남도 곡성군 서봉마을에서 농사를 짓는 할머니들이 쓴 시를 엮은 시집이다. 여성이라는 이유로 교육을 받을 수 없었던 할머니들이 그곳 길 작은 도서관(관장 김선자)에서 한글을 배우면서 쓰고 그린 시와 그림은, 보는 이들에게 보

---

10 성윤정(2009), 「존 러스킨의 예술사상에 나타난 '공공성'과 공공선의 의의에 관한 연구」 『디자인학 연구』 제 85호 22, p.163.

11 김막동, 김점순, 도귀례, 박점례, 안기임, 양양금, 윤금순, 조남순, 최영자. 『시집살이, 詩집살이』 북극곰, 2016.

12 김막동, 김점순, 박점례, 안기임, 양양금, 윤금순, 최영자. (기획: 김선자) 『눈이 사뿐사뿐 오네』 북극곰, 2017.

그림 2. 문화예술교육프로그램 <안으로의 길, 사랑의 공간> ⓒ부산문화재단

그림 3. 문화예술교육프로그램 <되돌아가는 시간 위에 서다> ⓒ부산문화재단

통 사람들이 지나온 인생의 굴곡과 일상의 따뜻함을 느끼게 해준다. 누구나 이렇게 멋진 예술을 창작하고 발표하는 시대가 된 것이다.

　　예술은 본연적으로 유희의 즐거움과 미를 추구하는 인간의 본성으로 생활 속에 자리 잡고 있었다. 빗살무늬 토기를 떠올려보자. 어슷어슷한 빗금을 줄 맞춰 그리면서 도공은 몇 차례나 지우고 그리기를 반복했을지도 모른다. 사실, 빗살은 기능 면에서 그리 중요한 것은 아니었다. 다만 심미적인 면에서 의미 있었다.

　　놋그릇을 만들고(유기장, 경기도), 모시를 짜고(한산모시짜기, 충청남도 서천군), 매듭을 묶고(매듭장, 경기도), 기와를 만들고(제와장, 전라남도), 들놀음을 하고(수영야류, 부산광역시 수영구), 농요를 부르는 것(고성농요, 경상남도 고성군)과 같이 일상의 노동과 놀이 들은 예술로서 국가 무형유산의 반열에 올라섰다.

　　우리는 알든 모르든 일상의 모든 순간 예술을 '하고' 있는 것이다.

그림 4. 문화다양성 페스티벌(2017) 런웨이 ⓒ부산문화재단

예술하는 일상

모두의 일상, 예술

　　마땅히 일상의 예술 '하기'는 모두의 것이 되어야 한다. 하지만 현실을 들여다보면, 곡성군 서봉마을에 길 작은 도서관이 있지 않았더라면, 위대한 할머니 시인들의 시와 그림은 탄생하지 못했을지도 모른다.

　　예술이 모두의 일상이 되기 위한 제도 기반은 이미 오래전부터 있었다. 1948년 세웠던 「헌법」 제11조에는 모든 국민은 법 앞에 평등하며, 누구든지 성별·종교 또는 사회적 신분에 의하여 정치적·경제적·사회적·문화적 생활의 모든 영역에 있어서 차별받지 않는다고 적시하고 있다.

　　「문화다양성의 보호와 증진에 관한 법률」(2014) 제3조 3항에서 국가와 지방자치단체는 국적·민족·인종·종교·언어·지역·성별·세대 등에 따른 문화적 차이를 이유로 문화적 표현과 문화예술 활동의 지원이나 참여에 대해 차별해서는 안 된다고 하면서 이어 제4조에서는 모든 사회구성원은 문화적 표현의 자유와 권리를 가지며, 다른 사회구성원의 다양한 문화적 표현을 존중하고 이해하기 위하여 노력하여야 한다고 하였다.

그림 5. 문화다양성 네트워크 페스티벌 게릴라 퍼포먼스(2016) ⓒ부산문화재단

같은 해 제정된 「문화기본법」(2014) 제4조에서도 모든 국민은 성별·종교·인종·세대·지역·정치적 견해·사회적 신분·경제적 지위나 신체적 조건 등과 무관하게 문화적 표현과 활동에서 차별 없이, 자유롭게 문화를 창조하고 문화 활동에 참여하며 문화를 향유 할 권리, 즉 문화권을 갖는다고 하였다.

이토록 여러 법에 걸쳐 모두 차별 없이 문화를 향유 할 수 있어야 한다고 주장한다. 하지만 이주민, 장애인, 젠더 등의 문제에 처한 소수자들은 여전히 차별이나 혐오를 겪는 상황에 쉽게 노출된다. 한나 아렌트^{Hannah Arendt}의 견해에 의하면 그것은 소수자들에게 부여된 표상의 문제이다. 표상을 가지고 타자를 바라보거나 혹은 표상을 통해 타자에게 보이는 것은 우리에게도 지극히 일상적인 경험이다. 게다가 표상의 시선은 정치적·경제적·사회적·문화적·신체적으로 우위에 있는 사람들이 그렇지 못한 사람들에게 부정적인 정체성을 부여하는 것과 밀접하게 결부되어 있는 경우가 많다.[13] 이런 시선의 문제에 대해서는 어떻게 대응해야 할까. 이 시선은 행동으로 표출되지 않더라도 분명히 전달되는 성질의 것이다. 표상의 전환이 필요한데, 이를 위해서는 소수자가 자신의 정체성을 드러내고 인정받는 행동이 필요하다. 헤겔은 자아는, 타자가 자립적인 가치로 자신을 인정하는, 인정에 대한 욕구를 가진다고 하였다. 그리고 그 인정 과정은 투쟁, 그것도 생사를 건 투쟁이라고 하였다. 이는 악셀 호네트의 인정 투쟁 개념으로 이어진다.

문화다양성 페스티벌(부산문화재단, 2016)은 소외되거나 배제된 소수자들이 공공의 공간에서 자신의 정체성을 드러내며 인정받고자 하는 예술 행동의 장이었다.

동물의 우리에 갇히는 체험을 제안하거나 모두가 우주인이라는 생각을 표명하기 위해 우주복을 입고 거리를 활보하는 등 적극적으로 자신의 목소리를 냈으며, 관람자들은 이를 '인정'으로 응답했다.

---

13   사이토 준이치(2020), 윤대석·류수연·윤미란 옮김, 『민주적 공공성』, 이음, p.61.

예술하는 일상

그림 6 . 문화다양성 네트워크 페스티벌(2016) ©부산문화재단

한나 아렌트 식으로 설명하자면 공공적 공간에서 자신이 누구Who인가를 리얼하고도 교환 불가능한 방법으로 '현상'시킨 것이었다. 다양한 소수성을 가진 도시거주자들이 디아스포라 문화의 이해, 젠더 평등, 세대 문제, 베리어프리, 동물권 등 각자의 생각을 주체적인 행동으로 보여준 것이다. 이것은 더 이상 거대한 이상을 추구하는 국가나 지방정부 중심의 공공성이 아니라 사적이고 작은 것들마저 의미 있게 포괄하는 공공성의 표현이다. '개인적인 것이 정치적인 것'이라는 페미니즘의 구호처럼 사적인 일상생활에 근거하고 있는 생활예술 활동이 정치적인 행위가 되는 것이다.[14] 이러한 측면에서 2012년부터 2020년까지 매년 추진한 문화다양성 페스티벌은 '일상생활의 공공예술'[15]의 의미를 갖게 된다.[16]

---

14 신지은(2018), 「일상생활의 공공성 공공예술을 중심으로」, 『로컬리티 인문학』 20호, 부산대 한국민족문화연구소, p.98.

15 신지은(2018), 위의 책, p.97.

16 본 장의 문화다양성 축제는 박소윤(2022), 「지속가능발전과 도시문화정책: 부산 문화현장을 통해 본 문화다양성의 지역회복 함의」, 부산대 박사논문의 pp.135-138 페이지 참고.

유네스코는 문화권에 대해 국가가 개인의 문화생활을 위한 여건을 마련하는 것만이 아니라 개개인이 자신을 표현하고 창조할 수 있는 수단을 마련하도록 하는 것이라고 규정한다.

영국 런던의 야드 극장The Yard은 2011년 폐쇄된 창고에서 임시 팝업으로 설립되었다. 야드는 전통적인 극장 관행에 도전하며 예술계에서 소외된 목소리를 내는 공간이 되었다. 이곳은 다양성에 초점을 맞추고 LGBTQ+[17] 및 장애인 커뮤니티를 포함한 소외된 커뮤니티의 목소리를 증폭하는 작품을 제작한다. 퀴어 하우스 파티Queer House Party와 같은 독립적인 나이트 라이프 이벤트를 개최하고 다양한 예술 집단과 협업하고 있다.

일본 오사카의 장애인 문화예술 센터BiG-i, International Communication Center for Persons with Disabilities도 장애인을 위한 다양한 예술 워크숍, 전시, 공연 등을 개최하며, 장애인이 예술 창작의 주도적 역할을 할 수 있도록 지원하고 있다.

일본 및 국제 예술가들이 참여하는 일본 예술문화 페스티벌Japanese Arts and Culture Festival과 같은 주요 행사를 개최하여, 장애인의 시각에서 바라본 예술과 자연의 주제를 공유하고 있기도 하다.

BiG-i의 기본 아이디어는 다음과 같다.[18] 장애인이 주도적으로 역할 수행을 할 것, 장애인의 예술·문화 활동, 국제교류 등을 통해 사회참여를 높일 것, 사람들에게 친근감을 느낄 수 있는 기관이 되고자 노력할 것.

예술은 기본권이며 도시의 일상 안에서 우리 모두는 예술을 즐겨야 한다. 지금은 그 실행에 집중할 때이다.

---

17 LGBTQ+에서 LGBT는 여자 동성애자인 레즈비언(lesbian), 남자 동성애자인 게이(gay), 양성애자인 바이섹슈얼(bisexual), 성전환자인 트랜스젠더(transgender)의 머리글자를 딴 말이다. Q는 queer 또는 questioning의 머리글자다. 성정체성을 명확히 할 수 없는 사람을 말한다. 일부에선 더 많은 성소수자를 아우르기 위해 LGBTQ+(플러스)로 쓰기도 한다. - 박혜민(2019.7.27), "동성애는 영어로 뭐라고 하지? LGTBQ의 뜻은?", 「중앙일보」

18 https://www.big-i.jp/contents/en/

예술하는 일상

그림 7. 장애인 무용 <오후 세시 프리퀀시> ⓒ무브먼트 프로젝트 도로시

예술 '하는' 도시

도시도 예술을 '한다'.

한다는 것은 수행성이자 주체성, 역동성을 의미한다. 예술을 '하는' 예술 행동은 예술과 정치, 성찰과 즐거움, 예술가와 관람자가 구분되지 않는 미적 행동주의이다. 행동주의란 문자 그대로 사회적 문제에 예술이 직접 참여하는 것을 말한다. 그런데 기존의 예술은 물론, 개인적, 사회적 삶의 다양한 의제들에 문화적으로 접근하는 일상의 다양한 예술 행동은 정치를 선전하는 도구가 아니며, 그 자체가 정치적 행동이자 미적 행동이다.[19]

앙리 르페브르에 따르면 '도시적인 것'은 도시의 반복적 일상을 비로소 가능하게 하고, 도시의 창조적 역량이 배태되는 근원을 지시한다. 앙리 르페브르는 도시적인 것의 의미가 구현된 사회를 '도시적 사회la société urbaine'로 지칭하고, 도시적 사회의 온전한 실현이야말로 산업사회 이후 사회운동의 도달 지점이 되어야 한다고 주장한다.[20] 반복적 일상을 가능하게 하고, 도시의 창조적 역량이 배태되는 것은 공공예술의 영역이다.

---

19 김주현(2013), 「포스트예술 시대의 미학과 비평」 『시대와 철학』 제24권 2호, p.133.
20 신승원(2016), 『앙리 르페브르』 커뮤니케이션북스, p.52.

그림 8. 독일 뮌스터 조각 프로젝트 <On Water>(2017) ⓒ김예인

　위르겐 하버마스Jurgen Habermas는 공론장public sphere은 일반의 관심을 끄는 이슈가 토의되고 여론이 형성되는 공적 논의의 장으로서, 민주적 참여와 민주적 과정에 필수적이라고 한다.[21]

　독일 뮌스터 조각 프로젝트Sculpture Projects in Münster는 1977년 시작된 이후 10년 간격으로 열리는데 이 시간 간격은 도시거주자들의 충분한 논의와 준비를 위한 것이다. 즉, 공공예술에 있어 공론장의 민주적 작동이 이루어지는 것이다. 뮌스터 조각 프로젝트는 도시와 도시거주자, 현대예술의 조화로운 존재 방식을 보여주고 있다. 또한 한정된 전시장이 아니라 거리, 공원, 광장, 항구 등 도시 곳곳의 공공장소에 예술작품을 설치함으로써, 이 작품들의 미적 세계는 도시거주자들의 일상생활 속 한 부분으로 스며들게 된다.

21　앤서니 기든스·필립 W.서튼(2023), 김봉석 역, 『사회학의 핵심 개념들』, 동녘, p.313.

예술하는 일상

그림 9. 영국 런던 트라팔가 광장 ⓒ박소윤

영국 런던 중심부 트라팔가 광장에는 포스 플린스4th Plinth이라고 불리는 단상이 있다. 원래 윌리엄 4세의 기마상이 설치될 예정이었으나 예산 부족으로 계속 빈 상태로 있었다. 1994년 영국예술상공업진흥회Royal Society of Arts에서 이곳에 전시가 이루어져야 한다는 제안을 한 후, 여러 작가의 작품을 돌아가면서 전시하기로 하였다.

예술가, 언론인, 큐레이터로 구성된 포스 플린스 운영위원회Fourth Plinth Commission의 공개 협의와 의사 결정을 통해 올릴 작품을 선정하고 있는데 2009년 선정 작품은 앤서니 곰리Anthony Gormley의 <One & Other>이었다.

100일 동안 하루 24시간, 한 시간마다 한 명씩 이 단상에 섰다. 여기에 참여한 2,400명은 무작위로 선정되었다. 그러므로 이 단상 위에서 이루어진 개별 퍼포먼스는 무려 2,400편이었다.

사람들은 행위하고 말하는 것 안에서 자신이 누구인가를 내보이고, 세상에서 하나밖에 없는 자신의 정체성을 능동적으로 드러내며 인간 세계에 현상한다.[22] 그러므로 현상의 공간에서는 그 '누구'를 주목하는 타자가 필요하다.

이 퍼포먼스를 한나 아렌트식으로 해석하자면, '이성의 공적 사용'을 희망하고 자신을 존재하게 하는 '타자'를 갈망한 보통의 사람들이 얼마나 많았는지 알 수 있다. 광장 퍼포먼스를 통해 참여자들은 '현상'할 수 있었으며, 이성의 공적 사용을 통한 WHO로서의 '공적 행복'을 느낄 수 있었다.[23]

이 작품은 그 자체로 도시중심부 기단 위에 누가 서야 하는가를 질문한 예술적 공론장이었다.

현대사회에서 자발적이자 산발적인 일상의 다양한 예술 행동, 일상 문화정치에 참여하는 다중이 등장했으며, 이들은 각자의 관심과 방법에 따라 사회적 의제를 구성하고 문제 해결에 참여한다.[24]

2010년은 지역소멸의 문제가 도시의 현안이 되던 시기였다. 공공예술 프로젝트였던 <부산 회춘 프로젝트>는 지역 청년들이 지역소멸에 대응하여 상호 연대와 협력을 다지는 서브 컬처의 장이었다. 청년들의 문화적 '굿'인 이 예술 행동은 지역 활기를 되찾겠다는 목표를 표방하고 있었다.

그림 10. 부산회춘 프로젝트 <비가 오나 눈이 오나 릴레이 거리공연 100일> ⓒ부산문화재단

22 한나 아렌트(2019), 이진우 옮김, 『인간의 조건』, 한길사, p.239.
23 박소윤(2022), 앞의 책, p.169.
24 김주현(2013), 앞의 책, p.132.

예술하는 일상

온천천 문화 살롱, 비가 오나 눈이 오나 릴레이 거리공연 100일, 공연 배달 프로젝트, 사운드 퍼니쳐 프로젝트, 청춘 상징 참여형 조형물 프로젝트, 스트리트아트 프로젝트, 서브 컬처 네트워크 워크숍, 온천천 에코 퍼레이드, 커뮤니케이션 아트 프로젝트, 청춘 게릴라 아트 프로젝트, 서브 컬처 네트워크 페스티벌, 서브 컬처 온라인 아카이브 프로젝트, 다큐멘터리 제작, 매뉴얼 북 출판 프로젝트가 실행되었다. 이는 당시 전국적으로 많은 반향을 일으킬 만큼 폭발적인 에너지를 보여준 것이었다.

2019년 12월 실시한 부산문화재단의 <수정아파트 프로젝트>는 빈집에 문화예술교육 활동을 들임으로써 그 지역에 대한 역사성과 정체성을 발굴하고 지역 공동체를 연결하고자 한 커뮤니티형 문화예술교육프로그램이었다.

장소는 1960년대에 지어진 후 오랫동안 방치된 수정아파트^{부산시 동구 망양로 685번길 11}의 빈집이었다. 인구 감소로 인해 도시 내 빈집들이 사회적인 문제가 되던 때였다.

부산문화재단을 중심으로 예술가, 활동가, 문화예술교육자, 주민공동체 등이 함께 수정아파트 16동 B208호를 주민들의 문화예술교육 사랑방으로 16동 B405호는 수정아파트 주민들의 아카이빙 전시 공간인 아카이빙 수정으로 열었다.

프로젝트 진행 두 달 전부터 지역 주민들과의 소통을 통해 주민 참여형 프로그램으로 진행함으로써 주민들을 문화예술교육의 주체자이자 생산자로 참여하도록 했다.

또한 저소득층이라는 사회 계층이 아닌 부산의 굴곡진 근대사를 일군 주인공들의 미시사로 그들의 인생과 일상을 조명하고, 빈집이라는 기피 장소를 지역민들의 문화사랑방으로 전환 시키는 시도를 한 것이었다.[25]

---

25 박소윤(2024), 「빈집에 대한 예술적 기억과 환기」, 『한국문화사회학회 2024 봄 학술대회 발표집』, p.8.

이와 같이 도시거주자들의 의사 결정을 통해 보통 사람, 일상 공간의 작품화로서 공공예술이 존재하기도 하지만 도시 문제에 대응하는 방식으로 작동하기도 한다.

공공예술은 도시거주자들의 문화적 '마주침'의 접경을 넓혀가는 작업이다.

사람들이 서로 얼마나 가까이 있는가, 행동과 사건과 우연한 마주침들이 얼마나 동시적으로 행해지는가 하는 것들이 도시 사회의 정의 바로 그 자체인데, 사람들은 서로 마주치는 가운데 공간을, 상대적인 도시 공간을 생산한다. 그들은 도시의 사람들이 되며[26] 그들이 마주치는 도시의 일상은 그 자체로 예술이 된다.

그림 11. 수정아파트 프로젝트 (2019) ⓒ부산문화재단

---

26 앤디 메리필드(2015), 김병화 역, 『마주침의 정치』, 이후, p.115.

예술하는 일상

문화와 도시공공성

이영범 건축공간연구원장

문화를 통해 도시공공성을 이야기하는 이유
문화적 공공성과 공간언어
제도와 사업으로서의 문화 패러다임의 성찰
도시에서 문화적 공공성을 실현하는 전략

1. 문화를 통해 도시공공성을 이야기하는 이유

우리가 문화를 통해 공공성을 이야기하는 이유

도시에서 혼자의 삶이 함께 사는 삶으로 전환되거나, 궁극적으로는 함께 사는 삶을 통해 자신의 삶이 의미를 갖기 위해서는 공公과 사私의 이분법적 대립구조나 사유私有의 지배가치가 만드는 갈등과 모순을 보완할 수 있는 제3의 가치를 필요로 한다. 이의 대안적 가치로서 등장한 것이 공공성이다. 사유私有와 공유共有, 사익私益과 공익公益의 극단적인 분할에서 생기는 삶의 공백지대를 메우고 양분화된 가치를 통합할 수 있는 공간을 생산하고 소비하는 과정에서 우리는 문화를 통해 구현될 수 있는 공공성에 주목하기 시작했다.

문화가 갖는 속성으로서의 공공성은 도시공간에서 공유와 공존의 가치를 실현하는 속성을 갖는다. 문화에 담긴 공공성과 공동체적 가치를 통해 개인적인 삶과, 함께 어울려 사는 공동체의 삶의 태도는 궁극적으로 삶터로서의 도시공간과 우리들의 일상적 삶을 연결해 살고 싶은 도시를 일궈내어 그 도시에서의 자유롭고 민주적인 인간다운 삶을 가능케 한다. 결국 문화에 내재된 공공성의 가치는 사유와 사유의 사이 영역, 사유와 공공의 사이 영역, 공공과 공공의 사이 등과 같은 중간 영역에 존재함으로써 함께 사는 삶으로서의 공동체성을 실현해 낸다.

문화 정체성과 다양성, 그리고 문화공동체

문화는 대표적인 속성으로서의 정체성과 다양성을 기반으로 성립된 소통의 언어로 정의할 수 있다. 문화다양성과 관련해 문화에 내재된 정체성과 다양성을 "우리가 한 사회의 문화를 말할 수 있는 것은 그 성원들 사이에 공유되는 일관된 정체성이 문화를 통해 표출되기 때문이며, 문화를 통해 각각의 사회가 구별되는 것은 각 사회가 고유한 자신만의 문화를 지니고 있기 때문이다"라고 파악할 수 있다.[1]

우리는 문화도시 재생의 핵심 콘텐츠로 문화예술을 차용한다. 이때 문화가 장소가 갖는 아우라와 결합해 생명력 있게 작동하기 위해서는 장소에 거주하거나 관계를 맺는 거주자나 구성원들 사이에서 공유될 수 있는 자신만의 장소의 정체성과 그 안에 내재된 구성원들의 개성이나 생활방식에 따라 문화가 실현되는 차이로서의 다양성이 함께 있어야 한다. 개별적 정체성이 서로 공존하면서 생성되는 다양성을 인정할 때 형성되는 공동의 문화 정체성을 통해 지역활성화나 재생의 동력을 삼는 것이 필요하다.

쇠퇴한 도시를 문화를 통해 재구축하여 형성된 문화정체성과 다양성은 문화공동체로 이어진다. 문화공동체로 성장할 때 이 둘의 가치를 통해 지역에서 자기주도적 내생적 발전과 외부에 대해 주체적으로 열린 개방적 상호교류가 가능해진다. 결과적으로 문화공동체로 결합된 지역의 장소적 미학과 생활문화의 다양성이 곧 지역재생의 동력으로서의 경제, 사회, 생활양식의 창조적 혁신을 가능하게 하고 문화공간을 통해 창의적인 문화시민을 키워 궁극적으로는 다원적인 문화사회로 성장할 수 있다.

---

1 목수정(2005),' 다름을 통해 서로를 풍요롭게-프랑스의 문화다양성 정책', 『문화도시 문화복지』 vol. 168.

예술하는 일상

그림 12. 속초시 수산물 공동할복장 유휴공간의 문화화_도시와 예술의 얽힘 'HERE' 전시와 공연 ⓒ 이영범, 2024

공공성이 발효되는 시간의 사회적 가치

주민의 삶 속에서의 문화적 향유를 높이고 지역의 활력을 증진시키기 위해 문화란 콘텐츠가 본격적으로 도시와 결합된 사례가 문화도시 사업이다. 문화를 통해 도시를 재생하는 문화도시 사업은 사업비 지원을 전제로 할 때 통상 5년의 시간이 부여된다. 이때 중요한 것은 물론 문화란 콘텐츠와 이 콘텐츠가 주민들의 삶에 밀착될 수 있도록 만드는 관계망의 구축이다. 이 관계망은 사업이 정해놓은 일정 안에서 주어진 예산으로 쉽게 형성되지 않는다. 그래서 문화가 주민들의 삶 속에서 파고들어 일상에서의 문화적 공공성이 발아되기 위해서는 시간이란 스케일을 중요하게 고려해야 한다.

문화가 삽입되어 도시가 다시 활력을 되찾고 삶터에서 도시민의 삶의 관계망이 재구성되는 문화적 재생의 시간은 재생에 걸리는 사업일정으로서의 시간Duration이 중요한 것이 아니라 시간을 통해 드러나는 다양한 이해 주체들의 역학관계나 그 관계를 풀어나가는 타협, 조정과 중재의 과정Process으로서 시간이 중요한 것이다. 문화를 통한 도시재생 과정에서의 시간은 결국 문화가 개입되어 공간과 삶의 관계망을 재구성하는 데 '얼마나 걸리느냐'의 문제이다.

문화도시 재생의 메커니즘 안에서 걸리는 시간이 절대적 가치가 되는 이해당사자가 있고 걸리는 시간이 절차적 과정이 되는 이해당사자가 있을 수 있다. 문화도시 사업의 주체로서 행정의 경우 시간은 결국 사업이 정한 목표나 성과를 달성해 내야만 하는 물리적 기준이지만 지역사회에서 일상생활과 문화를 동일시하는 내부적 거주자인 커뮤니티의 경우 시간은 물리적 가치보다는 사회적 가치로서 존재한다.

즉 예산을 투입하는 행정이나 사업 주체의 경우 단기간에 투자한 사업비의 효과가 빠르게 달성되길 바라지만 지역 커뮤니티의 경우 내부의 소통과 조정, 타협 등 절차적 시간이 길면 길수록 내부의 이해관계로 인한 갈등과 반목의 가능성은 줄어들고 절차의 정당성과 내용의 합리성을 최대한 획득하게 된다.

이렇듯 문화를 통한 공공성의 실현 과정에서 시간의 가치는 동일한 메커니즘 안에서도 이해 주체에 따라 다르게 작동한다. 서로 다른 이해는 동일한 변수에 대해 서로 다른 가치를 부여하기 마련이다. 문화도시 재생의 주체와 재생을 통한 수혜자가 서로 일치하며 동시에 이들 수혜자로서의 주체가 재생의 대상지 내부에 존재할 때, 시간은 절차적 과정의 의미를 가진다. 즉 공공성이 실현될 수 있는 과정으로서의 시간은 예산이나 성과의 이해와 직결되는 물리적 가치라기보다는 문화적 재생을 위한 공동 가치를 만들어 내는 사회적 가치로서 이해될 수 있다.

절차적 공공성을 넘어
흔히 공공프로젝트에서 발견되는 행정 주도의 프로세스와 결과물이 만드는 문제점으로 활동가나 전문가들은 '사업이 절차의 정당성을 확보

예술하는 일상

하려고 노력하지만 내용의 합리성을 획득하지 못한다'라고 지적한다. 공공성을 얻기 위해 절차에만 매달리는 모습이 자주 목격되고 절차만을 위한 공공성 획득 노력이 결코 그 과정을 존립하게 하는 근본적인 가치를 우리에게 드러내지 못할 때 공공프로젝트는 시민의 곁으로 다가갈 수 없다.

내용의 왜곡은 근본적으로 절차의 왜곡에 근거한다. 특히 공공프로젝트에서 내용이나 결과의 정당성이 획득되지 못할 경우 그 절차는 정당하지 못하거나 아니면 적어도 정당성을 획득하는 시행착오를 되풀이하는 과정상에 놓여 있는 셈이다. 공공프로젝트의 절차는 발주하는 사업 주체에 의해 만들어질 수 있지만 절차의 정당성은 최종 결과물을 향유하는 시민과 같은 사업 주체의 외부에서 획득된다고 볼 수 있다. 따라서 절차의 정당성이 확보되기 위해서는 절차가 담는 내용의 합리성이 충족되어야 한다. 즉 절차는 내용과 구분될 수 있는 영역이 아닐뿐더러 정당성의 문제 역시 합리성의 문제와 구분될 수 없기 때문이다. 공공성은 목적의 타당성, 과정의 합리성, 방식의 민주성, 결과의 사회성을 확보할 때 도시공간 안에서 사유의 욕망을 제어하며 공유의 가치를 높일 수 있다.

이처럼 행정편의나 이해에 따른 소극적인 법규적 공공성에 의해 야기되는 의도의 축소나 왜곡은 결국 법/제도에만 의존한 공공성 실현의 차원에서 생기는 문제이다. 법/제도에 의한 공공공간에서 공공성의 왜곡은 사유화된 공공성, 상징적 공공성, 억압적 공공성을 낳게 되고, 공공에 의한 이데올로기적 공공성의 실현은 결국 제도적 공공성이나 파편화된 공공성으로 전락하고 만다. 조작된 공공성의 한계를 극복하고 생활 속에서 즐길 수 있는 가치가 되기 위해서는 공공성은 유쾌해야 하며 민주적이어야 하고 다수가 동의할 수 있는 정당성을 확보해야 한다.[2]

---

2 이를 공공성이 실현되는 성격에 따라 구분하면 절차적 공공성, 합목적적 공공성, 민주적 공공성, 차별화된 공공성의 확보로 구분할 수 있다. 절차적 공공성은 공공성 실현에서 절차의 합리성을 이야기하며 합목적적 공공성은 공공성이 실현하는 가치의 타당성을 획득하느냐의 여부에 관한 것이다. 그리고 민주적 공공성은 공공성 실현에서 참여의 민주성에 관한 개념이며 차별화된 공공성은 공공성 실현에서 이용 주체와 이해관계 등 수요와 성격에 맞는 기능의 다양성을 획득하느냐에 여부에 따라 결정된다. (이영범·염철호, 2011)

2. 문화적 공공성과 공간언어

던지는 질문들

수없이 반복되듯 디자인되어 도시 곳곳에 박힌 문화예술 공공프로젝트에 내재된 작가적 주관성과 주제의 보편적 미학, 그리고 덧대어진 문화적 공공성의 가치가 과연 도시민의 삶을 보다 가치 있게, 보다 깊이 있게, 보다 풍요롭게 하였는가?

장소에 내재된 힘과 도시민의 도시에서의 보다 풍요로운 삶을 위한 사회적 욕망을 충족시키기 위해 작동하는 문화예술의 개입이 도시공간의 장Field에서 유효하기 위해서, 즉 도시라는 구체적인 이해의 장에서 문화의 일상적 실천이 공공성의 가치로서 쓸모가 있기 위해서 무엇을 전제로 해야 하는가?

문화가 구체적인 삶의 공간과 결합되어 개개인의 삶을 보살피고 나아가 함께 사는 공동체의 사회적 가치를 형성해 내고 궁극적으로는 국가나 개인의 힘만으로는 해결하지 못하는 사회적 문제 해결의 주체적 힘을 키워 문화의 시민력으로 성장하기 위해서 요구되는 문화의 공공성의 가치는 무엇인가?

이 몇 가지 질문은 도시에서 공공의 이름으로 실행되는 프로젝트에서 구사되는 문화예술의 디자인적 쓸모를 보다 더 인간 삶에 밀착하기 위해서 지금 우리가 무엇을 고민해야 하는 지에 대한 물음이다.

그림 13. 대구 수창청춘맨션_일상에서 문화를 만나는 방식 © 이영범, 2024

예술하는 일상

공공성의 양면, 작가적 공공성과 사회적 공공성

문화예술 영역 작가의 작업에서 공공성을 이야기한다는 것은 크게 두 가지의 관점을 지닌다. 하나는 작업의 과정에서의 공공성이며, 다른 하나는 그 작업이 갖는 사회적 의미로서의 공공성을 들 수 있다. 전자가 생산자로서의 작가적 태도에 초점이 맞춰져 있다면 후자는 이를 대하는 대중의 태도와 받아들임과 관련된 것으로 작가의 작품을 꿰뚫고 있는 주제와 그 안에 내포된 의미의 사회적 소통의 가능성을 강조한다. 그래서 작가의 작업에서 드러나는 공공성을 이해한다는 것은 작가적 공공성과 사회적 공공성이란, 공공성이 갖는 동전의 양면을 모두 살펴야 함을 의미한다.

지금까지 문화예술과 결합된 융합의 다양한 도시적 풍경이 사회적으로 작동되지 못한 이유는 바로 작가가 다룬 작가성이 공공성으로 전환되는 사회화 과정이 결여된 탓이다. 즉 작가성의 공공성으로서의 사회화 과정을 거치지 않고 작가성이 일방적으로 주도하는 '말하는 공공성'에 그쳤기 때문이다. 하지만 디자인이라는 소통 언어로 장소에 내재된 다양한 힘들이 문화예술에 접목되고 융합되어 이 사회에서 대중과 소통하기 위해서는 작가성이 공공성의 담론으로 치장되어서는 안 되며 사회적 가치의 실천이란 문턱을 넘어서야만 한다.

공간언어로 드러나는 문화적 공공성

도시공간에서 시민들이 체험하고 즐기는 문화의 공공성은 결국 공간을 통해 실현된다. 따라서 문화에 내재된 공공성과 공동체의 가치와 이를 담는 공간의 관계를 잘 디자인하는 일이 중요하다. 이를 위해서는 공간디자인 언어와 문화적 공공성이 드러나는 방식과 태도, 그리고 표현되는 콘텐츠에 주목할 필요가 있다.

공간디자인 언어와 공공성 언어가 동일할 경우가 이론상으로는 가장 바람직하다. 공간디자인 언어가 반드시 공공성 언어일 필요는 없지만 공간디자인 언어가 어떻게 공공성의 언어로서 존재하고 소통할 수 있을까에 대한 고민과 해답이 제시되어야 한다. 공공성을 공간디자인언어로 전환할 때 공공성을 해석하는 주체와 사용하는 주체를 세분화하는 것이 매우 중요하다.

도시가 원하는 보편적 가치, 시민이 원하는 구체적인 가치, 행정이 원하는 정책적 가치, 전문가가 제공하길 원하는 공간디자인 언어로서의 가치를 구분해서 접근하는 것이 초기 단계에 필요한 태도이다. 이들은 모두가 같은 공공성의 가치를 공유하지만 각자가 그리는 개념과 그 실천 방식은 다를 것이다. 그러나 비록 공공성의 언어가 다루는 이에 따라 각기 다르다 할지라도 이를 공간으로 구현해 내는 디자인 언어는 통합되어야 하는 현실에서 성패는 결국 이들이 그리는 조금씩 다른 공공성의 의미와 가치의 최대공약수를 어떻게 디자인 언어로 표현해 내느냐에 달려있다.

공공성은 주체의 사이나 생활영역 사이에서 늘 공백상태가 된다. 공공과 공공 사이의 경우, 공공공간 그 자체에 공공성을 담고 있기에 공공성의 질에 대해 등한시하는 경우가 허다하다. 공공과 사유 사이의 영역은 대체로 공공공간의 주된 관심 영역이지만 공공이 사유를 법제를 통해 형식적으로 지배하지만 사유가 공적 개입의 기능적인 작동을 억압하거나 조작한다. 사유와 사유 사이의 영역은 공공이 간섭할 영역이 아니기에 공공성이 방치된 경우가 많다. 그래서 자본에 의해 조작된 공공성, 생활문화와 유리된 이데올로기로서의 공공성, 자기 주장성으로 무장되어 지나치게 과대 포장된 상징적 공공성, 모든 공공사업에서 색깔 없이 나타나는 증후군으로서의 공공성이란 현상이 드러난다.

특히 공공성을 생활문화와 공공문화의 틀에서 접근한다면 공공건축과 공공공간에서의 공공성이 어떻게 다루어지고 있는지에 대한 성찰과 반성이 필요하다. 공공성 증후군에 의해 공공성이 과대 포장된 공공건축의 사례나, 생활문화의 향상을 위해 조성된 공공공간이 정작 생활문화와 유리되는 현상을 어떻게 극복하기 위해서 가장 먼저 요구되는 것은 우리 도시와 건축이 공공성을 실현하는 과정에 대한 진지한 성찰일 것이다. 그 성찰을 바탕으로 공공성을 다시 이야기해야 할 때이다.

사회적 이슈와 문화적 공공성의 공간적 실천

살아 숨 쉬는 역동적인 삶의 콘텐츠가 바로 공간을 구축하는 언어일 것이다. 우리가 도시공공성을 문화를 통해 구현하기 요구되는 전제조건들이 있다. 그것은 바로 공간의 인문학적 상상력, 지금 여기 우리들의 삶

그림 14. 삼성동 코엑스몰 별도서관_상업공간과 공공성의 결합 ⓒ 이영범, 2024

의 방식에 대한 질문, 함께 사는 공동체의 가치, 지구적 의제의 일상적 실천, 그리고 자유로운 상상을 통한 존재하지 않는 것에 대한 탐구 등을 포함한다.

　지금까지 공공성이 보편적 가치로서 인식되고 다루어졌다면 이제는 문화적 공공성을 정책과 사업의 공간적 실천이라는, 실행의 차원에서 세분화된 고민이 필요하다. 몇 가지 고려 사항을 적어본다면, 우선 주체의 세분화를 들 수 있다. 공간을 이용하는 주체를 세분화하고 이에 대응하는 공공성의 언어를 차별화하는 것이다. 그렇게 되면 시간과 공간에 따라 변화하는 사용자 그룹과 공간영역의 관계가 훨씬 더 적극적으로 설정될 수 있다. 그리고 두 번째 사항은 무장애 공간을 실현하는 것이다. 물리적 무장애를 넘어서서 사회적 장애가 발생할 여지를 줄이고 오히려 소통의 공간이 될 수 있도록 공공성을 활용해야 할 것이다. 세 번째로는 사회적 이슈를 다뤄야만 한다. 우리 사회의 변화 중 두드러진 특성이 다문화사회로의 전이이다. 공공성은 공존과 공유의 가치이어야 하기에 함께 사는 다문화공동체에 대한 포용이 절실하게 요구된다.

　글로벌 이슈의 실천 역시 중요하다. 친환경성을 통해 에너지를 절감하고 저탄소를 실천하는 노력이 공공성에 결합되어야만 한다. 이외에도 지속가능성과 사용자에 의해 창의적으로 변화하거나 완성될 수 있는 유연성을 확보해야만 한다. 이를 위해서는 상징과 과시에서 벗어나 창의와 자유를 주제로 구현된 공간언어를 통해 대중적 즐거움과 흥미를 생활 속에서 누릴 수 있는 구체적인 대안을 모색하여야 한다.

그림 15. 춘천 마임축제와 문화도시박람회 개막공연_문화공간의 인문학적 상상력 © 이영범, 2024

공공성의 내적 밀도Intensity, 어떻게 강화할 것인가?

　공간에 삶이 끼워 맞추어지는 것이 아니라, 삶의 역동적 힘에 의해 공간의 새로운 가치가 탄생하고 그 공간을 통해 개인적 삶이 사회적으로 더욱 성숙되어 남과 공유할 수 있는 삶으로 바뀌는 것이 도시 공공성이 꿈꾸는 세상이다. 도시에서 공간을 통한 공공성의 제공은, 도시의 공유 가능한 다양한 공적 공간이 직접 삶을 바꿀 수 있는 가능성을 제공하는 일이며 동시에 공적 공간을 통해 삶이 주체적으로 바뀔 수 있는 가능성을 만드는 일이다.

　우리가 사는 일상 공간에서의 공공성이 어떤 형태로 존재해야 하는지는 곧 사회 속에서 삶을 매개로 시민들이 자발적으로 제도로서의 문화를 향유하며 이를 기반으로 스스로 일상의 문화를 만들어 나갈 공동체 공간을 어떻게 만들고 가꾸어 나갈지에 대한 고민과 같다.

　따라서 문화를 통해 도시공간의 공공성을 디자인한다는 것은, 공간을 통해 재생산되는 지배적인 가치나 사회가 추구하는 거대담론으로 인해 억압되고 불편해진 삶의 영역을 개인의 생활공간을 통해 보다 풍요롭게 열어나가기 위한 문화의 사회적 실험이라고 말할 수 있다. 그런 의미에서 문화를 통해 구현되는 공공성은, 완성된 가치로 제공되기보다는 사용하는 사람들의 삶에 의해 체험되고 재창조되는 가치로서 다뤄져야만 한다. 따라서 공공성을 담는 문화공간 언어 역시 완성된 공간이 아니라 과정형 공간으로서의 성격을 가져야 한다. 공간의 여지를 가져서 사용자가 창의적으로 재창조할 수 있는 공간이 이제는 공공성의 문화적 내적 강도

　　　　　　　　　예술하는 일상

Intensity가 높다고 할 수 있으며, 이처럼 형식보다는 내용에서 공공성의 밀도를 높여 문화공간의 생명력이 끊임없이 재생될 때 공공성은 생활 속에서 지속가능하게 된다.

사회적 이슈를 실험하고 실천하는 문화판의 공공프로젝트가 공간적 실천을 통해 공공성의 내적 밀도를 강화하기 위해서는 공공성을 구현하는 차원을 공간적 스케일hardware level과 가치적 스케일software level로 구분하여 다루되, 이들이 어떻게 서로 연계되어 통합가치를 만들어 낼 수 있도록 할 것인지를 끊임없이 고민해야 한다. 지금까지는 공공성의 영역에서 공간과 가치의 문제가 개별적으로 다뤄져 왔다. 공공성은 삶과 공간환경의 관계에 놓인 가치이며, 일상생활 공간에서의 공공성에서 시작하여 사회적 가치로 확산되고 궁극에는 문화적으로 공유되어야 한다. 이 과정이 사업 단위로서의 시간에 얽매이지 않고 삶의 역동성에 의해 지속될 때 문화를 통한 공공성의 내적 밀도Intensity가 강화된다.

3. 제도와 사업으로서의 문화 패러다임의 성찰

문화, 제도화와 사업화의 오류

공공이 거대한 사업비를 투입하여 도시를 문화라는 특정한 테마로 새롭게 만들 수 있다는 사고는 결국 폐쇄적이고 경직된 문화공권력을 양산하게 된다. 흔히 문화를 통해 도시를 재생하거나 다양한 시민문화 콘텐츠를 활성화하겠다는 제도와 정책사업이 표방하는 가치와 다르게 도시의 미래가 문화의 공적자본을 쥐고 있는 문화공권력과 문화 하드웨어에 갇혀 진정한 의미의 문화적 가치를 상실하는 경우가 많다.

문화는 살아서 움직이는 콘텐츠이다. 그 안에는 우리가 파악하기 힘든, 그리고 제도나 사업으로 제어하기 힘든 다양한 관계의 힘이 담겨있다. 그 힘을 무시하고 문화공권력이 주도하는 사업이란 형식에 기반한 인위적인 문화도시 만들기는 문화를 지향하면서도 모순에 가득 찬 비문화적인 절차를 차용할 수밖에 없다.

문화라는 좋은 의도로 시작하지만 개념화, 제도화, 사업화가 진행되는 과정에서 자연스럽게 문화공권력이 형성되고 그 권력으로 인해 톱다운top-down방식의 사업의 경직성이 생기면 시민이 주체가 되어 도시의 일상생활 문화의 풍부한 콘텐츠를 끊임없이 재생산해 낼 수 있는 민간의 자생적 문화판을 형성하기 어렵게 된다. 결코 민주적이지 못한 절차를 걸쳐, 그리고 문화공권력의 개입으로 인해 왜곡된 문화의 제도적 힘이 오히려 자생적인 시민문화의 지속성을 저해하게 된다.

문화에의 집착과 탐욕의 산물이라는 오명을 벗어나려면 지금 이 순간 도시공간에 흩뿌려지는 문화적 단편들이 시민들의 일상과 어떻게 연계해야 할 것인지를 고민해야만 한다. 문화를 공간화하고 다양한 문화 프로그램들을 실행할 때 지나치게 행정의 사업과 예산에만 의존하게 되면 시민들의 일상생활 속에서의 문화 실천이 결국 제도화되고 사업화되며 여기에 익숙하거나 길든 문화 관련 기획자들이나 활동가들도 그 사고나 방식이 점점 관료화된다.

행정 주도의 경직된 문화 군집지의 형성

문화의 제도화, 사업화, 관료화의 문제를 벗어나기 위해서는 먼저 문화가 도시공간에서 실현되는 과정에서 만나는 시민들의 일상적 삶에 주목할 필요가 있다. 도시공간에서 문화를 구현하는 작업은 도시민들에게 정주된 삶의 문화적 환경을 약속하는 일이다. 따라서 문화도시나 문화사업의 본질은 예산과 성과에 얽매인 판타지 공간에서 드러나는 충동적이고 일회적인 미학적 이미지를 만드는 데 있지 않다. 오히려 문화를 통한 공간화, 혹은 공간을 통한 문화실천의 기본은, 도시민 스스로 시간성에 따라 자신의 삶의 터를 가꿔 나갈 수 있는 문화 공유지를 많이 만들어 내는 일이다.

문화를 통한 도시재생이나 지역 활성화는 방식의 문제로서 다양한 지역 주체가 참여하는 문화의 사회적 재생산의 기능이 매우 중요하다. 문화를 통한 사회적 재생의 기능과 문화예술과 일상의 분리가 아닌 통합이 재생과정에서 이뤄져야 하는데 행정 주도의 형식적 거버넌스로 인해 비문화적 재생의 과정을 반복하게 된다. 결과적으로 예술가들의 자생적인 문화 군집지가 아니라 행정 주도의 문화 군집지가 형성된다.

네트워크 기반의 공동체의 힘이 자생적인 문화 군집지의 특색이라면 사업비와 단기적인 성과 중심의 사업의 힘이 행정 주도의 문화 군집지의 특색이라 할 수 있다. 또한 행정 주도의 문화 군집지는 시설과 사람을 모으는 자극적인 프로그램을 중심으로 접근하는 경향이 강하고 민간의 문화예술가들은 자생적인 운영(전략)에 관심이 강하다.

이 둘이 결합되지 못하는 이유는 프로그램상에서의 문화공간 기능이 중요한 것이 아니라 관계나 활동성 등을 고려한 문화적 상상에 대한 태도와 고려가 없기에 민간 예술가들의 자발적 참여가 제한되기 때문이다. 행정 주도의 경우 민간 예술가와 함께 행정이 문화 재생을 해 나갈 때 행정의 역할이 관료적으로 일관되는 문제가 반복된다. 행정의 이니셔티브로 인해 과정과 방식의 경직성이 발생하고 사업 중심이 되다 보니 예산(돈)이 주도하게 되면서 시간과 성과의 문제로 목표가 전환된다. 또한 행정은 사업예산을 통해 규모를 키우려고 한다. 그러다 보니 관계가 상호 소통을 통한 조정과 타협이 불가능하고 의사결정의 과정이 일 방향성으로 이뤄져 내용과 방식, 그리고 과정에 내포된 지향가치가 왜곡되기 쉽다.

4. 도시에서 문화적 공공성을 실현하는 전략

창의적 기획과 삶터 디자인_문화와 도시를 연결하는 힘

문화예술이 도시의 삶터에 단단하게 뿌리내리기 위해서는 초기 단계에 다양한 이해 주체들이 함께 논의하며 지역사회에서 요구하는 삶의 욕망에 대한 문화적 대응의 가능성을 어떻게 설계하느냐가 매우 중요하다. 이 과정에서 기존 고정관념의 틀에서 벗어나 문화가 도시공간과 도시민의 삶에 접목될 수 있는 도구적 힘으로서의 창의적 기획이 요구된다. 도시공간에 내재된 다양한 가치와 이해관계가 문화란 공통의 언어로 융합되기 위해서는 문화의 창의적 기획이 도시와 인간 삶을 연결하는 힘을 가져야 한다. 사람들의 서로 다른 이해관계를 연결하는 힘, 장소와 인간의 삶을 연결하는 힘, 서로 다른 가치를 잇는 힘, 존재하는 것들의 당위와 존재를 부정하는 의문을 잇는 힘, 문화적 담론과 일상의 실천을 잇는 연결의 힘이 바로 그것이다.

시민주도의 문화력과 문화공동체의 형성

관 주도가 아닌 시민 주도로서의 문화력을 만드는 그 차이의 힘은 과연 사업에 의존하는 예산일까, 아니면 주체들의 상상력일까? 문화가 시민들의 일상 레벨에서 실현된다는 것은 곧 시민들의 삶과 문화의 경계가 사라지고 문화가 곧 일상이 된다는 걸 의미한다. 흔히 이야기하는 관 주도는 사업비의 효력이 끝나면 더 이상 문화의 동력이 작동하지 못하지만 시민 주도의 문화판은 시간은 더디지만 지속성을 유지하며 생명력을 이어간다.

문화를 통해 시민들이 일상적인 삶에서 도시공간에 축적된 기억공간을 경험하는 것은 곧 공간에서의 시간여행을 의미한다. 자신이 사는 공간에 축적된 다양한 층위의 태도와 방식, 즉 문화의 시간적 경험은 도시적 체험의 다면성과 복합적 체험의 즐거움을 선사한다. 이 과정에서 문화적 공공성을 제도나 정책 레벨에서 실현하기 위한 정책적 층위의 논의가 필요하다.

즉 도시공간에서 문화를 실현하는 과정에서 우리는 문화예술의 콘텐츠의 생산과 접근, 그리고 소비의 공공성을 어떻게 확보할 것인가와, 도시 공간에서의 문화예술의 주된 콘텐츠를 기획자나 전문가에 의해 기획된 프로그램형 문화가 아니라 시민이 주도하는 생활문화로 전환하는 방식과 과정에 주목하여야 한다. 이를 위해서는 어느 누구도 소외되지 않고 모두가 함께 나누는 문화 공공성이 문화의 분배 개념에만 국한되어 이해되어서는 안 되며 그 문화를 꿈꾸고 만들고 가꾸어 나가는 과정에서 참여의 공공성을 바탕으로 하여 문화 실천의 틀이 짜여야 한다.

그림 16. 늦가을 단풍만으로도 도시적 체험이 문화가 되는 풍경 ⓒ 이영범, 2024

예술하는 일상

따라서 관 주도의 하향식 문화정책 패러다임을 시민 주도의 문화공동체를 중심에 둔 정책으로 전환하여 근거, 예산, 성과의 틀에서 벗어나 시민들의 자발성과 자기 주도성에 근거하여 다양한 가치를 실험하고 이 실험이 쌓여서 문화적 욕망을 키워내 궁극적으로는 시민 스스로가 문화공동체에 기반한 문화 향유의 주체로 나설 수 있도록 하여야 한다.

표 1. 정책패러다임의 변화: 관 주도에서 시민주도로의 전환

담론의 토론장과 대중의 정치적 동료화

지금까지 문화예술 공공프로젝트에서 공공성의 가치를 다룰 때 작가가 작품의 설계과정에서 어떻게 공공성을 개념화하느냐가 중요했다. 그리고 그 개념을 실현하는 과정은 오로지 작가의 몫이었다. 공공성마저도 창작의 영역으로 간주해 왔다. 그러나 이제는 공공프로젝트란 개념 안에 내포된 공공성이 어떻게 실제로 작동할 수 있느냐에 사회가 많은 관심을 두게 되었다.

작가의 수사학Rhetoric을 넘어선 사회 전방위Full-spectrum로서의 공공성에 대한 접근을 모색해야만 하는 사회적 요구에 직면하면서 작가적 공공성의 개념을 어떻게 사회화할 것인지가 중요한 과제가 되었다. 개념을 설정하고 공공성의 가치를 공간의 언어로 가시화하는 과정에서의 의사결정이 작가만의 독단에 의해 이뤄져서는 사회화의 가능성을 갖지 못한다. 그래서 문화예술 공공프로젝트 설계의 의사결정에 개입된 보편적 사용자로서의 시민이란 이해관계자들을 어떻게 정치적으로 동료화하느냐가 작가에게 주어진 새로운 사회적 미션이자 매우 중요한 창작의 과정이 되어야만 한다.

　문화예술 공공프로젝트의 기획과 디자인, 시공의 프로세스에 개입될 수 있는 다양한 이해당사자들과의 협업 과정을 통해 작가의 목소리를 사회와 소통할 수 있도록 동시화Synchronization하고, 작가의 미학적이지만 좀 더 윤리적이고 사회적인 공간언어를 통해 공공성이 일상생활 속에서 매우 즐겁게 향유될 수 있도록 가시화Visualization하는 노력이 바로 담론의 토론장을 통한 대중의 정치적 동료화 과정이다.

　우리가 문화를 통해 도시공공성을 구현하려는 노력은 동시대를 살아가는 사람들이 함께 꿈꿀 수 있는 자유를 찾아 나서는 동행 길이다. 이 과정에서 형성될 수 있는 문화적 공공성은 각자의 작은 생각들이 모여 단단한 실천으로 바뀌어 가는 과정을 함께 경험하고 공유하는 사회적 장으로서 역할을 담당한다. 공공프로젝트가 도시의 장소에 실현되는 과정에서 다양한 문화 담론의 토론장이 형성되고 대중의 정치적 동료화가 가능하다면 문화가 동시대인의 콘텐츠로 향유되는 과정은 비록 거칠고 무모할 수 있지만 사회적 불편함과 바람직하지 못한 상황들을 바꾸어 나가기 위한 실험장이 될 수 있다. 그리고 내가 살아가는 삶의 현장을 살피고 다 함께 문화로 행복해질 수 있는 조건들을 탐색하는 과정은, 개인이 자유롭지만 서로 연대할 수 있는 공동체적 삶의 기회를 만드는 작업을 포함한다.

**문화예술에 기반한
도시공공성과 시민문화공동체**

· 인간 상호간의 존중과 삶에 대한 애정
· 함께 사는 삶을 위한 공유의 가능성 마련
· 다양한 가치가 공존할 수 있는 공간환경 마련

**잠재적 가치를 서로 연결하는 일
사회적 가치를 만드는 일
공동체로 가는길
세상을 바꾸는 힘**

표 2. 시민문화공동체 형성을 위한 조건

예술하는 일상

이처럼 문화에는, 미래의 삶을 지향하며 현실을 살피며 사회 문제에 개입하되 그 과정에 유쾌하고 즐거운 힘이 내재돼 있다. 그래서 문화는 사람들을 끌어모은다. 모인 사람들의 공통 관심사가 세상을 바꾸는 힘으로 작동하게 하는 것, 그것이 바로 문화가 갖는 공공성의 가치이다. 문화의 공공성으로 인해, 온갖 관심으로 세상의 모든 문제에 잡스럽게 들이대는 도전적 주체들이 모여 세상을 바꾸고 싶은 욕망이 넘쳐날 수 있다. 삶의 보편적 일상에서 서로 격려하고 위로하며 공공성과 공동체성에 기반한 문화의 공적인 가치를 통해 우리가 사는 도시의 희망을 꿈꾸며 더불어 한 길을 가는 문화의 자유인을 꿈꿀 때, 문화는 살고 싶은 도시, 사람이 주인인 도시의 진정한 파트너가 될 것이다.

사회의 문화적 변혁을 가능케 하는 공공성의 가치

문화예술 공공프로젝트는 문화예술의 작가적 상상을 대중적 공공성을 기반으로 사회변혁의 희망을 쏘아 올린 미래지향형 프로젝트로서의 생명력을 가져야 한다. 여기서 이야기하는 소위 '미래지향형 프로젝트로서의 생명력'이라 함은 일상 공간에서 대항 공간을 생산하여 일상을 변혁시키려는 문화예술의 공간적 실천 전략이라 할 수 있다.

문화예술을 통한 일상 속의 순간적인 비일상적 체험이 사소한 일상의 현실과 끊임없는 조우 속에서 삶의 진정한 축제로 이어질 때 문화예술의 공공성은 실천된다. 문화예술을 통해 관객을 상상하는 인간으로 변화시키고, 그 상상의 동력으로 미래를 현재화함으로써 대중을 사회의 문화적 변혁을 실현할 주체로 거듭나게 할 때, 문화예술이 문화시민력을 강화하는 실천적 사회담론이 될 것이다.

사회의 문화적 변혁을 가능케 하는 공공성의 힘은 특정한 기능의 독점이나 우월한 작가성의 과시와 같은 권위적 텍스트를 거부하고 사회적 상상력을 기반으로 공간적 변형과 재구성을 통해 다양한 문화 프로그램의 공간적 중첩을 만들어 낸다. 이로써 하나의 텍스트로만 읽히는 공간의 스킨과 오브제가 서로 중첩되고 융합되어 새로운 하이퍼텍스트적 문화 복합체 공간으로 치환된다.

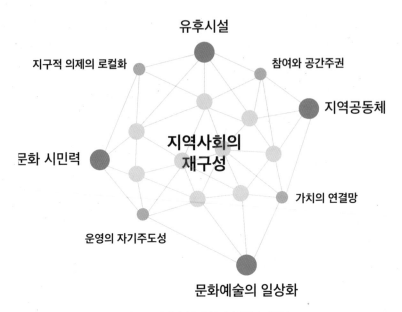

유후시설

지구적 의제의 로컬화

참여와 공간주권

지역공동체

지역사회의
재구성

문화 시민력

가치의 연결망

운영의 자기주도성

문화예술의 일상화

그림 17. 문화시민력을 통한 지역사회의 재구성

물리적 실존을 뛰어넘는 상상과 인지가 결합된 공공성의 가치는 지역
사회에서의 문화 복합체를 형성하는 동력이 되고, 이렇게 형성된 문화 복
합체는 도시민들의 일상적 경험을 통해 지배적인 힘으로부터 눌려 있는
왜곡된 문화코드를 드러내서 사회화하는 역할을 한다. 문화나 공간을 대
상화하지 않고 체험되는 객체로 설계하고, 사용자를 바라보는 객체가 아
니라 체험하는 주체로 설정함으로써 문화와 공간, 그리고 일상이 결합된
문화 복합체들이 도시공간의 구체적 장소성에 기반해 드러날 때 공공성
의 가치로 인한 사회의 문화적 변혁이 가능해진다.

상상력의 실천과 공간화

우리가 직면한 현실에서의 도시가 연출하는 풍경은 결국 균질성과 이
질성의 이분법이 만들어 내는 변형과 조작에 불과하다. 우리가 공간과의
관계를 통해 만나는 도시의 경계에서 갈등과 답답함을 느끼는 이유가 바
로 여기에 있지만, 결국 이러한 대립적 구도는 오히려 공간의 새로운 형
식의 제안을 가능하게 동인動因이 된다. 공간의 새로운 상상은 결국 특정

하게 정의되지 않는 공간, 건축, 그리고 도시의 다양한 경계면의 가능성을 어떻게 연출해 내느냐에 따라 성패가 좌우된다.

하지만 공간의 상상은 비단 작가의 개념적 상상에만 의존하지 않는다. 공간에 개입된 힘, 즉 문화, 과학, 테크놀로지, 교통 등 이루 헤아릴 수 없는 물리적·기술적·사회적인 요소를 통해서 도시와 사회의 접점으로서의 새로운 장소의 아우라를 찾아낼 수 있다. 한 걸음 더 나아간다면, 지속적인 역사와 문화를 바탕으로 새로운 문화적 욕구에 의해 변화하는 임기응변적인 공간을 구성할 수 있다.

본질이라고 믿는 것조차도 변화될 수 있는 불확실함이 공존하는 것이 지금 우리가 사는 도시(도시화 된 사회)이다. 사실 본질을 완벽하게 개념과 실체로 드러낸다는 것은 불가능한 작업이다. 하지만 이것을 가능할 수 있는 만드는 힘은 바로 상상력에 있다. 본질을 물성에 의존해서 드러내지 않고 또 개념을 작가성을 통해 구현하지도 않고 오히려 무한한 텍스트로 읽힐 수 있는 그런 관계망의 상상력을 공간화하는 작업이라면 오히려 본질 그 이상을 우리에게 보여줄 것이다.

도시에서의 다양한 융합을 가능케 하는 문화예술 프로젝트의 디자인적 쓸모는 상상력을 기반으로 할 때 유효하다. 상상은 현실을 딛고 서 있지만 끊임없이 현실의 경계를 넘어서서 미래의 실천 가능한 문화예술의 폭을 넓혀나가는 작용을 한다. 상상력으로 인한 가치의 융합을 통해 현실과 이상의 경계에서, 과거와 현재, 그리고 미래의 시간의 켜 사이에서, 담론과 재현의 경계에서, 작가와 대중의 시선의 틈새에서 작가적 상상력이 온전히 대중의 것으로 치환되고 개인화된 경험으로 재구성될 때 확장된 문화적 상상력의 실천이 개별 프로젝트를 넘어 도시 속으로 파고들어 궁극적으로는 사회를, 그리고 세상을 변화시킨다. 예술이 꿈꾸는 세상이 문화가 되고 그 문화가 생활 속에서 꽃피우는 날, 바로 그날이 오면 세상의 모든 곳이 공간적 유희로서의 유토피아로 우리의 삶에 한 걸음 더 다가설 것이다.

도시예술의 다양성

시민예술 공동체의 생활예술
강윤주 경희사이버대 문화예술경영학과 교수

도시와 예술의 만남
양초롱 조선대학교 미술대학 초빙교수

한국 문화정책의 역사적 변천과 장애예술의 방향 모색
정종은 부산대학교 예술문화영상학과 부교수

시민예술 공동체의 생활예술

강윤주 경희사이버대 문화예술경영학과 교수

들어가며: 도시 속 생활예술, 지속가능성과 다채로움을 향하여
생활예술의 정의 및 부상 배경, 그리고 이론적 해석들
국내 도시 시민예술 공동체의 생활예술 사례
해외 도시 시민예술 공동체의 생활예술 사례
나가는 말

1. 들어가며: 도시 속 생활예술, 지속가능성과 다채로움을 향하여

1960년대 이후 대한민국의 급속한 산업화와 도시화는 도시 공간 구조의 급격한 변화와 도시 인구 증가로 이어졌다. 이는 주택 부족 현상을 심화시켰고, 이를 해결하기 위한 정부의 재개발 정책에도 불구하고 경제 위기와 인구 고령화는 도시 구조 변화를 야기하며 도시 쇠퇴 현상을 심화시켰다.

급격한 도시 인구 증가는 주택 수요를 급증시키며 심각한 주택 부족 문제를 야기했다. 정부는 도시 외곽 지역 개발과 신도시 건설을 통해 주택 공급을 늘리려 했지만, 이는 오히려 도시 인구 집중과 주택 부족 문제를 심화시키는 역설적인 결과를 초래했다. 고층 아파트 건설을 통한 주택 공급 확대 시도 역시 도시 토지 부족 문제로 이어졌다.[1]

---

1   Ha, Jiman(2024), 「Comparative Analysis of Cultural and Artistic Urban Regeneration Cases -focused on Citizen Arts Village in Kanazawa City, Japan and Samsung Creative Campus in Daegu Metropolitan City, South Korea」, 「Journal of the Korea Institute of Spatial Design」, Vol.19 No.2, p.122.

1990년대 후반 한국 경제 위기는 도시 쇠퇴를 가속화시키는 요인으로 작용했다. 경제 침체는 기업의 도산과 실업 증가를 야기했고, 이는 도시 지역의 경제 활력 저하와 빈곤 문제 심화로 이어졌다. 또한, 인구 고령화와 1인 가구 증가는 도시 중심부 근접 거주를 선호하는 생활방식을 확산시키며 도시 외곽 지역의 쇠퇴를 심화시켰다. 급속한 도시화 과정에서 건설된 도시 기반 시설의 노후화는 도시 환경 악화와 안전 문제를 야기했다. 노후화된 도로, 상하수도 시설, 공원 등은 도시 미관을 저해하고, 주민들의 삶의 질을 저하시켰다. 또한, 건물 노후화는 범죄 발생 위험을 증가시키고, 도시의 매력도를 떨어뜨리는 요인으로 작용했다.[2]

급격한 도시화는 사회적 문제를 야기하기도 했다. 도시 지역으로의 인구 집중은 빈부 격차, 주거 불안정, 범죄 증가와 같은 사회 문제를 심화시켰다. 또한, 공동체 의식 약화, 사회적 갈등 증가, 소외 계층 발생 등 도시 사회의 응집력을 저해하는 요소로 작용했다.

결론적으로 급속한 산업화와 도시화는 주택 부족, 경제 위기, 인구 고령화, 도시 쇠퇴와 같은 다양한 문제를 야기하며 도시의 지속가능성을 위협했다. 이러한 문제 해결을 위해 도시재생, 사회 통합, 경제 활성화, 환경 개선 등 다각적인 노력이 필요하게 되었다.

도시 내에서 시민들이 자발적으로 참여하는 생활예술은 앞서 언급한 문제 해결의 근간이 되는 시민들 간의 공동체성 형성뿐 아니라 도시 문화의 지속가능성과 다채로움을 증진시키는 데 중요한 역할을 한다. 생활예술은 전문 예술인 중심의 활동에서 벗어나 시민들이 직접 예술 활동의 주체가 되어 문화의 다양성을 확대하고 지역 공동체의 활성화에 기여하기 때문이다. 생활예술은 시민들의 자발적 참여를 기반으로 도시 문화의 지속가능성을 확보한다. 시민들은 주체적으로 예술 활동에 참여하면서 지역 문화에 대한 애착심을 높이고, 이는 장기적으로 문화 발전의 원동력이 된다. 예를 들어, 지역 특성을 반영한 예술 활동, 주민들의 삶과 이야기를

---

2 Ha, Jiman(2024), 위의 글, p.123.

예술하는 일상

담은 창작 활동은 지역문화의 고유성을 유지하고 계승하는 데 기여한다.[3] 또한 생활예술은 다양한 계층의 시민들이 참여할 수 있는 기회를 제공함으로써 도시 문화의 다채로움을 증진시킨다. 생활예술은 전문적인 예술 교육이나 기술을 요구하지 않기 때문에, 누구나 쉽게 참여하여 자신의 예술적 욕구를 표출하고, 다양한 형태의 예술 활동을 경험할 수 있다. 이는 도시 문화의 저변을 확대하고, 다양한 문화적 표현이 공존하는 풍요로운 문화 환경을 조성하는 데 기여한다.[4]

시민들 사이의 소통과 교류를 활성화하여 공동체 의식을 강화하고 사회적 유대를 증진시키는 역할을 하는 데에 있어 생활예술의 쓰임은 크다. 예술 동호회, 공동체 예술 활동 등은 참여자들이 공동의 목표를 가지고 협력하고 소통하는 과정을 통해 상호 이해와 공감대를 형성하게 한다. 이는 도시 내 사회적 통합을 증진하고, 건강한 공동체 형성에 기여한다.[5]

생활예술은 도시 재생 사업에도 활력을 불어넣고, 주민들의 적극적인 참여를 유도하는 중요한 매개체로 작용한다. 낙후된 지역에 예술 활동을 도입하면서 지역의 이미지를 개선하고, 새로운 문화 공간을 조성하여 주민들의 삶의 질을 향상시킬 수 있다. 또한, 주민들이 직접 참여하는 예술 활동은 도시 재생 사업에 대한 주인의식과 책임감을 고취시키고, 사업의 성공적인 추진을 위한 원동력이 된다.[6]

도시 내의 생활예술은 지역의 유휴 공간을 활용하여 새로운 문화적 가치를 창출하고, 지역 경제 활성화에 기여한다. 폐쇄된 공장, 빈 상가 등을 문화예술 공간으로 재탄생시킴으로써, 지역 주민들에게 다양한 문화 향유 기회를 제공하고, 젊은 예술가들의 창작 활동을 지원할 수 있다.[7]

지역의 역사와 문화를 재해석하고, 이를 현대적으로 계승하는 데 있어 생활예술의 역할 또한 크다. 지역의 전통문화, 설화, 주민들의 삶을 소재로

---

3 정보영, 정문기 (2022) 「공동체 사업 참여자의 공동체의식에 관한 연구: 생활문화공동체만들기 사업을 중심으로」 『한국행정학회 하계학술발표논문집』 2022권 참조.

4 박언수, 송혁규 (2021) 「생활문화 예술활동 정책의 지역별 차이 연구: 부산, 울산, 경남지역을 중심으로」 『공공정책연구』 제38권 제3호 참조.

5 박언수, 송혁규 (2021), 위의 글 참조.

6 진은애, 이우종 (2018) 「도시재생사업의 주민 참여가 사회적자본 형성에 미치는 영향 - 부산 아미초장 도시재생사업지역을 중심으로」 『한국주거학회논문집』 제29권 제5호 참조.

7 손동혁, 정지은 (2017) 「생활문화 활성화 방안 연구 인천문화재단 '동네방네 아지트' 사업을 중심으로」 『도시연구』 제12호 참조.

한 예술 활동은 지역의 정체성을 확립하고, 지역 주민들의 자긍심을 고취하는 데 기여한다. 또한, 이는 외부 관광객들에게 지역의 매력을 알리는 효과적인 수단이 된다.[8]

이번 장에서는 이토록 다양한 사회적 역할을 하는 시민예술 공동체의 생활예술의 역사와 개념을 알아보고 국내 외 여러 사례를 소개하고자한다. 이를 통해 독자들은 생활예술이 단순히 취미 이상의, 우리 삶과 일상에 있어 매우 중요한 요소로 자리 잡았음을 알 수 있게 될 터이다. 또한 한국의 생활예술 생태계에서 공공의 정책 지원은 중요한 한 부분이어서 생활예술 정책을 빼고 시민들의 생활예술상을 이야기하기 어려운 것도 사실이다. 그 이유로 생활예술 분야 정책적 흐름도 언급하게 될 것이다.

2. 생활예술의 정의 및 부상 배경, 그리고 이론적 해석들

생활예술은 소수의 전문가 중심 예술 활동과 구별되는 개념으로, 일상생활 영역에서 개인의 자기 계발과 표현을 목적으로 하는 예술 활동을 의미한다. 생활예술은 현대사회에 갑자기 등장한 현상이 아니다. 역사적으로 볼 때 생활예술은 근대적 삶의 중요한 요소로 자리 잡고 있었다는 점을 확인할 수 있다.[9]

근대 사회에서 생활예술의 부상 배경은 다음과 같다.

첫째, 20세기 후반과 21세기 초반에 이르러 교육받은 시민 계층이 확대됨에 따라 과거 소수 사회 집단의 전유물이었던 문화 자본이 민주화되었다. 이는 예술 향유 계층을 일반 시민으로까지 확대시키면서 예술 제도의 대중화를 이끌었다. 예술에 대한 공식적인 인식 또한 변화하여 누구나 즐기고 참여할 수 있는 활동으로 여겨지게 되었다. 이에 따라 고급 예술은 대중의 참여를 필요로 하게 되었고, 대중의 구미에 맞는 프로그램을

8 최성진 (2024) 「생활문화의 공간적 발현과 상점가 형성 — 전북 익산시 인화동 구시장거리와 한복거리를 중심으로」, 「도시연구」 제35호 참조.

9 강윤주, 심보선 외 (2017) 「생활예술: 삶을 바꾸는 예술, 예술을 바꾸는 삶」 ㈜살림출판사, p.43.

개발하게 되었다. 하지만 기존 예술 기관들의 대중화 시도는 상업화로 흐르는 경향을 보이기도 한다. 반면 일반 대중들은 전문 예술 기관에 의존하지 않고, 생활공간에서 예술을 학습하고 숙련하는 생활예술 활동을, 특히 동호회를 중심으로 활발하게 전개하고 있다.

둘째, 현대사회의 급격한 사회적 변화와 그로 인해 발생하는 문제들을 해결하는 매개체로서 생활예술의 가치와 효용이 적극적으로 인식되었다. 노동 소외, 실업 불안, 스트레스, 사회적 강압 등 현대사회의 다양한 문제들을 해결하는 데 생활예술이 도움이 될 수 있다는 인식이 확산되었다. 예를 들어, 노동 이론가 앙드레 고르는 개인이 사회적 압력과 의무에서 벗어나 사적 삶을 영위할 수 있는 자유로운 공간으로서 예술의 중요성을 강조한다. 또한, 디지털 기술의 발달은 생활예술의 잠재력을 가상공간으로까지 확장시키고 있다.[10]

생활예술의 이론적 뒷받침

1) 문화자본 이론과 생활예술[11]

부르디외는 문화자본 이론을 통해 예술을 단순히 아름다움을 추구하는 행위로 보는 관점에서 벗어나 사회적 권력 구조와 밀접하게 연관된 현상으로 분석한다. 특히 예술을 즐기고 감상하는 능력, 즉 문화자본이 계급 구조를 유지하고 재생산하는 데 중요한 역할을 한다고 주장한다.

부르디외는 예술이 사회, 경제, 정치와 분리된 독립적인 영역, 즉 자율적 예술장이라는 공간에서 작동한다고 본다. 이 공간은 예술가, 비평가, 갤러리스트, 후원자 등 다양한 행위자들이 끊임없이 경쟁하고 상호작용하는 역동적인 장이다. 이러한 경쟁 과정에서 예술작품에 대한 가치 판단 기준이 형성되고, 예술적 권위가 부여된다.

문화자본은 이 자율적 예술장에서 통용되는 일종의 자본이다. 이는 단순히 예술작품에 대한 지식이나 정보를 넘어, 예술을 이해하고 해석하고 평

---

10 강윤주, 심보선 외 (2017), 위의 책, p.46-49.

11 이 장의 내용은 강윤주, 심보선 외(2017)의 위의 책 p.55-58을 요약한 것임.

가하는 능력, 특정 예술작품이나 스타일을 선호하는 취향 등을 포괄한다. 부르디외에 따르면 문화자본은 주로 가정교육, 학교 교육, 사회적 네트워크를 통해 습득되며, 따라서 개인의 사회경제적 배경에 따라 불균등하게 분배된다.

문화자본은 단순히 개인의 예술적 취향을 드러내는 것을 넘어, 사회적으로 구별짓기의 도구로 사용된다. 상류층은 자신들이 소유한 문화자본을 통해 자신들의 우월성을 드러내고, 다른 계급과의 차이를 강조한다. 즉, '고급 예술'에 대한 선호는 단순한 개인적 취향이 아니라, 사회적 지위와 계급적 정체성을 드러내는 상징이 된다.

결론적으로 부르디외는 예술을 사회적 권력 구조를 이해하는 중요한 열쇠로 보았다. 그의 문화자본 이론은 예술이 사회적 불평등을 재생산하는 메커니즘을 분석하고 비판하는 데 중요한 이론적 토대를 제공한다.

하지만 생활예술은 문화자본 이론으로 완벽하게 설명되기는 어렵다. 생활예술은 예술을 통한 사회적 구별짓기보다는, 사람들 사이의 연결과 소통을 강조하기 때문이다. 생활예술에서 예술은 개인을 분리하고 위계화하는 도구가 아니라, 공동체 형성, 사회적 유대 강화, 상호 이해 증진에 기여하는 매개체로 기능한다. 예술 동호회나 공동체 예술과 같은 생활예술의 사례들은 부르디외의 이론적 틀을 벗어나, 예술이 사회적 통합과 공동체 형성에 기여할 수 있는 가능성을 보여준다.

2) 사회 자본이론과 생활예술[12]

반면 로버트 퍼트남은 사회자본이라는 개념을 통해 개인들 사이의 연결, 사회적 네트워크, 호혜성, 신뢰가 사회적 통합과 집합행동에 미치는 영향을 설명한다. 퍼트남은 사회자본을 연계형 사회자본과 결속형 사회자본으로 구분한다.

연계형 사회자본은 서로 다른 집단들을 연결하는 사회자본으로, 외부 지향적이고 다양한 사회적 계층을 포괄하는 네트워크를 의미한다. 예를 들어 민권 운동 단체, 청년 봉사 단체, 초교파적 종교 단체 등이 이에 속

---

12   이 장의 내용은 강윤주, 심보선 외(2017)의 위의 책 p.58-61을 요약한 것임.

예술하는 일상

한다. 반면, 결속형 사회자본은 특정 집단 내부의 결속력을 강화하는 사회자본으로, 내부 지향적이고 배타적인 특징을 가진다. 같은 인종만을 위한 자선 단체, 특정 교회에 기반을 둔 여성 독서회, 폐쇄적인 컨트리클럽 등이 결속형 사회자본의 예시이다.

퍼트남은 예술 동호회를 예로 들며 문화자본이 사회자본 형성에 긍정적인 영향을 미칠 수 있다고 주장한다. 예술 동호회는 참여자들의 예술적 취향과 감상 능력을 바탕으로 사회적 유대를 형성하고, 상호 신뢰를 증진시키는 역할을 한다. 특히, 퍼트남은 미국 독서회 사례를 통해 참여자들이 지적 자기계발과 더불어 사회, 정치 개혁 운동에 참여하고, 지역 공동체 봉사와 시민 의식을 향상시키는 활동을 했다는 점을 강조한다.

퍼트남은 현대사회의 급격한 변화로 인해 풀뿌리 사회 참여 활동이 쇠퇴하고 공동체적 문화가 파괴되고 있다고 진단한다. 이러한 문제를 해결하기 위해 퍼트남은 시민들이 참여형 문화예술 활동에 적극적으로 참여하여 사회적 유대와 소통을 회복해야 한다고 주장한다. 실제로 여러 사회학적 연구에서 예술 감상, 문화잡식적 취향이 사회 통합 및 자원봉사 활동과 긍정적인 상관관계를 보이는 것으로 밝혀졌다.

그러나 자료에 따르면 예술 동호회 활동이 항상 연계형 사회자본 형성으로 이어지는 것은 아니다. 예술 동호회의 유형, 형성 기원, 활동 공간 등에 따라 사회자본 형성의 양상이 달라질 수 있다. 직장 내 친목을 목적으로 형성된 예술 동호회는 외부와의 연결 고리가 약하고 연계형 사회자본이 덜 활성화되는 경향을 보이는 반면, 지역 문화센터를 중심으로 형성된 예술 동호회는 지적, 예술적 자기 계발과 더불어 연계형 사회자본도 활성화되는 경향이 있다.

결론적으로 퍼트남의 사회자본 이론은 예술 활동이 사회적 유대를 강화하고 공동체 의식을 함양하는 데 중요한 역할을 할 수 있다는 점을 시사한다. 하지만 예술 동호회와 같은 생활예술 활동이 구체적으로 어떤 조건에서 연계형 사회자본 형성에 기여하는지에 대한 추가적인 연구가 필요하다.

3. 국내 도시 시민예술 공동체의 생활예술 사례

1) 도시재생과 연계된 시민예술 활동: 안산시 사례

연극을 통한 지역 공동체 활성화의 사례로는 안산시를 이야기할 수 있다. 안산시에서는 극단 '동네풍경', '알라딘', '자두', '미더덕'과 같은 시민 연극 단체들이 활발하게 활동하며 지역 문화 재생에 기여하고 있다. 이들은 지역 주민들의 삶과 이야기를 소재로 연극을 제작하고 공연함으로써, 참여 주민들에게 개인과 마을 공동체를 성찰할 수 있는 기회를 제공한다. 또한, 마을 내 작은 도서관, 지역아동센터 등 주민 커뮤니티 공간을 공연 공간으로 활용하고, 마을 순회공연 프로젝트 '마을 연극제'를 개최하는 등 시민들의 참여를 확대하고 지역 공동체 의식을 강화하는 데 기여한다.[13]

극단 동네풍경은 안산시를 기반으로 활동하는 연극단체로, 2013년에 창단하여 지역사회와 밀접하게 연결된 작품들을 제작해 오고 있다. 이 극단은 지역의 이야기를 발굴하고 예술작품으로 창작하여 관객들에게 일상에서 쉽게 볼 수 없는 주제들을 다루고, 연극을 통해 새로운 시각을 제공하려는 목표를 가지고 있다.[14]

대표적인 공연으로는 <별망엄마>, <내시들>, <썰물> 등이 있으며, 특히 세월호 사건을 기억하고 추모하는 작업을 지속하며 지역의 상처를 연극을 통해 공유하고 있다. 이러한 작품들은 안산 주민들에게 지역의 역사와 아픔을 다시금 생각하게 하고, 치유의 과정을 돕고자 하는 의도로 기획된다.[15] 동네풍경은 앞으로 소극장 설립을 통해 지역민들과 더 가까이 소통하고, 안산의 대표적인 극단으로 자리 잡기를 목표로 하고 있으며, 다양한 공연을 통해 지역사회의 문화예술 활성화를 위해 힘쓰고 있다.[16]

안산의 극단 미더덕은 지역 주민과 함께하는 공연을 주로 진행하며,

---

13 이인순 (2017) 「시민예술과 지역문화재생으로서의 연극 -도시 안산을 중심으로」, 『드라마연구』 제51호 참조.

14 극단 동네풍경 홈페이지 https://bokjakbookjak.oopy.io/group (2024년 10월 17일 자 검색)

15 이주은, "우리동네, 안산의 이야기를 기억해 주세요", 극단 동네풍경 김규남 대표 인터뷰, 고대신문, https://www.kunews.ac.kr/news/articleView.html?idxno=32834 (2024년 10월 17일자 검색)

16 하혜경, "우리 동네 예술 단체 2 극단 '동네풍경'", 지역내일, https://www.localnaeil.com/News/View/627470 (2024년 10월 17일자 검색)

안산의 고유한 역사와 문화적 배경을 무대에 반영하는 지역 극단 중 하나이다. 이 극단은 일상에서 쉽게 볼 수 있는 지역적 이야기를 소재로 하여 거리극 형식의 공연을 진행하며, 안산의 주요 행사에서 다양한 작품을 선보여 왔다. 예를 들어, <샘골 선생님>과 같은 작품은 최용신 선생과 샘골마을 사람들의 이야기를 담아, 마을의 역사를 주민들에게 알리고 지역 공동체와 소통하는 방식으로 큰 호응을 얻었다.[17] 또한, 극단 미더덕은 "상록수문화제"와 같은 지역 축제에서 거리극 공연을 선보이며, 주민들이 일상에서 문화예술을 쉽게 접할 수 있도록 돕고 있다. 이러한 활동은 안산 지역의 문화적 정체성을 강화하고, 주민들이 함께 어울려 즐길 수 있는 환경을 조성하는 데 기여하고 있다.[18]

한편 한 장르에 국한되지 않고 다양한 예술 활동을 통해 지역 재생을 하는 경우도 있다. 안산시의 부도 선감마을에서는 '아지타트' 프로젝트를 통해 지역 주민들이 연극, 벽화 제작, 그림책 출판 등 다양한 예술 활동에 참여하며 지역문화를 재생하고 있다. 이러한 활동들은 주민들에게 자존감을 회복시키고 성취감을 느끼게 하며, 지역 공동체 의식을 함양하는 데 도움을 준다.

아지타트는 Agit와 Art의 합성어로, 경기창작센터 입주작가들이 지역 사회와 능동적으로 연계하여 예술적 유희를 주고받는 커뮤니티 기반 예술 프로젝트다. 선감마을은 경기도 서해안의 작은 어촌으로, 약 110여 가구가 거주하며 대부분 노년층으로 구성되어 있다. 1990년대 시화방조제로 인해 육지와 연결되면서 전통적인 생활방식이 변화를 겪게 되었고, 일제 강점기 시절 선감학원에서 자행된 인권유린으로 인한 아픈 역사를 가지고 있다. 아지타트 프로젝트는 지역의 슬픈 과거를 치유하고, 개인의 기억과 삶, 지역 공동체 가치를 재조명하며, 예술을 통한 주민들과의 새로운 관계 형성을 목표로 한다.[19]

---

17 하혜경, "놀이와 배움이 하나 되는 시민 축제 열려", 최용신 선생님 꿈이 현실된 축제 마당, 지역내일, https://www.localnaeil.com/News/View/636634 (2024년 10월 17일자 검색)

18 김태창, "안산시 '제6회 상록수문화제' 개최", 안산타임스, https://www.ansantimes.co.kr/news/articleView.html?idxno=29454 (2024년 10월 17일 자 검색)

19 최정수 (아지타트 기획), "황금산프로젝트: 아지타트 - 지역 공동체 기반 예술 프로젝트", https://artsandculture.google.com/story/vgWB8Ubmzu0nLg?hl=ko (2024년 10월 17일 자 검색)

2015년 3월부터 7월까지 본격적으로 진행되었으며, <셰익스피어, 선감도에 오다> 공연에서는 80세가 넘는 마을 주민이 리어왕으로 분장하여 전문배우들과 함께 공연했다. 또한 2012년부터 주택 색채 개선 및 벽화 작업을 통해 마을 이미지를 개선했으며, 트랙터 간판 디자인 개선, 표지판 정비 등 어촌체험마을 정비를 실시했다. 아지타트 프로젝트는 예술을 매개로 하여 지역 주민들의 삶에 직접적으로 개입하고, 소통으로 새로운 관계를 형성하는 데 중점을 두며, 이를 통해 마을의 역사적 상처를 치유하고 지역 공동체의 가치를 재발견하는 계기를 마련한다. 안산시 부도 선감마을에서 진행한 아지타트 프로젝트는 지역 주민들이 연극, 벽화 제작, 그림책 출판 등 다양한 예술 활동에 참여하며 지역문화를 재생하고 주민들에게 자존감을 회복시키고 성취감을 느끼게 하며, 지역 공동체 의식을 함양하는 데 도움을 준다.[20]

2) 전통을 계승하는 생활예술공동체: 부산 을숙도무용단

부산 지역 문화원 한국무용반 수강생으로 구성된 을숙도무용단은 20년 가까이 전통춤을 배우고 있는 생활예술공동체이다. 이들은 을숙도문화회관에서 한국무용을 배워가고 있기에 모임명 역시 '을숙도무용단'으로 지었다. 이곳의 단원들이 전통춤을 시작한 이유는 다양한데, 예를 들어 71세의 '든든한 대왕' 단원은 어린 시절 작은어머니가 추는 살풀이춤을 보고 깊은 감명을 받아 전통춤에 대한 동경을 품었다고 한다. 74세의 '인자한 왕비' 단원은 몸이 아파 병원을 찾았다가 의사의 "하고 싶은 일을 하라"는 조언에 따라 어릴 적 막연히 꿈꾸었던 춤을 배우기 시작했다. '여유로운 동초' 단원은 친정어머니가 강가에서 흥겹게 춤을 추던 모습을 떠올리며 자신도 춤을 통해 삶의 활력을 되찾고자 전통춤 수업에 등록했다고 한다.

이들에게 무대 경험은 춤에 대한 열정을 더욱 불태우는 계기가 된다. 을숙도무용단은 '샤이니스타를 찾아라' 전국대상 수상을 계기로 더욱 활발한 공연 활동을 시작한다. 특히 단원들이 직접 기획하고 준비한 <해설

---

20 최정수(아지타트 기획), 위의 글.

예술하는 일상

이 있는 우리춤 이야기> 공연은 지역 주민들과 소통하고 문화 소외계층에게 즐거움을 선사하며, 단원들에게 전통춤의 아름다움을 널리 알리고 사회에 기여한다는 자부심을 느끼게 한다.

'꿈꾸는 가인' 단원은 용두산 공원에서 지전춤을 추면서 느꼈던 벅찬 성취감을 잊을 수 없다고 한다. '진정한 한량' 단원은 공연을 준비하는 과정에서 자신의 잠재된 능력을 발견하고 춤 실력이 향상되는 것을 경험한다. '속 깊은 동초' 단원은 춤을 추면서 스스로에 대한 자긍심을 느끼고 팀에 기여할 수 있다는 사실에 큰 보람을 느낀다.

이렇듯 꾸준한 공연을 통한 동기 부여, 생활예술 활동을 통해 알게 되는 전통춤의 가치, <해설이 있는 우리춤 이야기> 공연처럼 지역 주민들을 위한 공연을 통해 자신이 알게 된 전통춤의 가치를 알림으로써 오는 자부심 등은 이들이 지속가능한 활동을 이어나가는 데에 큰 원동력이 된다.

결론적으로 을숙도무용단은 전통춤을 통해 개인의 성장과 공동체 발전을 동시에 이루어내고, '동기부여', '예술성', '공공성'이라는 핵심 가치를 바탕으로 지속가능한 성장을 이루어내는 모범적인 생활예술공동체다.

3) 지역문화진흥원의 공동체 사업을 통한 시민예술 활동 촉진

문화체육관광부가 주최하고 지역문화진흥원이 주관하는 '생활문화공동체만들기 사업'은 지역 주민들의 자발적인 문화 활동 참여를 지원하고 공동체 형성을 촉진하는 사업이다. 이 사업을 통해 촉진된 시민예술 활동은 다음과 같다.

경기도 안산시에 위치한 '온새미로' 공동체는 지역의 역사, 문화, 생태 자원을 활용하여 마을의 가치를 높이는 활동을 한다. '숲속놀이터'라는 기능 단체 활동에서 시작하여 마을 공동체 형성으로 이어졌으며, 지역 자원을 활용한 프로그램을 통해 주민들의 참여를 이끌어내고 공동체 의식을 강화하는 데 성공했다.

안산시 온새미로 공동체는 지역의 생태와 역사를 기반으로 다채로운 활동을 전개하며 주민들의 참여를 이끌어내고 공동체 의식을 강화한다. 수암봉, 원당골 계곡, 취암봉 등 지역의 자연환경을 활용한 생태 활동과 더불어 3.1절 만세운동 재연, 안산동의 역사와 문화 알리기 등 지역의 역사를 배우고 기억하는 활동을 한다. 또한, 청소년 프로그램 '취암 히스토리'를 통해 미래 세대에게 지역의 역사를 전달하고, '서정아회' 모임을 통해 시 낭송과 영화 관람 등 문화 활동의 기회를 제공한다.[21]

온새미로 공동체는 봉사 활동에도 적극적으로 참여하여 지역사회에 공헌한다. 온새미로봉사단은 취약 계층에게 열무김치를 나누고, 상록수역에서 밥 배식 및 설거지 봉사를 하며, 하수구 청소 봉사 등 다양한 활동을 통해 지역 주민들에게 도움을 준다.[22] 뿐만 아니라, 온새미로 사무국, 공동부엌, 동아리방 및 다목적실 등 공동체 공간을 운영하고 공간대여 서비스를 제공하며 주민들의 '무작정 구멍가게' 운영을 지원하며, 주민들의 소통과 교류를 활성화하고 지역사회 발전에 기여한다.[23]

온새미로는 안산동 지역의 역사, 문화, 생태를 보존하고 알리는 데 기여하며 주민들의 참여와 소통 증진에 중요한 역할을 했다. 3.1절 행사로 비석거리 만세운동을 재연하고 안산동의 역사와 문화를 알리는 활동을 통해 지역의 역사적 가치를 높였다. 또한, 수암봉 생태활동, 원당골 계곡 환경정화, 취암봉의 곤충과 식물 프로그램 운영, 도감 제작 등을 통해 지역의 생태 환경을 보존하고 교육을 실시했다. 다양한 프로그램과 활동을 통해 주민들이 스스로 마을 활동에 참여하게 되고, 이는 공동체 의식 향상으로 이어진다. '취암히스토리'라는 중학생 그룹을 만들어 청소년과 함께하는 프로그램을 운영함으로써 세대 간 소통을 증진시키기도 한다. 안정된 활동 공간 확보를 통해 더욱 체계적인 활동을 진행할 수 있게 되었고, 이를 통해 마을 교육환경 개선과 새로운 문화 형성에도 기여한다.[24]

---

21 여종승, "마을활동가 12 '주민 스스로 마을활동 참여할 때 기쁩니다' 김은주 <온새미로> 대표, 안산신문, http://www.ansansm.co.kr/news/articleView.html?idxno=35046 (2024년 10월 17일자 검색)

22 안산시 홈페이지 시정소식, https://www.ansantalktalk.net/content/ansantalk/cityNews.html?fidx=18324&page=55&pg=vv (2024년 10월 17일자 검색)

23 안산시마을만들기지원센터, 안산마을공동체한마당, http://happyansan.or.kr/app/business/view?code=640&md_id=2019&page=3 (2024년 10월 17일자 검색)

24 여종승(2024), 위의 글.

4) 일상 공간을 활용한 시민예술 활동 지원:
인천문화재단 '동네방네 아지트' 사업

민간 공간을 활용한 생활문화 활성화의 대표적인 사례로는 인천문화재단의 '동네방네 아지트' 사업이 있다. 이 사업은 상업 시설 및 비상업 시설을 포함한 인천 내 다양한 공간을 활용하여 시민들이 일상생활에서 문화예술을 접하고 자생적인 생활문화를 만들어갈 수 있도록 지원하는 사업이다.

인천문화재단의 동네방네 아지트 사업은 인천 내 다양한 민간 운영 소규모 문화공간을 지원하여 시민들의 일상 속 문화 활동 증진과 지역 문화공간 활성화를 통해 인천의 문화 생태계를 풍요롭게 만드는 것을 목표로 한다. 이 사업은 동네 곳곳에 숨겨진 문화공간과 시민 동아리를 연결하여 생활예술을 활성화하고, 문화공간 운영비와 프로그램 지원을 통해 시민들의 문화 활동 참여를 장려한다. 또한, 재즈클럽, 독립서점, 카페, 갤러리, 목공소 등 다양한 문화공간과 시민들을 연결하여 지역 문화 네트워크를 형성하고, 인천 전역의 다양한 지역에서 문화공간을 선정하여 지역 간 문화 균형 발전을 도모한다.

인천문화재단의 동네방네 아지트 사업은 상업 시설 및 비상업 시설을 포함한 인천 내 다양한 공간을 활용하여, 시민들이 일상생활에서 문화예술을 접하고 자생적인 생활문화를 만들어갈 수 있도록 청년들을 위한 특별한 모임 행사인 '흙수저' 파티, 책을 읽고 토론하며 저자와 이야기를 나누는 독서모임, 직장인들을 위한 오카리나 강좌, 아이들과 함께 쿠키를 굽는 등의 활동을 하는 육아 모임, 동네 재즈클럽에서 사진을 배워 공연 사진을 찍는 사진 교실, 쓰지 않는 물건을 리폼하는 동네 엄마들의 모임 등 다양한 문화프로그램을 제공한다.[25]

인천문화재단의 동네방네 아지트 사업은 인천 내에서 운영 중인 상업 및 비상업 시설을 지역 생활문화 공간으로 활용하고자 하는 공간 운영자를 대상으로, 1개 공간당 최대 250만 원의 운영비와 생활문화 프로그램 운영비를 지원한다. 선정된 공간은 6월부터 11월까지 약 6개월 동안 사업

---

25 김성호, "인천문화재단 '동네방네 아지트' 문화공간 20곳 선정", 경인일보, http://www.kyeongin.com/main/view.php?key=20170720010006559 (2024년 10월 17일자 검색)

을 진행하며 공간과 연계한 기획 프로그램을 운영할 수 있다. 지난해에는 인천 생활문화 공간 및 활동 활성화를 위해 군·구별로 균형 있게 총 20곳을 선정했다.[26]

동네방네 아지트 사업은 인천 내 다양한 공간을 활용하여 주민들이 일상에서 쉽게 문화예술을 접하고 자생적인 생활문화를 만들어갈 수 있도록 지원하며, 공간 운영자들에게 프로그램 운영을 위한 지원금을 제공하여 새로운 동아리 형성과 다양한 문화 활동을 촉진한다. 또한, 사진, 재즈, 인문학, 그림책, 요리 등 다양한 분야의 시민예술 활동을 지원하여 주민들의 참여를 확대하고, 이를 통해 지역 내 문화 교류를 활성화하고 주민들이 직접 문화 활동을 기획하고 참여할 수 있는 기회를 제공하여 지역 공동체 의식을 강화한다.

생활문화 1.0	생활문화 2.0
· 아마추어 **시민 직접 예술활동** (예술활동 관심자 → 동아리활동가 → 생활예술인)	· **시민 개개인이 문화적인 삶의 주체** (시민 문화권에 기초하여 스스로 만드는 생활문화)
· **'장르' 중심 축으로, 생활예술 동아리 발굴을** 통한 활동 조직화에 집중	· **'지역' 중심 축으로 일상에 접근, 특정장르가** **아닌** 시민의 생활 속 문화활동 전반으로 확장
· **하향식** 사업설계로 **자치구 자율성 낮음**	· **상향식** 사업설계로 **자치구 자율성 높임**

표 3. 서울문화재단의 생활문화 1.0과 생활문화 2.0[27]

5) 대도시 특성을 반영한 문화예술 정책: 서울과 경기의 경우[28]
가. 서울문화재단 생활문화정책

서울문화재단의 생활문화 지원 정책의 변화는 눈여겨볼 만한 부분이 있다. 시대를 읽고 선도해 나간다는 점에서 그러하다. 서울문화재단의 생활문화 정책 1.0에서 2.0으로의 변화를 요약하면, 아마추어 시민의 직접 예술 활동을 장르적으로 지원하되, 하향식으로 설계했던 것이 1.0 단계였다. 이는 표에 나타난 것처럼 시민들의 예술 활동을 장르별로 지원하는 구조였다.

26　김성호(2024), 위의 글.

27　강윤주 외 (2023), <대구광역생활문화센터 3개년 운영에 따른 거버넌스 지원 및 활성화 방안 연구>, 대구문화예술진흥원, p.151.

28　이 장의 내용은 강윤주 외(2023), 위의 글을 요약한 것임.

2.0에서는 시민 '개개인'의 욕구를 존중하고, 장르가 아닌 '지역'을 중심으로 정책이 변화했다. 이를 통해 시민이 속한 지역사회 내에서의 문화적 요구를 반영하는 체계로 전환된 것을 알 수 있다.

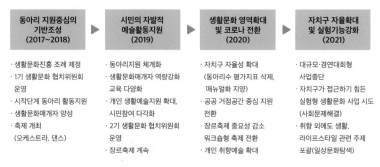

표 4. 서울문화재단의 생활문화 정책 흐름 변화[29]

서울문화재단의 생활문화 정책 흐름을 좀 더 구체적으로 살펴보면, 동아리 활동 지원과 축제 개최에서 매개자 역량을 강화하고, 자치구의 자율성을 확대하기 위해 일괄적인 평가지표나 매뉴얼화 지양을 시도했다. 또한 2019년부터는 공동체 지향적인 것에서 개인의 취향을 반영하는 예술 지원으로 관점이 변화되었고, 2021년에는 사회문제 해결 및 일상문화 탐색으로 방향성을 더욱 생활밀착적으로 보여주고 있다.

서울문화재단의 2018년부터 2020년까지의 생활문화 지원 프로그램에서도 "개인", "기술", "일상"이라는 세 가지 주요 키워드를 확인할 수 있다.

29 강윤주 외 (2023), 위의 글, p.152.

표 5. 서울문화재단의 생활문화 지원 프로그램의 변화[30]

"생활예술해커톤" 프로그램은 미술, 음악, 제작 등 각 분야 전문가가 멘토링을 제공하며, 생활예술가들이 구체적인 결과물을 만들어내도록 지원하는 방식이다. 이 프로그램을 통해 일상과 예술이 하나 되는 경험을 제공하고, 코로나 시기를 겪으면서는 VR 기술과 유튜브, SNS를 활용해 장르와 세대적 경계를 넘어 생활문화를 확산하는 성과를 이끌어냈다.

이렇듯 서울문화재단 생활문화 정책 흐름의 변화를 살펴보면 서울이라는 도시에 살고 있는 시민들의 생활이 어떻게 변화하고 있고, 그에 따라 생활예술도 어떻게 달라지고 있는지를 파악할 수 있다. 다음으로 소개할 곳은 경기광역생활문화센터의 공간이다. 경기도에서 시민들의 생활문화 활동을 지원하기 위해 제공하는 공간이 어떻게 구성되어 있는지를 보는 것 역시 경기도민들의 생활예술의 양태를 파악하는 데에 큰 도움이 될 터이다.

나. 경기 광역생활문화센터의 공간 구성

경기 광역생활문화센터는 경기 상상캠퍼스와의 인적 및 물적(공간적) 자원 공유로, 생활창작공방이나 상상실험실과 같은 트렌디하고 실험적인 활동이 가능한 공간을 확보한다. 이곳에서는 제빵, 재봉, 바리스타, 도자/유리/제작랩 등의 다양한 활동을 운영한다. 도자랩이나 유리랩을

---

30 강윤주 외 (2023), 위의 글.

예술하는 일상

위한 필수 장비 중 하나인 레이저커팅기가 마련되어 있으며, 외부 물품 보관소도 따로 준비되어 있다. 이러한 시설은 실험적인 창작 활동을 지원하는 데 중요한 역할을 한다.

또한 동네부엌 공간도 마련되어 있어, 생활문화 활동을 위해 모인 사람들이 음식을 함께 준비하고 나누며 자연스럽게 서로에게 '곁, 편, 품'이 되는 분위기를 조성한다.

그림 18. 경기생활문화센터 공간 구성[31]

31 강윤주 외 (2023), 위의 글, p 149

이와 같이 서울과 경기는 각 도시의 특성과 기존 자원을 활용한 방식의 생활문화 지원 정책을 펼치고 있다. 서울은 기본적으로 인구가 많고 그중에서도 청년 인구가 많아 개인화 경향이 강하고 신기술에 대한 수용 능력이 높다. 서울 시민의 생활예술 분야의 특징에 개인화와 기술과 결합한 생활예술이 두드러지는 것은 바로 그 이유 때문일 것이다. 또한 경기도는 경기문화재단이 기존에 운영하고 있던 경기상상캠퍼스 공간을 경기 광역생활문화센터와 공유하여 시민들의 생활예술 활동도 트렌디하고 실험적일 수 있는 가능성을 열어주고 있다.

4. 해외 도시 시민예술 공동체의 생활예술 사례

1) 지역사회 공헌을 강조하는 시민의 생활예술 활동:
영국의 "크리에이티브 라이브즈Creative Lives"[32]

그림 19. Creative Lives Awards 24 사진[33]

영국의 "크리에이티브 라이브즈"는 영국에서 사람들의 일상적인 창의성을 지원하고 장려하는 조직이다. "크리에이티브 라이브즈"는 시민들

---

32 "크리에이티브 라이브즈"와 관련된 아래 내용은 모두 https://www.creative-lives.org/News/creative-lives-awards-2024-winners-announced 를 참고한 것임 (2024년 10월 20일 자 검색)

33 위의 페이지.

예술하는 일상

의 예술 활동을 위해 다양한 자금을 지원한다. 이들은 특히 창의적 활동을 통해 외로움을 해소할 수 있는 자원봉사에의 참여에 자금을 지원한다. 이러한 자금 지원은 지역 사회의 자원봉사 활동을 촉진하고, 더 많은 사람들이 예술과 문화 활동에 참여할 수 있는 기회를 제공한다.

"크리에이티브 라이브즈"는 또한 다양한 이벤트와 시상식을 개최한다. 이들은 일상적인 창의성을 위한 작업 방식을 찾는 행사들을 개최한다. 또한 매년 런던에서 창의적 성과를 축하하는 시상식을 개최한다. 이러한 행사들은 창의적 활동에 참여하는 개인과 단체들의 노력을 인정하고, 더 많은 사람들에게 영감을 줄 수 있다.

'창의성 지도Creative Mapping'는 "크리에이티브 라이브즈"의 중요한 프로젝트 중 하나이다. 이들은 지역 그룹들이 자신들의 정보를 추가하고, 사람들이 자신의 지역에서 창의적 그룹을 발견할 수 있는 창의성 지도를 유지 관리한다. 이 지도는 지역사회의 창의적 활동을 시각화하고, 사람들이 쉽게 참여할 수 있는 기회를 제공한다. "크리에이티브 라이브즈"는 다양한 지역 및 다양한 그룹을 지원하는 데에도 열심이다. 장애인을 위한, 그리고 장애인에 의한 시각 예술 그룹도 지원한다. 이러한 지원은 다양한 배경의 사람들이 창의적 활동에 참여할 수 있도록 돕는다.

시민예술 공동체의 생활예술 뉴스와 이야기 공유도 "크리에이티브 라이브즈"의 중요한 활동이다. 이들은 지역사회의 창의적 활동을 소개하는데, 이를 통해 시민들이 일상적으로 진행하는 예술 활동에 대해 자긍심을 가지고 또 다른 이들의 활동을 통해 영감을 받게 하려는 데에 그 목적이 있다.

"크리에이티브 라이브즈"는 다양한 방식으로 재원을 마련한다. 영국 예술위원회UK Arts Council와 아일랜드 예술위원회Irish Arts Council로부터 자금 지원을 받으며, 다양한 자선 신탁 단체들도 "크리에이티브 라이브즈"에 재정적 지원을 제공한다. 또한, 지방정부와도 파트너십을 맺고 있어, 이를 통해 일부 자금을 조달할 가능성이 있다. "크리에이티브 라이브즈"는 스코틀랜드에 등록된 자선 단체이기도 하다. 이는 세금 혜택이나 기부 유치에 도움이 될 수 있다. 이러한 재원 마련 방식은 많은 비영리 예술 단체들과 유사한 면이 있다.

"크리에이티브 라이브즈"가 진행하는 일 중 가장 중요한 행사인 "크리에이티브 라이브즈 어워즈"의 2024년 수상자를 소개한다. 이 시상식은 영국과 아일랜드 전역의 창의적인 그룹과 프로젝트를 기념하고 그 공로를 인정하는 자리다. 수상자들은 각자의 지역사회에 긍정적인 영향을 미치고 있으며, 그들의 이야기는 우리에게 시민예술 공동체의 생활예술이 어디까지 할 수 있는지에 대한 영감을 준다. 먼저 수상 그룹들이 어떤 활동을 하고 있는지를 소개한다.

우승자로 다음과 같은 네 개의 그룹이 상을 받았다. 윌트셔에 있는 트로브리지 서비스 사용자 그룹이 잉글랜드 상을 수상했다. 이 그룹은 정신 건강 문제를 겪고 있는 사람들을 위한 동료 지원 그룹이다. 참가자들은 창의적인 표현을 촉진하고, 우정을 쌓으며, 기술을 향상시키기 위해 정기적인 예술 및 공예 활동에 참여했다.

더블린에 있는 ATD Ireland All Together in Dignity Ireland가 아일랜드 상을 수상했는데, 이 단체는 빈곤 속에서 사는 소외된 사람들에게 힘을 실어주고 목소리를 주기 위해 "참여를 위한 창의적 길 Creative Pathways to Participation" 프로젝트를 진행했다. 이 프로젝트는 사회 정의, 평등, 포용에 대한 통찰력을 공유하는 글을 쓰고 사진집을 만드는 것으로 이어졌다.

루이스섬의 스토어노웨이에서 온 OH!CON이 스코틀랜드 상을 수상했다. 이들은 만화, 예술, 공상 과학, 판타지, 영화, 애니메이션, 게임, 디자인, 코스프레 등 다양한 창의적 활동을 기념하는 만화 콘퍼런스를 통해 섬의 활동을 보완하고, 같은 생각을 가진 사람들을 모았다.

Heritage Theatre Cymru는 웨일즈 상을 수상했다. 이 극단은 웨일즈의 유산을 기념하며, 자신들이 보관한 자료를 사용해 과거의 커뮤니티와 현재의 커뮤니티를 연결하는 연극을 제작했다. 이들은 웨일즈 전역의 박물관, 축제, 학교와 협력한다.

준우승자들은 다음과 같다.

영국 준우승자인 The Engine Room은 정신 건강 문제와 기타 복잡한 요구 사항에 직면한 멤버들이 서로를 지원하는, 독서를 기반으로 하는 예술 집단이다. 그들의 'Sound Lab' 프로젝트는 사람들이 지역 주택 단지와 산림에서 경험한 일상적인 소음을 포착하여 주민들에게 미치는 영향을 탐구했다.

아일랜드 준우승자인 어쿠스틱 하츠는 에덴데리 지역의 노인들에게 정기적으로 음악을 만들고, 연주하고, 공유할 기회를 제공하여 새로운 또는 잃어버린 음악적 기술을 일깨우고, 외로움과 고립에 맞서 싸우게 했다.

스코틀랜드 준우승자인 Afristyle Dance Club은 춤, 공예, 스토리텔링을 통해 어린이와 청소년이 자신감을 키우고 새로운 기술을 배우도록 돕는 애버딘에 있는 그룹이다. 이 그룹과 연결된 성인들은 멘토 역할을 하며 웰빙을 위한 워크숍을 제공한다.

웨일즈 준우승자인 Choirs For Good는 웨일즈 전역에 11개의 노래 그룹을 만들었으며, 참가자들은 운영 및 의사 결정 과정에 적극적으로 참여했다. 각 합창단은 지역사회에서 자선 단체를 위해 기금과 인식을 모으는 데 기여한다. 또 다른 수상자의 사진 프로젝트 'Our Lens Our Story'는 난민과 망명 신청자에게 다양한 사진 스타일을 제작할 수 있는 도구와 기술을 제공하며, 그들이 고향을 떠나 안전한 피난처를 찾는 과정을 담은 인상 깊은 전시회를 열었다.

문화다양성 분야의 상인, Equalities Diversity and Inclusion(EDI) 위원회가 선정한 Celebrating Diversity Award는 두 그룹이 수상했다. 벨파스트의 Black Box는 장애인이 운영하고 장애인을 위해 운영되는 'Express Yourself Social Cafe'로 인정을 받았다. 이 카페는 참가자들에게 다양한 창의적 활동에 참여할 기회를 제공한다. 스코틀랜드 준우승을 차지한 Afristyle Dance Club도 유색인종 청소년을 대상으로 한 영향력 있는 활동으로 Celebrating Diversity Award를 수상했다.

각 수상 그룹은 예술, 문화, 환경, 사회복지 등 다양한 분야에서 창의적인 활동을 통해 지역사회에 긍정적인 영향을 미친 모임이었다. 이들은 지역 주민들의 참여를 이끌어내고, 공동체 의식을 강화하며, 더 나은 사회를 만들기 위해 노력한다. 수상자들이 이 상을 받고 나서 내놓은 소감들은 더 감동적이다. 이들은 "지역사회 전반에 걸쳐 만드는 연결이 너무나 자주 소외되는 목소리들을 다시 들을 수 있도록 만들 거라 믿는다."거나 "빈곤과 사회적 배제로 고통받는 많은 사람이 공개적으로 자신을 표현하고 장벽과 불평등에 정면으로 맞서는 용감한 노력에 빛을 비추는 것을 목표로 한다.", 혹은 "춤을 통해 우리 지역사회에서 창의성, 포용성, 웰빙을 계속 육성하려는 우리의 끈기를 강화하는 수단으로 사용하고 있다."고 밝혔다. 또 "우리의 목표는 임시 거주자와 영구 거주자 모두의 삶의 질을 향상시키면서 동시에 지역사회의 활기를 높이는 것"이라고 밝힌 수상자도 있었다. 이 감동적인 수상 소감을 하나하나 웹사이트에 모두 올려놓은 것 자체가 "크리에이티브 라이브즈"의 지향성을 보여주고 있다고 할 수 있다.

더 놀라운 것은, 영국과 아일랜드 전역의 장관들이 수상 그룹들에게 아래와 같은 축하 메시지를 보냈다는 점이다. 이러한 상황을 보면 이 장관들(혹은 그 비서진들)이 이 상의 취지를 얼마나 정확히 알고 있고 시민예술 활동에 어떤 생각을 가지고 있는지도 알 수 있다.

영국 사례가 우리에게 주는 시사점은, 첫째, 시민예술 활동이 '공식적'으로 인정받고 있고 '광범위'하게 진행되고 있다는 것이다. "크리에이티브 라이브즈 어워즈"는 영국을 구성하는 4개 지역의 장관들이 축사를 보낼 정도로 중요한 행사로 인정받고 있다. 둘째, 수상자들의 면면을 볼 때 시민예술 활동은 문화예술 활동만이 아니라 사회적 가치가 분명한 '사회적' 활동으로 수상자들의 소감을 통해서도 알 수 있듯이 이들에게 예술과 사회의 연계는 너무나 당연한 전제이고 축사를 보낸 장관들 역시 그 점을 강조하고 있다. 시민예술 활동은 여전히 하나의 취미로만 인식되고 그러므로 그 가치와 중요성이 영국에 비해 크게 인정받지 못하고 있는 우리의 시민 생활예술 활동과는 큰 차이를 보이는 점이라고 하지 않을 수 없다.

2) 세대간 교류를 위한 시민의 생활예술 활동: 독일 베를린의 "크레아티브 하우스Kreativhaus"

한국에는 시민예술 공동체가 이용할 수 있는 "생활문화센터"가 전국적으로 포진되어 있다. 독일에는 이와 유사한 공간으로 "크레아티브 하우스"라는 곳이 있다. 그리고 독일 베를린의 "크레아티브 하우스"에서는 세대별로 분리된 생활예술 프로그램만을 운영하는 것이 아니라 세대가 함께할 수 있는, 더 나아가 함께 할 수 있는 고민을 하는 "다세대하우스" 프로그램을 연계하여 진행하고 있다.

독일도 한국과 마찬가지로 세대별로 활동하는 공간 혹은 프로그램이 분리되어 있다. 세대가 비슷한 사람들이 함께 있는 모습은 어디서나 발견할 수 있지만, 청년부터 노인까지 다양한 세대가 공존하고 있는 모습은 쉽게 볼 수 없다. 이에 독일 정부는 다양한 세대가 일상적으로 만나 서로 돕고, '집'의 영역을 가족에서 지역사회로 확대하는 프로젝트를 지속적으로 추진하고 있다.

독일에는 대표적인 다세대 공간 프로젝트로 2006년부터 시행 중인 '다세대하우스Mehrgenerationenhaus'가 있다. 이 프로젝트는 누구나 쉽게 접근할 수 있는 동네 공간에서 다양한 수업과 이벤트를 개최하여 다양한 세대가 자연스럽게 어우러질 수 있는 '만남의 장소'를 제공한다.
독일 베를린에 위치한 '크레아티브하우스 베를린Das KREATIVHAUS Berlin'은 '다세대하우스', '가족센터' 등 다양한 프로젝트가 어우러진 특별한 공간이다. 이곳에서는 평일과 주말 구분 없이 아이들과 부모, 어르신들이 함께 수업, 운동 등 다양한 활동을 한다.

크레아티브하우스 베를린의 핵심적인 특징은 건물 내에 각기 다른 기관들이 입주해 있지만, 프로그램은 모두 통합되어 운영된다는 점이다. 이는 다세대하우스나 가족센터 등이 분리되어 있는 다른 지역의 크레아티브하우스들과 차별화되는 점이다.

크레아티브하우스 베를린은 1992년 연극교육센터Theaterpädagogisches Zentrum로 시작하여 지역 내 유치원, 학교와 연계된 프로젝트, '청년연극그룹' 설립, 부모와 아이가 함께하는 놀이 교육 등 다양한 프로그램을 운영해 왔다. 2007년에는 독일 연방 가족·노인·여성·청소년부의 '다세대하우스'를, 2009년에는 '시니어 컴퓨터클럽' 운영을 시작하며 해를 거듭하며 진화하고 세대 간 결합을 통해 '다세대하우스', 곧 예술 교육에서 '예술적 함께 살기'로 변화했다. 프로젝트별로 해당 정부 기관을 통해 재정 지원을 받고 있으며, 현재는 수많은 유치원, 학교, 청소년 교육기관, 문화센터, 시니어 기관 등과 협력 관계를 맺고 다양한 교육 프로그램을 운영한다.

　크레아티브하우스 베를린은 일주일 내내 시간대별로 다양한 프로그램을 운영한다. 고령자, 중장년 세대를 위한 피트니스, 엄마와 아이가 함께 배우는 언어 수업, 음악 수업, 청년 연극수업, 프랑스어 수업, 요가와 명상 등 주제도 다양하다. 특히 독일에서 휴일로 여겨지는 일요일에도 문을 열어 다양한 세대가 어우러질 수 있는 공간으로 자리매김했다. 이는 전체 사회의 흐름에도 불구하고 사용자들의 편의를 생각하여 일요일까지 운영한다는 점에서 주목할 만하다.

　일요일에는 '슈프레 강가에서 보내는 크리에이티브 섬의 일요일(Kreative Insel Sonntage an der Spree, KISS)'이라는 이름으로 가족들이 함께하는 여러 프로그램이 열린다. 8세부터 88세까지 참여하는 '다세대 오케스트라(MehrgenerationenOrchester)'는 세대 간 협력과 음악에 대한 즐거움을 공유하기 위해 운영되며, 누구나 모든 프로그램에 자유롭게 참여할 수 있다.

　크레아티브하우스 베를린의 프로그램은 직원들의 기획과 주민들의 제안으로 만들어진다. 2명의 대표, 12명의 정규직 직원과 자원봉사자, 인턴십 직원까지 약 100명 정도의 직원들이 이 기관을 이끌어가고 있다. 다세대하우스는 대부분 자원봉사자의 지원으로 운영되며, 이들은 공무원, 직원들과 함께 독일어나 컴퓨터를 가르쳐주는 등 수업도 진행하고 연극 프로젝트 등도 수행한다. 자원봉사자들의 지원으로 많은 부분이 운영된다는 점은 주목할 만하다.

　2006년 시작된 독일 연방 정부의 '다세대하우스' 프로젝트는 현재 독일 전역에 550개가 운영되고 있으며, 베를린에는 20개의 '다세대하우스'가 동네별로 각기 다른 성격으로 운영된다. 재정은 다세대하우스당 연간 4만 유로 기금을 지원받고 있으며, 독일 연방 가족·노인·여성·청소년부에서 3/4을, 나머지 1/4은 주 정부에서 후원한다.

　크레아티브하우스 베를린은 세대 간 교류를 넘어 난민이나 이주노동자 등 국가의 경계를 넘은 교류를 생각한다. 우크라이나 난민 가족 지원 프로그램인 'Rasom 프로젝트', 어머니들을 위한 나이별 세분화 강좌 등 세심한 관찰을 통해 기획된 특징적인 프로그램들을 운영하고 있다.

결론적으로, 크레아티브하우스 베를린은 다양한 세대가 함께 어울리고 배우며 성장할 수 있는 공간을 제공한다. 생활예술 활동이 세대간 소통, 이주민과의 소통을 위한 중요한 매개체가 되고 있는 것이다.

5. 나가는 말

"예술하는 일상"을 향하여: 도시 문화의 미래

도시는 끊임없이 변화하고 성장하는 공간이며, 도시 문화는 그 안에서 살아가는 시민들의 일상과 밀접하게 연결된다. "예술하는 일상"은 단순히 예술 활동을 즐기는 것을 넘어, 도시 문화의 지속가능성과 다채로움을 증진시키는 중요한 비전이다. 도시 내 생활예술은 지역의 특성과 주민들의 요구를 반영하며 다양한 형태로 나타난다.

"예술하는 일상"은 결국 도시민들의 자발적인 참여를 통해 실현될 수 있다. 서울문화재단과 경기 광역생활문화센터와 같이 도시의 특성을 고려한 정책적 지원은 시민들의 참여를 촉진하고 생활예술의 저변을 확대하는 데 중요한 역할을 한다. 인천문화재단의 '동네방네 아지트' 사업처럼 일상 공간을 활용한 예술 활동 지원은 시민들이 예술을 더욱 친숙하게 느끼도록 돕고, 지역 문화공간 활성화에도 기여한다. 영국의 "크리에이티브 라이브즈"는 자금 지원을 통해 시민들의 자발적인 예술 활동을 장려하고, 독일 베를린의 "크레아티브 하우스"는 세대 간 교류를 위한 프로그램을 운영하며 생활예술의 사회적 가치를 확대한다.

궁극적으로 "예술하는 일상"은 도시를 더욱 살기 좋은 곳으로 만드는 데 기여한다. 시민들이 예술을 통해 자기표현, 소통, 공동체 의식 함양, 사회 참여 등 다양한 경험을 누리고, 이러한 경험들이 도시 문화를 더욱 풍요롭게 만들어갈 것이다.

도시와 예술의 만남

양초롱 조선대학교 미술대학 초빙교수

1. 도시 속 예술 산책
2. 도시의 심미화, 예술의 표준화
3. 거리로 나온 예술가들
4. 도시의 미적 경험, 예술로 만나는 도시
5. 경계 넘어 관계 맺기, 도시의 문화민주주의
6. 예술로 재창조하는 도시

1. 도시 속 예술 산책

도시의 근대화가 가져오는 긍정적 혹은 부정적 변화의 양상에 비추어 볼 때, 자본주의 사회는 건설, 개발, 풍요, 생산과 소비 등 거대한 근대화의 물결을 제공했고, 그 이면에서 탈인간화, 범죄, 오염, 혼잡, 불평등, 소외 등을 표출시켰다. 이러한 상황은 물리적인 도시 그 자체에 있는 것이 아니라 '도시적 경험'에 농축되어 있는 근대성과 사회 불평등을 초래했던 자본주의의 본질에서 기인한다. 이러한 근대 사회의 서로 다른 측면이 가장 구체적으로 드러나고, 모든 특징이 집약적으로 이루어지는 도시는 국가 주도의 공간 구획 및 도시 계획을 통해 물리적 발전을 해왔다.

단순한 개발에서 비롯된 도시 계획이 수많은 사회석, 정치적 문제를 일으키자, 정부는 지역사회의 문제 속에서 새로운 고민을 해야만 했다. 특히 도시의 중심부를 초대형 쇼핑몰과 자동차, 각종 편의 시설이 산업이나 지배층의 향유를 위한 공간으로 변화시켰다. 삶의 질을 중요시하며 자신의 일상 장소뿐만 아니라 또 다른 장소의 체험을 통해 자신만의 풍요로

예술하는 일상

움을 누리고자 하는 현대인들의 삶은 여행, 여가, 그리고 문화의 영역에서 불평등으로 점철되어 있다.

이에 정부는 도시 공간을 건축 형태뿐만 아니라, 그것이 구현하고 있는 문화적 가치의 측면에서도 새롭게 논의했다. 오래된 건축물을 재사용해서 단순히 도시 '개발'의 문제에서 벗어나 도시 '재생'을 위해 문화예술이 정책적으로 개입된 것이다. 도시 속 예술은 '작품으로서 도시 공간', '지붕 없는 미술관', '도시의 예술화', '장소-특정적 예술' 등을 실행하기 위해 정부 주도하에, 예술가 스스로에 의해, 그리고 민간단체 혹은 다양한 프로젝트나 페스티벌에 의해 진행되었다.

그렇다면, 급성장하는 현대사회에서, 여전히 우리는 공공문화예술정책의 혜택을 받고 있을까? 우리의 변함없는 일상에서 '예술'은 우리의 일상성에 어떤 '계기'를 마련해줄 수 있을까? '날마다 예술', '일상의 예술'은 우리에게 어떤 경험을 선사하는 것일까? 물리적 요소로서 '예술작품'과 '건축', 그리고 지역의 특징을 보여주는 페스티벌은 변함없는 일상에서 다르게 느껴지는 도시의 분위기를 형성하는 도시의 이미지와 정체성을 형성하는 데 중요한 시각 현상이다. 이 모두 '환경'과 '역사', 그리고 문화적 자산으로서 새로운 '미래'를 고려해 제작되기 때문이다.

이 가운데 현대미술은 도시 공간에 '고정적 혹은 비고정적', '장기적 혹은 일회적'으로 개입함으로써, 공공공간에서 발생하는 다양한 사회적 문제에 대해 중재적이며 실천적으로 관여해 왔다. 이를 위해 나는 약 60년간 다양한 방식으로 성장해 온 프랑스의 도시예술에 대해 살펴보고자 한다. 도시를 놀이 공간으로 인식하는 자들의 활동부터 관의 지원으로 기획되는 것까지, 예술작품은 도시 안에 존재하는 다른 것들과의 관계 속에서 도시에 대한 기존 방식과는 다른 이해와 지각 방식을 흥미롭게 보여줬기 때문이다.

물론, 도시 속 다양한 풍경이 예술가들에게 영감을 줬던 것처럼, 도시는 그 자체로 매력적이다. 그 매력을 발견할 수 있도록 '예술'이 어떤 '계기'나 '사건'으로서의 촉매제 역할을 할 수도 있지만, 우리의 삶 속에서 어떤 '가치'를 찾아가는 것은 우리 자신의 몫이다. 리듬이 시간, 반복, 도시적 삶과 공간을 가로지르는 몸의 운동에서 발견된다고 말한 앙리 르페브르Henri Lefebvre의 정의를 생각해 보면, 장소와 시간, 에너지 소비(몸의 움직임)의 상호 작용이 있는 곳이라면, 리듬은 어디에나 있다.[1] 이는 예술의 규범에만 있는 것이 아니다. 몸, 시간, 작품과의 관계 속에서의 리듬이 '실재적' 삶을 드러낸다. 일상생활, 축제, 의례, 규칙과 법 등 어느 것이든 언제나 예상하지 못한 것, 즉, 새로운 것이 반복적 일상에 끼어들기 마련이다.

그렇다면, 도시와 예술의 여행 속에서 샤를 보들레르Charles Pierre Baudelaire가 언급했던 산보객flâneur처럼 도시에 우리의 성찰적 거리감을 요청하며 길을 떠나보자. 어느 순간, 화려한 이미지들이 난무하는 듯한 도시의 어떤 장소에서도 낡고 오래된 것들의 가치를 발견할 수 있을 것이다. 또한 날마다 동일한 형태로 펼쳐지는 일상의 쳇바퀴와 도시의 야누스적인 모습에 지친 허무주의에서 벗어나 일상의 '차이'를 발견할 수 있는 한 가닥 희망의 빛이 솟아날 것이다.

2. 도시의 심미화, 예술의 표준화

볼프강 벨슈Wolfgang Welsch는 『미학의 경계를 넘어』에서 인위적으로 뜯어고친 도시 공간에 대해 언급했다.[2] 도시 공간의 표면적인 심미화는 현실의 요소들을 심미적인 것들로 치장하며 분위기를 조성한다. 특히 강한 이미지를 불러일으키는 조형물과 스펙터클화 된 건축물은 공간을 새롭게 구성하고 예상치 않았던 경험을 유발하는 데 효과적이다.[3]

일반적으로 도시의 심미화는 도시 계획, 건축물, 도시 디자인 등과 같은 도시 이미지에 집중됐다. 특히 공공장소 속 조형물은 예술작품과 일반 조형 제작물의 모호한 경계선상에서 새로운 재료들과 결합하며 여러 감각을 자극한다. 그리고 인간은 점점 더 빨리 하나의 체험에서 또 다른 체험으로 움직인다. 번쩍이는 것들이 우리의 눈과 다른 감각들을 유혹하며,

1 앙리 르페브르(2013), 『리듬 분석』 갈무리.
2 볼프강 벨슈(2005), 『미학의 경계를 넘어』 향연, p.22-23.
3 프랭크 게리((Frank Gehry), 자크 헤르조그(Jacques Herzog)와 피에르 드 뮈롱(Pierre de Meuron), 자하 하디드(Dame Zaha Hadid)등의 포스트모던 건축물을 의미한다.

예술하는 일상

소비를 부추기는 광고는 인간의 욕망을 자극하며 유도하기 때문이다. 이는 우리의 생각과 감각을 마비시키며, 그 틈을 이미지의 효과로 대체함으로써 탄성을 자아내는 놀라움을 선사한다. 경험적 강렬함은 새로운 물신화의 과정이다.

자본주의 터전인 도시 공간에서 현대미술 역시 '제작된' 작품들과 함께 스펙터클화 된 시각물로 전락하기도 하고, 예술이 인간 삶의 변화를 줄 수 있을 거라는 유토피아적 사유를 뒤로한 채 의미 없이 반복적으로 설치된다. 단순한 이미지로 쉽게 소모되는 것에 대한 다양한 저항 방식을 창출하고자 한 현대미술의 의지가 경제적·정치적 힘에 매개되며 스펙터클화되는 것이다. 어떤 작품은 새로운 기술과 화려한 장치들을 더 많이 취할수록 마치 대중이 스스로 능동적으로 참여하는 것처럼 가장한다.[4] 그러나 이미지와 효과로서만 작동되는 제작품은 관객에게 생각과 감각의 시간을 주지 않고, 무의식적으로 탄성을 자아내는 화려한 놀라움을 즉각적으로 선사한다. 문화를 경제로 전환하는 자본주의의 포섭력에 의해 작동하는 물신화는 내재적이고 자연스럽게 진행된다.

시각 테크놀로지가 인간의 지각과 경험에 끼치는 영향으로 인해 과밀하고 거대한 도시의 화려한 이미지 속에서 거주하는 인간의 응시 및 지각은 더욱 고정되며, 둔감해졌다.[5] 문제는 해결 대안으로 제시되는 예술이 급속도로 문화화되고, 기술주의의 찬미에 공조하며 기능화되었다는 데 있다. (신)자본주의의 잉여 생산 방식이 산업적 방식에서 도시적 방식으로 더욱 세련되게 변할 때마다, 오히려 인간 자신의 감수성이 상실되는 역설적 상황이 온다. 동시에 어떤 도시의 문화는 계획되고, 전파되고, 혼용되고자 스스로 잡종Hybrid을 자처하며 기능적 영역으로 들어간다. 거침없이 증가하는 문화적 공급, 그에 따른 예산 증가가 예술의 질적 향상에 비례하지 않는다는 사실에도 불구하고, 문화는 증대되는 소비 욕구와 결합된다. 다양성과 차이, 개성은 도시마다 강조되고 선전되고 있지만, 사실은 의미 없는 반복적 구호뿐이다. 일상생활에서 인간의 체험에 의해 '스스로' 형성되어야 할 문화는 '표준화된' 문화로 대체되고 있다.

---

4 클라우스 버거링(2006), 『매체 윤리』 연세대학교출판부, p.298-300.
5 이안 제임스(2013), 『속도의 사상가』 앨피, p.77.

이렇듯, 현대미술 자체의 진단을 넘어, 예술이 억압적이고 비인간적인 현실을 외면한 채 자신만의 미적 아름다움에 빠져있다면, 예술 그 자체는 허상이 될 것이다. 결국, 기능적인 예술은 현실의 문제를 은폐하거나 미화시키는 길로 나아간다. 그러나 예술은 정부나 종교의 지시를 피하고, 아카데미즘에 저항하고, 다른 한편으로는 예술의 자율성을 획득해 나가면서 예술 외부의 힘으로부터의 구속과 지배에서 벗어나는 과정을 통해 발전해 왔다. 우리는 사회에 본질적으로 대항하지 않는 어떤 예술의 이편에 현실에 비판하고 대항하면서 발전과 문화를 형성해 왔던 또 다른 예술이 있다는 사실에 주목한다면, 도시 속 예술을 좀 더 풍요롭게 바라볼 수 있을 것이다.

3. 거리로 나온 예술가들

거리의 모든 것이 예술적 소재가 된다. 도시의 일상적 요소의 새로운 발견과 파리 도시의 분위기는 프랑스 문학인들에게 예술적 영감의 원천이 되었다. 대표적으로 시인 기욤 아폴리네르Guillaume Apollinaire는 "미라보 다리Le Pont Mirabeau", "두 강변의 산보자Le Flâneur des deux rives"[6]에서 도시 거리의 곳곳을 추억과 향수에 젖은 감정적 표현을 사용하여 묘사했다. 사진작가 브라사이Brassaï, Gyula Halasz 또한 시인 폴 모랑의 글이 수록된 사진첩 『밤의 파리Paris de Nuit』(1931)에서 평범한 일상(사물, 삶, 시간, 밤, 뒷골목의 사람들 등)의 대상에서 느껴지는 '낯섦'을 작품화했다.[7] 이렇듯, 시를 통해 저항의 자아를 표출하고, 낭만, 이별, 반항의 도시로서 파리의 분위기를 묘사했던 시인들뿐만 아니라, 미술인들에게도 도시의 풍경과 거리는 시대의 사회적·역사적 고찰 및 예술적 영감을 길러오기 위한 중요한 원천이었다.

---

6 「미라보 다리」는 잡지 <파리의 밤>(1921)에 수록된 시이다. Guillaume Apollinaire(1918), *Le flaneur des deux rives : avec une photographie de l'auteur*, Paris : Sirène.

7 Brassai, Paul Morand(1987), *Paris De Nuit*, Arts et Metiers Graphiques.

예술하는 일상

그림20. 에르네스트 피뇽-에르네스트, 퇴거(Les Expulses), 파리, 1979,
ⓒ 에르네스트 피뇽-에르네스트

모더니즘 예술가들이 리얼리즘적 시각을 통해 거리를 다양한 내용을 간직하는 박물관처럼 '묘사'한 반면, 1960년대 이후의 예술가들은 예술 작품의 전시장 안과 밖, 예술 향유 및 소유의 문제 등 엘리트 미술에 비판적으로 접근하면서 직접 도시 공간에 자기 작품을 선보이기 시작했다. 대표적으로, 다니엘 뷔랭Daniel Buren은 <샌드위치 맨Hommes-Sandwichs>(1968) 작품을 통해 회화와 미술관과의 관계를 조명하고, 거리에서 감상자와의 소통, 그리고 사회 안에서 존재하는 미술관 제도를 비판하는 데 초점을 맞췄다.

또한, 프랑스 스트리트 아트의 선구자 에르네스트 피뇽-에르네스트 Ernst Pignon-Ernst는 장소에 대한 특별한 선정, 메시지의 표출, 시적이고 은유적인 작업을 통해 자신의 시대를 비판적으로 보여주었다. 그의 행위, 즉 여러 도시를 이주하면서 자신의 생각을 표출한 방법은 도시 속 예술의 새로운 모델을 제시하였다. 특히 1970~80년대의 도심의 대규모 도시 재개발 프로젝트를 시행했던 프랑스의 탈산업화 지역 전환과 새로운 시설을 만드는 과정에서 발생한 도시의 현장이 그의 관심을 끌었다. 그는 도시의 급격한 변화에서 재개발 건물들과 장소 현장의 개입으로서의 예술작품과 그것의 사회적 의미를 창작했다.[8] 사람들의 기억을 자극하고 감정을 일깨우는 그의 작업과 활동은 사회와 도시에 큰 반향을 불러일으켰다.

이 반향은, 비록 1980년대 실제적인 스트리트 아티스트 개인의 활동이 탄압받았음에도 불구하고, 프랑스 정부가 주도적인 활동 - 공공미술, 조각 프로젝트, 페스티벌 등의 도시 공간을 활용한 예술 프로젝트 - 을 지원하는 데 기여했다. 점차 미디어 아트 페스티벌, 공연예술 분야의 프로젝트(춤, 연극 등)와 맞물리면서 거리의 다양한 예술이 등장하게 된다. 물론 스트리트 아티스트들의 상업적인 홍보방식이나, 점차 전문 포토그래퍼를 동반시키는 것과 같은 거리 전시의 흔적을 남기면서도 제도화의 길을 모색하는 과정에 대한 논란이 있지만, 이들은 어떤 예술과 다르게 자유롭게 서로 협업collaboration하거나 '이주'하면서 여러 지역에서 작업했다.[9]

최근, 스트리트 아티스트 세트Julien Malland, SETH는 2022년 3월, 프랑스 파리 13구의 뷔오 거리(rue Buot)에서 러시아-우크라이나 전쟁에서 우크라이나 지지를 위한 그림을 그렸다. 우크라이나의 어린 소녀가 자국의 국기를 흔들며 러시아 탱크를 발로 짓밟으며 걷는 모습이 담겨 있다. 이 작업은 블라디미르 푸틴 러시아 대통령이 2022년 2월 24일 우크라이나 침공을 시작한 이후, 스트리트 아티스트들이 우크라이나 국민의 안녕과 평화에 대한 지지를 알리기 위해 각자의 인스타그램에 참여한 연대 작업이다. 파리, 벤쿠버, 폴란드, 바르셀로나, 로스앤젤레스, 로마, 자카르타, 런던, 쾰른까지, 이들은 스프레이, 페인트 붓, 스텐실 등으로 전쟁 반대에 대

---

8 에르네스트는 1990년대 중반 리옹의 생폴 교도소를 방문하여 정치 수감자들을 인터뷰했다. 그는 이 교도소가 리옹 가톨릭 대학교 건물로 리모델링되기 전인 2012년의 폐허 공간에 프로젝트를 진행한다. 그는 이곳에 있었던 정치 수감자들, 특히 현실의 문제와 부조리 앞에 저항했던 인물들, 프랑스 당국과 나치에 의해 고문이나 처형당한 자들을 '이미지'로 소환한다. 해당 내용은 에르네스트 피뇽-에르네스트 공식 홈페이지 참조 : http://pignon-ernest.com

9 미국과 프랑스의 스트리트 아트 운동에 대한 차이 및 스트리트 아트의 정의에 대해서는 양초롱(2015), 「스트리트아트 운동의 등장과 전개에 대한 역사적 고찰 : 1980년대 이후부터 오늘날까지 파리를 중심으로」, 현대미술학회, 제19권 1호, 167-215의 논문 참조.

예술하는 일상

한 국제적인 연대를 보여줬다.

프랑스 스트리트 아티스트들이 미국의 그라피티 문화와 달리 국가와 대중의 관심을 유발할 수 있었던 것은 그들이 자기 삶과 문화에 오랫동안 깊이 뿌리내린 아방가르드 정신을 잃지 않았기 때문이다. 이들은 현실을 단순히 있는 그대로 받아들이기보다는 예술적 혹은 실천적 활동을 통해 적극적으로 상황을 구성하고자 하였다. 일상생활의 굴레 속에 참된 놀이의 형태로 나타난 이들은 자신들의 활동 범위를 도시로, 다시 사회 전체로 넓혀갔으며, 변화의 주체를 개인에서 대중으로 확대했다.

1980년대 이래, 스트리트 아티스트들과 거리의 아방가르드 예술가들이 미술을 도시 환경 속에 두루 퍼지게 했다면, 국가 또한 도시의 문화예술정책을 발전시키며 적극 참여했다. 현대미술 지역기금FRAC : Fonds régionaux d'art contemporain 위원회가 창설되고, 자크 랑Jack Lang이 문화부 예산을 대폭 늘리면서 국가가 발주한 광대한 예술프로그램은 프랑스 전체를 천장이 없는 거대한 미술관으로 변화시키는 계기가 되었다.[10]

4. 도시의 미적 경험, 예술로 만나는 도시

현대미술은 종종 지형학적 혹은 역사적 장소와 관련 있는 곳에 의미를 반영하는 작품을 설치하면서 예술적 실천을 표방한다. 예술가가 의도했든, 의도하지 않았든 예술작품은 장소를 정의하고 변화시킨다. 현대미술이 장소를 여전히 충분히 고려하지 못한다는 혹은 장소의 역사적이고 정치적인 함의를 충분히 고려하지 못한다는 비판이 종종 제기될 정도로, 장소는 중요한 요소가 되었기 때문이다.

제프 쿤스Jeff Koons의 <튤립 꽃다발Bouquet of Tulips>(2016-2019)은 2019년에 공개된 12m 높이의 스테인리스 조각이다. 그의 첫 기념비적인 이 작품은 2015년 11월, 파리와 니스에서 연쇄적으로 일어난 테러의 희생자들을 추모하고, 희망을 선물한다는 의도로 제작되었다. 이 조형물은 예술성

---

10 카트린느 미예는 '관'에 의해 주도된 공식 미술이 미술의 껍질을 깨고 환경의 총체로서의 미술에 전념했다고 신랄하게 비판했다. 카트린느 미예(1993), 『프랑스 현대미술』 시각과 언어, p.330.

그림21. 카와마타 타다시, 간다집(Gandamaison), 2008, 나무 설치 작품,
La Maréchalerie – Centre d'art contemporain, Versailles, France, © Tadashi Kawamata

과 설치 장소, 상업적인 작가에 대한 반발 등으로 논란이 있었기 때문에 파리시에서 작품 제작비를 지원하려다 파리 시민들의 반발로 작가가 기증했다. 튤립 꽃다발을 들고 있는 손은 프랑스가 뉴욕에 보낸 '자유의 여신상'의 손을 본떠 패러디했다. 프랑스 철학자 이브 미쇼Yves Michaud는 잡지 《르 누벨 옵세르바퇴르Le Nouvelle Observateur》에서 "작대기에 달린 11색의 항문처럼 보인다. (⋯) 파리 도시의 풍경을 망쳐놓는 포르노그래피이다."[11] 라고, 강렬한 혹평을 했다.

    마찬가지로 도시 공간에서 작품의 과감한 형태로 대중에게 흥미로운 논쟁을 불러일으키는 작가가 있다. 특히 타다시 카와마타Tadashi Kawamata는 의뢰자의 주문에 의해 작품을 설치하지만, 자신의 철학적 사유와 미적 표현을 대중과 소통하고자 노력한다. 그가 조각과 설치, 미술과 건축의 사

---

11 르 누벨 옵세르바퇴르 홈페이지 https://www.nouvelobs.com/culture Yves Michaud(2019.10.5.), Les tulipes de Koons ? "Onze anus colorés montés sur tiges !"

예술하는 일상

이에 있는 것처럼, 그의 작품은 어떤 '사이'에 있다. 안과 밖, 현대적인 것과 원시적인 것, 완성과 미완성, 아름다움과 추함, 인공적인 것과 자연적인 것, 세움과 무너뜨림의 '사이'를 오간다.

공적 공간은 정치적이지만, 카와마타 타다시는 활동가로서가 아닌 사회적, 경제적, 인간적 측면에서 현실의 상황에 관심을 둔다. 그가 도시에 미치는 영향은 정치적이라기보다는 사회적이다. 대부분 의뢰 들어온 작업이지만, 그는 공공장소에서 일하면서 많은 자들과 대화하며, 토론하고, 그곳에 방문한 자들과 함께 기억의 감정과 에너지를 공유한다.

전시장과 전시장 밖의 공공공간에서 자기 생각을 직접적으로 전달하는 올라퍼 엘리아슨Ólafur Elíasson은 기후 문제를 다룬다. 그의 작품 <당신의 시간 낭비Your Waste of Time>(2006)는 아이슬란드의 빙하에서 AD 1200년경 형성된 것으로 추정되는 6톤가량의 얼음덩어리들을 떼어다가 독일 베를린의 노이게리엠슈나이더 갤러리Neugerriemschneider gallery에 전시한 것이다. 이 전시장에는 얼음 작품 유지를 위해 전기를 소모하는 냉동 장치가 가동되었다.

이 전시 이후 엘리아슨은 기후 문제에 관해 적극 작업하기 시작하는데, <얼음 시계Ice Watch>(2014) 작품은 열두 덩어리의 빙하를 덴마크의 코펜하겐 시청 앞에 원형의 설치를 시작으로, 2014년 영국의 런던, 2015년 프랑스의 파리에 설치했다. 이 두 전시 모두 도시의 야외에 설치되었으며, 설치된 지역 도시의 기후를 토대로 대중은 이 빙하 조각들이 얼마나 빨리 녹게 될지 볼 수 있다. 작가는 기후 변화가 환경에 미치는 영향을 시각적으로 상기시키는 역할이라고 주장했다. 거대 얼음 조각들은 런던 테이트 모던 미술관Tate modern Museum 앞 24개, 블룸버그Bloomberg 본사 앞 광장에는 나머지 6개의 조각이 놓였다.

이를 위해 엘리아슨은 그린란드의 누프 캉거루아 피오르드nuup kangerlua fjord 해역에서 100톤이 넘는 빙하를 운반하기 위해 지질학자 미닉 로싱minik rosing과 함께 일했다. 지구상의 가장 위험한 문제를 인식하길 바란다는 엘리아슨은 2015년 12월 파리에서 열리는 기후변화협약 회의에 맞춰 다시 한번 로싱과 함께 극지방의 빙하를 도시 한가운데로 가져오는 프로젝트를 추진했다. 이들은 80톤에 달하는 거대한 빙하를 컨테이너선에 실어 파리까지 오는 과정에서 30톤의 탄소발자국을 남겼다. 그렇게 12월 3

일 파리 팡테옹 광장에 열두 개의 빙하는 지름 20m의 원형으로 설치되었고, 얼음 시계는 곧 지구의 시계가 되었다.

엘리아슨의 명확한 의도와 명쾌한 시각적 효과는 대중에게 작품에 몰입하도록 하며 다양한 반응을 유발시킨다. 얼음의 빛을 들여다보며, 향을 맡고, 맛을 음미한다. 얼음덩어리들은 놀라울 정도로 아름답다. 사람들이 빙하 덩어리를 실제로 만질 수 있게 체험하게 함으로써, 예술이 대중을 더 깊이 있는 방법으로 연결하고 급진적인 변화를 고무시킴으로써 '함께' 개개인의 행동을 취할 수 있도록 했던 그의 의도는 "기후 지식을 기후 행동으로의 전환"을 촉구하는 데 그 목적이 있었다. 그러나 빙하를 옮기는 과정에서 발생하는 화석연료 소모로 인한 탄소 발생에 대한 보고서는 기후 변화에 대한 전 지구적 각성을 촉구하고자 했던 엘리아슨의 작업은 미술계와 달리 환경 단체로부터 이율배반적이라는 비판을 받았다.

이렇듯, 도시에서 일회적인 설치 작업은 여러 논란과 흥미, 소통 등의 다양한 양상을 선보인다. 설치물의 계획 단계부터 제작을 위한 진행, 그리고 짧은 설치 기간까지 대중에게 놀라움과 집중력을 제공하는 크리스토 부부의 유작이 2021년 파리에 설치되었다. 1961년부터 크리스토 자바체프Christo Javacheff와 잔 클로드Jeanne-Claude가 함께 구상해 온 <포장된 개선문L'Arc de Triomphe, Wrapped>(1961-2021)이 60여 년 만에 현실에 나타났다. 이 작품은 2021년 9월 18일부터 10월 3일까지 전시되었다. 개선문을 포장하고 있는 천은 재활용이 가능한 폴리프로필렌 직물로, 25,000㎡을 감싼다. 은색의 직물과 3,000m의 붉은 밧줄로 이루어진 개선문 포장 프로젝트에 1,400만 유로(약 194억 원)를 사용했는데, 이 금액 모두 크리스토 부부의 작품 판매액으로 부담했다.

2018년, 크리스토는 개선문 관리를 담당하는 국립기념물센터의 필립 벨라발Philippe Bélaval 센터장과 에마뉘엘 마크롱Emmanuel Jean-Michel Frédéric Macron 대통령을 만나 프로젝트 발표에 대해 논의한다. 2019년 1월 마크롱 대통령이 프로젝트를 승인했고, 같은 해 4월 정부에서 허가를 낸다. 크리스토는 전문가들과 함께 설치물의 기술 점검 과정을 거쳐 개선문을 감쌀 천을 제작했고, 2020년 4월에 완성될 예정이었으나 조류 보호 연맹의 요청으로 설치를 연기했다. 2020년 5월, 작품의 완성을 보지 못하고 크리스토

예술하는 일상

자바체프는 뉴욕 자택에서 세상을 떠났다. 이에 그의 조카인 블라디미르 자바체프와 프로젝트팀이 함께 전시 준비를 이어 2021년에 설치되었다.

구조물 설치부터 천을 펼치는 데까지 노출된 상태에서 진행했기 때문에, 시민은 자신의 일상에서 작품 설치부터 완성까지 모두 관람할 수 있었다. 이는 작가 부부의 의도였다. 이들은 한시적인 설치 기간을 통해 그 장소에서의 경험이 유일하고 특별한 시간임을 상기시킨다. 도시의 특정 랜드마크를 천으로 포장하여 새로운 시각적 경험을 선사하는 작업은 철거되어 재사용되기에 소유할 수 없고, 시민뿐만 아니라 그 '곳'에 방문한 자들은 그 '속'에서 잃어버린 역사(모뉴멘트)를 다양한 방식으로 기억하는 체험과 현재에 있는 자신의 시간을 간직한다.

5. 경계 넘어 관계 맺기, 도시의 문화민주주의

물론, 파리와 같은 매우 도시화 된 지역과 작은 도시, 농촌 지역의 차이는 크다. 그러나 프랑스의 문화정책은 오늘날까지 일관된 기조를 유지해 왔다. 대표적인 문화정책 중 하나는 '가능한 많은 사람'이 예술을 차별 없이 접하게 하는 것이었다. 앙드레 말로André Malraux로부터 시작한 문화 민주화로 대변되던 정책은 소수 향유층에 집중되거나 문화의 양적 확대 현상으로 나타났다. 이 과정에서 일방적으로 제공하는 문화 체험과 만남을 넘어, 다양한 계층이 '참여'할 수 있는 문화민주주의démocratie culturelle는 실질적으로 개개인을 위한 문화를 꾀하고자 했다.[12]

그래서 프랑스 전역에서 지자체가 주관하는 지역의 축제들이 다양한 모습으로 발전했다. 국제적 인지도가 있는 오리악 축제는 20회가 넘으며 샬롱 축제와 쌍벽을 이루는 전 세계 최대의 거리극 축제이다. 프랑스 거리극의 역사는 68혁명의 영향을 받은 예술가들이 전문 공연장의 실내에서 거리로 나가면서 문화예술에 소외된 소시민들과 예술을 공유하기 위한 문화 운동의 영향에서 발전했다. 입장료 없이 대부분 무료로 공연되는

---

12 민지은, 박신의(2023), 「프랑스 지역문화 거점 공간의 문화예술 '접근성'에 대한 새로운 실천: '미크로-폴리(Micro-Folie)' 사례를 중심으로」 문화정책논총, vol. 37(2), p.35-62.

거리극의 특성상 정부의 지원이 필요했던 극단들은 지역 축제를 활용하면서 성장했다. 특히 이 축제는 상당한 지원이 제공되는 20개 내외의 공식 초청작 이외에 자유 참가작에 대한 제한이 없다. 축제 사무국은 시간과 장소에 대한 조율만 할 뿐이어서 자유 참가 극단들은 자유롭게 도시 곳곳에서 공연을 펼칠 수 있다. 여비는 관객들이 공연 후 주는 돈으로 충당한다. 여러 지역의 축제 관계자들이 방문하여 이들의 활동을 살펴보고, 다른 축제의 공식 참가작으로 섭외를 받기도 한다. 무엇보다도 축제의 제약 시간 없이 밤늦게까지 자유롭게 이루어지는 오리악 축제는 거리의 예술가들, 그리고 시 정부와 시민들의 적극적인 협조가 있었기에 가능했다.

이렇듯 프랑스의 각 도시는 해마다 여름이면 예술 축제가 열린다. 여행객들이 단순한 휴가가 아닌 문화를 향유 할 수 있게 하기 위함이다. 대표적인 행사가 1947년에 시작된 아비뇽Avignon의 연극제이다. 아비뇽은 프랑스 남동부 보클뤼즈Vaucluse 주에 있는 작은 도시이다. 1947년 연출가이며 배우인 장 빌라르Jean Vilar는 아비뇽 교황청의 안뜰 쿠르 도뇌르Cour d'Honeur의 야외무대에서 연극 세 편을 공연했다. 이 행위의 가장 큰 의의는 그가 아비뇽에서 수준 높은 연극 작품을 지역 주민들에게 선보이기 위해 '밖'으로 나왔다는 데 있다. 이 정신을 기리기 위해 이후 아비뇽 연극제는 단순 오락거리를 위한 소비적 축제가 아닌, 젊은 관객들을 위한 창조적인 문화 행사가 되도록 노력한다. 이를 위해 매년 점진적으로 영화, 뮤지컬, 춤, 현대 음악, 사운드 아트 등 다양한 복합 예술 영역으로 확대되면서 발전하고 있다.

또한, 1970년 아를르Arles에서 시작한 사진제 <아를르의 만남Rencontres d'Arles>는 사진작가 루시앙 끌레그Lucien Clergue, 작가인 미셸 투르니에Michel Tournier, 그리고 역사학자인 장 모리스 루크트Jean-Maurice Rouquette의 공동작업으로 시작했다. 이후 매년 지역 전체를 아우르는 전시 공간에서 사진의 역사와 관련된 전시 및 축제를 진행했다. 특히 아를의 다양한 유적지에 설치된 40개 이상의 전시회를 7월 초부터 9월 말까지 관람할 수 있다. 사진 매체의 변화와 새로운 기술의 진화를 예측하고, 큐레이터가 예술가와 함께 새로운 주제를 탐구한다. 이외에도 토론, 콘퍼런스, 책 사인회, 포트폴리오 낭독회, 공연, 영화 등을 통해 대중과 교류한다. 점차 이 페스티벌

예술하는 일상

은 단순히 창작자들에 그치지 않고, 사진 촬영 및 교육과 관련해 전문가가 대중의 창작 활동 및 탐구를 지도한다. 최근에 이 축제는 '그랜드 아를 익스프레스(엑상 프로방스, 아비뇽, 마르세유, 님, 툴롱 등)'의 전시회들과 연대함으로써 문화를 매개로 하는 지역 협력 모델을 발전시키고 있다.

문화민주주의는 모든 문화가 가지는 국가, 지역, 사회계급, 인종 등의 위계질서를 허용하지 않으며, 문화를 접하는 모든 이가 문화의 생산과 소비에 주체가 되어 문화를 향유한다는 기본 개념에서 시작한다. 또한 문화민주주의는 고급문화로서의 예술만이 아니라, 대중예술과 커뮤니티 아트, 민속예술, 아마추어 예술까지를 모두 포괄한다. 폐쇄적 실내 공연의 제한된 숫자의 관객 참여를 유도하는 고급 예술과 달리, 거리를 통해 우연히 만나는 관객과의 만남은 향유층을 확장하는 것과 함께 다수 대중에게 예술을 제공함으로써 궁극적으로 인간성과 공동체의 회복을 추구한다.

그러나 다양한 문화를 포용함으로 더욱 확장된 미적 경험과 해석을 가능하게 하는 것은 참여participation보다는 관계-맺기engagement이다. 참여를 통해 형성되는 커뮤니티보다는 개별적 주체의 경험을 중시할 수 있기 때문이다. 이를 통해 그곳에서 살아가는 자들은 열린 공간으로서 유입하는 사람들과의 관계성을 형성하며 '그곳' 역시 계속 성장할 수 있다. 이때, 비로소 우리는 유용성으로 굴절된 이로움과 해로움을 측정하는 이해관계interest에서 벗어나 인간은 사이-존재inter-esse라는 의미를 포착할 수 있다.

이러한 문화적 참여에도 불구하고, 우리는 종종 개인 생활에만 집착하고 공공환경에 대해서는 무관심할 때도 있다. 그렇다고 해서 지역주민과 공유된 집단적 경험만이 공동체 문화를 형성하고 공공성을 발휘하는 것은 아니다. 공공성 역시 공동체를 이루는 개별적 주체의 경험과 가치를 존중해야 한다. 여기서 중요한 것은 매개를 해왔던 예술이 다양한 사고와 관계를 확장할 수 있어야 하며, 나아가 다음 세대를 위한 '자유의 공간'을 마련할 수 있는 사유 체제를 발현시키는 매체로 작용할 수 있어야 한다는 것이다.

한 예를 살펴보자. 2014년, 오베르빌리에Fort d'Aubervilliers 프로젝트는 과거 군사 기지였다가 자동차 폐차장으로 사용되었던 곳을 프로젝트의 중요한 장소로 사용했다. 이 프로젝트는 프랑스 도시예술 커뮤니티에서 중

그림 22. 호르헤 로드리게스 게라다, 감사하며(Grounded gratitude), 2014, 스프레이, Aubervilliers, France
ⓒ호르헤 로드리게스 게라다

요한 행사로 남는다. 즉, 기존에 거리 속 그래피티, 스트리트 아트, 문화 일반의 행사들이 무분별하게 진행해 왔던 이벤트 형태가 아니라, 이 집 단적 현장 개입이 장소의 역사, 영토, 도시의 미래라는 '주제'를 드러냈 기 때문이다. 이《장소 특정적 미술 페스티벌In Situ Art Festival》은 큐레이터 올리비에 랜드Olivier Landes가 기획하고, '마을 미술Art en ville'이 주관하여 2014 년 5월 17일에 오픈했다. 이 전시에 50명의 예술가가 초청되어 자신들의 작업을 펼쳤다. 대표적으로 호르헤 로드리게스 게라다Jorge Rodriguez Gerada는 긴 시간 마을 리서치를 통해 마을을 대표할 만한 인물의 초상화를 그린 다. 바닥에 그려진 <감사하며Grounded Gratitude>는 노동 계급이 많이 거주했 던 오베르빌리에의 사회적 유대를 활성화하고 재창조하기 위해 수십 년 간 노력해 왔던 인물이다.

　이 행사는 폐쇄되었던 곳을 사람들에게 개방했다. 지역민뿐만 아니 라, 이 작업을 보기 위해 방문한 대중의 경험은 예술적이면서 동시에 어 느 정도는 관광적이었다. 오베르빌리에 지역에서 스트리트아트는 엄격한 부지에 도시성을 창출할 수 있게 해주었으며, 도시 프로젝트에 대한 지원

예술하는 일상

요소로 예술적 개입을 통합하는 도시의 개발 작업에 흔적을 남겼다. 이로써 이 행사는 기존의 스트리트아트 프로젝트들과 달리, 지역민과 일반 대중과의 교차 친화력을 지니고, 문화 관광 효과를 드러내는 동시에 지역사회 내에서는 연대와 사회적 성격을 지니게 된다.[13]

6. 예술로 재창조하는 도시

도시 개발과 공공공간의 확장, 시민의 공공 생활은 끊임없이 변화했다. 이에 현대미술은 공공공간과 공공 생활에 다양한 방식으로 개입하며 공간과 시민 사이의 연결과 소통을 제공하는 데 이바지해 왔다. 최근에는 예술작품의 창작 형식이 점점 더 개방적이고 진보함에 따라 어느 정도 공공간의 제약에서 자유로워졌으며, 그 결과 현대미술은 미술관을 벗어나 사회적 공공공간과 공공 생활로 재영토화된다. 현대미술은 급변화는 도시의 문화 관광과 경제적 발전에 이바지하면서도 역설적으로, 도시의 심미화에 주요 기능을 제공한다는 점에서 디자인 조형물과 별반 차이 없이 존재하기도 한다.

발전하는 기술과 도시 환경의 변화에서 예술은 여전히 도시의 삶에 중요한 역할을 할 수 있을까? 첨단 디지털 기술에 대한 사용자의 능숙한 속도와 발맞추어 인공지능 예술이 도시의 전광판을 채워가는 현 사회에서, 오랫동안 쌓여온 장소의 역사적 시간에서, 그리고 펼쳐나가야 할 도시의 미래에서, 오늘도 우리는 도시의 거리를 걷는다. 반복된 경험과 미적 경험의 차이에서 우리의 일상은 어떻게 달라질까?

프리드리히 니체Friedrich Wilhelm Nietzsche는 자신의 짧은 에세이 「여행자의 다섯 등급」에서 여행자에 대해 다음과 같이 설명한다.

---

13 대표적으로 '참여'와 '개입', '관계 맺기'를 위한 작업을 하는 프랑스 스트리트아티스트로는 제이알(JR)의 활동을 들 수 있다. 그의 여러 시리즈 중 <INSIDE OUT> 프로젝트는 "함께 세상을 바꿀 것입니다... 안팎으로"라는 작가의 의도와 함께 누구나 참여할 수 있다. 인사이드 아웃 포토부스(Inside Out Photobooths)에서 대중은 즉시 무료로 참여할 수 있고, 이러한 인물 사진을 통해 지역사회 사람들의 알려지지 않은 이야기와 이미지를 공유한다.

"여행자를 다섯 등급으로 나눠보자. 최하급 여행자들은 남에게 관찰당하는 여행자들이다. 그들은 여행의 대상이며, 장님이다. 다음 등급의 여행자들은 스스로 세상을 관찰하는 여행자들이다. 세 번째 등급의 여행자들은 관찰한 결과를 체험하는 여행자들이다. 그보다 한 단계 높은 여행자들은 체험한 것을 습득해서 계속 몸에 지니고 다니는 여행자들이다. 마지막으로 최고 수준의 여행자들은 관찰한 것을 체험하고, 습득한 뒤 집으로 돌아와 일상적인 생활에 반영하는 사람들이다. (…) 최하급의 여행자는 수동적인 인간이며, 최상급의 여행자는 습득한 모든 지혜를 남김없이 발휘하며 살아가는 능동적인 여행자이다."[14]

날마다 걷고, 바라보는 이 도시의 여행자로서 기나긴 역사를 간직한 도시의 흔적을 들춰보자. 생각하는 행위는 자신을 성찰하는 것이며, 생각하지 않은 것을 생각하는 것들을 생각하는 것이 리듬이다. 우리는 '무작위로 소비하는 것들' 사이에서 잃어버린 다양한 생체리듬을 사람들의 반복적이고 규칙적인 왕래, 풍부한 소리, 다양한 냄새들, 도시의 다양한 특징들을 통해 느낄 수 있다. 그래서 몸의 생체적 리듬을 통해 사회적 리듬을 획득하는 것, 우리의 리듬을 '새롭게' 소환하게 해주는 것, 그때 '예술'이 '사건'으로 다가올 수 있을 것이다.

도시의 기억을 걷는 시간, 도시의 향취를 느끼며, 문득 만나는 예술적 사건들, 일상의 차이를 제공하는 것을 '느끼는(가져가는)' 기저에는 바로 이러한 생체리듬을 감각적으로 사유하는 '나'가 있다.

---

14 프리드리히 니체(2024), 『혼자일 수 없다면 나아갈 수 없다』, 포레스트북스, p.39. 이 책은 니체가 남긴 책들과 사후 발견된 편지, 일기, 메모, 미완성 유고 등에서 발췌해 옮긴 짧은 글들로 이루어진 잠언집으로 편역되었다. 특히 이 「여행자의 다섯 등급」은 『인간적인, 너무나 인간적인』에서 발췌된 내용이다.

예술하는 일상

한국 문화정책의 역사적 변천과
장애예술의 방향 모색

정종은 부산대학교 예술문화영상학과 부교수

머리말
한국문화정책의 역사적 변천 과정
문화정책 4.0 시대의 '대전환'을 위한 세 가지 접근
장애예술정책의 사례
맺음말

1. 머리말

우리나라 문화정책의 역사에서 중요한 분기점으로 간주되는 사건들은 결코 적지 않다. 가령 문화예술진흥법의 제정(1972)과 이에 따른 한국문화예술진흥원의 설립(1973), '제1차 문예중흥계획'의 발표(1973) 등은 대표적인 사건 중 하나이다. 엄혹한 유신 시대의 산물이기는 하나, 이를 기반으로 향후 한국문화정책은 한편으로는 산업화, 다른 한편으로는 민주화의 결실을 반영하며 나름의 형태와 지향을 갖추게 되기 때문이다. 하지만 이처럼 중요한 비중을 갖는 사건들이 압축적 근대화의 전 과정에 산포되어 있는 까닭에 한국문화정책의 역사적 전개 과정을 일목요연하게 정리하는 작업은 여전히 어려운 과제로 남아있다.

이러한 연유로 그 역사를 서술하고자 하는 이마다 자신의 관점을 바탕으로 독자적인 시기 설정이나 시기별 특성 도출을 진행해 왔다. 일례로 한국문화정책의 본격적인 출발점이 1970년대라고 해서, 한국문화정책의 시원을 1970년대라고 주장할 수는 없을 것이다. 따라서 시간을 거슬러

올라가자면, 어떤 이들은 제1공화국(1948)을 그 시작점으로 보기도 하고, 어떤 이들은 해방(1945) 이후를, 또 다른 이들은 임시정부의 설립(1919)을 기점으로 삼는다. 무엇이 맞는 것일까? 아니 무엇 하나를 출발점으로 확정하는 것이 가능하기는 한 일인가? 한편 정책의 시대구분은 크게 세 가지 방식으로 구별할 수 있는데, 정부별 구분, 발전사적 구분, 십 년 단위 구분이 바로 그것이다(양현미, 2024: 49). 각각의 방식은 나름의 강점과 약점을 갖기 때문에 다양한 접근들이 여럿 시도되고 있다는 사실 자체가 문제는 아닐 것이다. 하지만 이러한 여러 접근의 성과를 아우르는 종합적인 연구 결과의 부족은 분명 아쉬운 일이라 할 수 있다.

이러한 문제의식을 바탕으로 본 연구는 한국문화정책의 '발전사적' 구분에 대한 관심을 출발점으로 삼는다. 이 접근은 객관성을 담보하기 좋은 '정부별' 구분의 성과를 인정하면서도, 여러 정부를 거치면서 이루어진 변화들을 보다 넓은 범위에서, 보다 높은 층위에서 묶어내려는 지향을 갖는다. 따라서 여러 공화국 또는 여러 정부의 시기를 한 데 묶거나 따로 떼어내기 위한 분명하고 설득력 있는 기준이 필요하다. 그렇지 않을 경우, 연구자의 주관이 지나치게 강조되어 설명력을 상실할 우려가 있기 때문이다.

이와 관련하여 본 연구가 채택하고 있는 몇 가지 전제를 앞서 설명할 필요가 있다. 첫째, 본 연구는 역사적 제도주의의 관점에서 한국문화정책사의 흐름을 바라본다. 이 관점은 제도의 역사적 맥락에 대한 관심 속에서 "제도의 지속성persistence 또는 고착성stickiness"은 물론이고 "행위자들간의 권력관계" 및 "정책의 의도하지 않은 결과" 등을 설명하는 데에도 유용하기 때문이다(김정수, 2006; 김미현, 2020). 둘째, '정책 변화'는 물론 끊임없이 이루어지는 것이지만, 이 글은 점증주의적incremental 변화보다는 패러다임paradigmatic 변화에 주목하여 시대구분을 시도한다(Howlett & Ramesh, 1998). 셋째, 문화정책의 변화는 국가 운영모델의 변화와 연관이 있음을 전제로, 한국 현대사에서 대표적인 국가 운영 모델로 운위되어 온 발전국가 또는 개발국가 모델을 중심으로 한국문화정책의 흐름을 파악하고자 한다(정종은, 2013).

이러한 관점에서 보면, 임시정부 출범, 해방, 1공화국 수립 이후 1960

년대 초반까지를 문화정책 1.0 시기로, 1962년 3공화국 출범에서 1972년 유신과 1987년 민주 개헌을 거쳐 1990년대 초반까지를 문화정책 2.0시기로, 1993년 문민정부 출범에서 1997년 IMF 사태와 국민의 정부를 거쳐 현재까지를 3.0 시기로 구분할 수 있을 것이다. 필자의 강한 '느낌'은 2021년 UN 최초의 선진국 진입이라는 위대한 성과는 역설적으로 국가 운영모델의 총체적인 변화를 요청하고 있으며, 이는 한국문화정책의 새로운 시기, 즉 4.0 시기를 호명하고 있다는 점이다. 다시 말해서, '현재'는 3.0 시기의 종언과 함께 4.0 시기의 개화가 이루어지고 있는 과도기로서, 다가올 문화정책 4.0 시기에는 과거 '개발의 시대' 또는 '성장의 시대'와는 전혀 다른 문화정책, 곧 '성숙의 시대'를 위한 문화정책이 요청된다고 할 수 있다(정종은·최보경, 2024). 이미 기존의 정책 문법으로는 해결할 수 없는 문제들, 심지어 포착하기조차 어려운 변화들이 문화정책 분야는 물론이고 우리 사회 곳곳에서 발현되고 있다. 하지만 이러한 거시적인 변화를 감지하면서 문화정책의 이론과 실천을 혁신하기 위해 고민하는 이들은 아직 많지 않다.

그렇다면, 이와 같은 한국문화정책의 패러다임 전환의 요구 앞에서 우리는 어떻게 대응해야 하는가? 이 글은 크게 세 가지 차원의 대안적 접근에 주목한다. '생태학적ecological' 접근, '인문학적humanistic' 접근, 마지막으로 '집합-분과적collective-disciplinary' 접근이 바로 그것이다. 이러한 접근들은 그간 우리 문화정책의 역사적 변천 과정에서 상대적으로 주목되지 않았던 가치들에 주목하는 것이며, 각각 지속가능성sustainability, 접근성access, 콜렉티브 임팩트collective impact라는 가치를 문화정책에 배태하기 위한 지향성을 가지고 있다. '예술하는 일상'이 가능하기 위해서는, 또한 '도시 문화의 다양성'을 꽃 피우기 위해서는 이러한 세 가지 차원의 대전환이 중요하고도 시급한 과제라고 믿는다.

이와 같은 견지에서 '장애예술' 및 '장애예술정책'은 매우 중요한 함의를 갖는다. 2015년 한국장애인문화예술원의 설립 이후 지난 십여 년 동안 한국의 장애예술정책은 괄목할 만한 발전을 거듭해 왔다. 이는 2012년 런던 올림픽 이후 전세계적으로 관찰되는 현상이기도 하지만, 한국에서는 그 흐름이 특히나 거셌다. 소수자 또는 소외자라는 시선에서 등

한시됐던 장애예술 분야가 어떻게 오늘날 가장 주목받는 문화정책 영역의 하나로 부상하게 되었는가? 이러한 결과로 일어난 변화들은 무엇이며, 앞으로 남아있는 과제는 무엇인가? 문화정책 4.0 시대의 '도시 문화 다양성'에 대한 우리의 고민에 대해 동시대의 장애예술은 많은 시사점을 제공해 줄 수 있을 것이다.

본 고의 구성은 다음과 같다. 2절에서는 '개발주의 문화정책'이라는 개념을 중심으로 한국문화정책의 시대구분을 네 단계로 제시한다. 발전사적 구분을 통해서 시기를 설정하고, 시기별 특징을 추출함으로써 우리는 역사적 변천과 함께 현재의 쟁점과 미래의 지향에 대해 고민할 수 있을 것이다. 3절에서는 문화정책 4.0 시대의 패러다임 전환을 위한 세 가지 대안적 접근방식을 하나하나 살펴볼 것이며, 마지막으로 4절에서는 국내 장애예술정책의 최근 흐름을 살펴보고 다가올 시대, 문화정책의 윤곽을 구체적으로 상상해 보고자 한다.

2. 한국문화정책의 역사적 변천 과정

전술하였듯이, 이 글은 한국문화정책의 역사적 변천을 '개발국가developmental state' 모델이라는 렌즈를 통해 네 단계로 구분한다. 개발국가라는 개념은 차머스 존슨(1982)이 일본을 필두로 동아시아 국가들의 급격한 성장을 설명하면서 만들어 낸 개념이다. 이십 세기 중반 이후 일본, 한국, 대만, 싱가폴 등은 '경제 발전'을 최상위 목표로 삼고 "계획-합리적 국가plan-rational state"를 구성하는 데 매진해 왔다.[1] 이 모델의 핵심에는 국가와 기업 간의 공모, 즉 공적인 시스템과 사적인 시스템 사이의 "시너지적 연결"을 생산해 내는 "통치받는 시장"이 자리하고 있었다(Wade, 1990). 이로부터 "활발한 시장 경제와 적극적인 국가 개입, 활기 넘치는 수출 진흥과 꼼꼼한 수입 대체, 그리고 외국 자본과 기술을 끌어들이려는 노력과 그것들을 통제하고 규제하는 노력" 등이 한 곳에서 공존하는 독특한 현

---

[1] 존슨(1982)은 동아시아의 계획-합리적 국가(plan-rational state)란 구소련의 '계획-이데올로기적 국가'(plan-ideological state)와 영미의 '시장-합리적 국가'(market-rational state) 사이에 위치하는 혼합적 모델이라고 설명한다.

상이 나오게 된 것이다(Chan et al., 1998: 3). 개발국가 모델을 통해 우리나라는 1965년부터 1999년까지 연평균 8.1%라는 눈부신 경제성장률을 기록했다(Akhand & Gupta, 2006: 6). 이처럼 큰 주목을 받은 고高성장(Amsden, 1989; Wade, 1990; World Bank, 1993)은 "종속 이론과 자유시장에 대한 신고전주의적 접근"이라는 기존의 두 가지 지배적인 경제 이론에 타격을 가하기도 했다(Castells, 1992).

　　이번 절에서는 이와 같은 특징을 갖는 개발국가 시대의 문화정책을 중심에 두고 한국문화정책의 시대구분을 시도한다. 시대구분을 다루는 선행연구들은 주로 규제, 보호, 지원(김정수, 2006)이나 조직, 인사, 재정(오양열, 1995)과 같은 범주를 통해 나름의 기준을 세우고 세부적인 분석을 진행하는바, 본 연구는 이들을 종합하여 검열, 선전, 보호라는 수세적 '통제 메커니즘'과 정책의 체계화와 지원의 확대라는 적극적 '진흥 메커니즘'을 구분하여 시대의 특징을 기술하고자 한다.

2.1 문화정책 1.0 시대(1919~1962):
생존의 시대에 갇힌 '야누스' 문화정책

　　본격적인 국가 운영모델이 자리를 잡기 이전인 문화정책 1.0 시대(1919~1962)에는 식민 지배와 6.25 사변 등 혼란스러운 시대상 속에서 민족과 개인의 '생존'에 초점을 맞춘 국가 정책이 추진되었다. 필자가 이 시기를 고대 로마의 신인 '야누스'의 이름을 따서 호명할 수 있다고 생각하는 이유는 야누스가 '문'을 상징하는 신으로서 서로 다른 방향을 바라보는 두 개의 얼굴을 가지고 있기 때문이다. 야누스의 이름을 딴 1월January은 한 해가 종결되면서 새로운 해가 시작되는 시기를 의미한다. 마찬가지로, 문화정책 1.0 시대는 굴욕적인 일제의 지배라는 왜곡된 식민지 근대화 시기를 견뎌내면서 그 잔재와 싸워야 했던 시대인 동시에 해방과 건국의 설렘을 가지고 미래를 개척하고자 주먹을 불끈 쥐었던 시기이기도 하다.

　　이 시기의 문화정책을 세부적으로 살펴보려면, 아마도 '무단정치'에서 '문화정치'를 거쳐 '일선만 일체'를 추구했던 일제의 문화정책(도면회, 2014)을 지배적인 문화정책으로 다루면서 대항적인 문화정책으로서 임시정부의 주요 문건들을 고찰하고(강내희, 2010) 식민지 시대 조선인들의 문화운동을 파악하는 것(김성일, 2014), 해방 이후 3년간의 미군정 문화정책의 결을 파악하는 것(김운태, 2001; 정무정, 2004), 마지막으로 이승만 정부 시기에 이루어졌던 문교부의 핵심 사업 등을 고찰하는 것이 필요할 것이다(오양열, 1995; 정철현, 2006; 이봉범, 2009). 각 시기를 세부적으로 다루지는 못하지만, 이 시기 전반을 종합적으로 평가하자면, 반일, 반공, 친미 이데올로기를 중심으로 일제시대에 도입된 '검열'과 '보호', '선전' 중심의 통제적 정책의 원형이 지속된 시기라고 말할 수 있다. 물론 이 시기 안에서 가장 두드러진 검열 정책에서도 식민지-해방-대한민국이라는 시대의 흐름 속에서 텍스트에 대한 통제에서 텍스트 생산자에 대한 통제로의 초점 변화가 확인되는 등 나름의 변화가 존재한다(정근식·최경희, 2011). 그러나 이 시기 그 어느 시점에도 적극적인 진흥 메커니즘 차원의 정책은 거의 존재하지 않았는바, 정책의 체계화나 지원의 실질화 등은 아직 제대로 인식조차 갖추어지지 못했다.

2.2 문화정책 2.0 시대(1962~1993):
압축적 성장을 위한 '개발주의' 문화정책

생존을 위한 분투로 점철된 야누스 시기를 넘어, 압축적인 산업화 정책이 본격적으로 추진되는 '개발국가'의 시대가 열리게 된다. 박정희 정부에서 노태우 정부에 이르기까지 군 장성 출신의 대통령이 지배했던 이 시기가 개발국가 모델이 도입되고 가장 활발하게 추진된 시대라는 인식에는 별다른 이견이 없다. 필자는 이러한 개발국가 시대에 주조되고 실행된 문화정책을 '개발주의 문화정책developmental cultural policy'이라고 부른다(정종은, 2013; 2022).

역사적 단계로 표현하자면, 이 시기는 문화정책 2.0 시대로서 '문화'가 개발국가의 궁극적인 목표인 '선진국 따라잡기'를 위한 필수적인 장식품으로 간주되는 가운데, 국가의 경제적 '개발'이라는 이데올로기의 촉매제로 적극 봉사하는 것이 당연시되던 시기이다. 따라서 이러한 이데올로기를 위한 검열과 선전은 1.0 시기보다 약하지 않았다. 마찬가지로 문화의 '보호'를 명목으로 한 국제사회와의 엄격한 격리도 확인할 수 있다. 하지만 문화정책 추진체계를 포함하여 정책의 제도화가 상당 부분 진행된 시기이기도 했으며, 문화예술을 중심으로 한 실질적인 지원이 이러한 기반에서 본격화되었다는 점도 부인할 수 없는 사실이다.[2]

또한 같은 박정희 정권 시기이기는 하지만 1960년대와 1970년대의 문화정책 사이에도 중요한 차이가 확인된다(오양열, 1995; 김진각, 2022). 산업화 정책에서 수출주도 산업화를 경공업 중심으로 진행했느냐, 중화학공업 중심으로 진행했느냐의 차이가 있듯이, 각종 법제화를 토대로 문화기관의 설립 등이 1970년대부터 두드러진다(김문조·박수호, 1998; 김수정, 2019). 또한 1980년대는 영미의 국제 정책이 신자유주의로 전환되면서 1960~70년대와 같은 '보호' 정책을 유지하기가 힘들었고 1987년 민주화 투쟁을 계기로 직선제가 도입되는 등 개발주의 문화정책 시기의 후반부로 갈수록 검열, 선전, 보호 중심의 통제 정책이 옅어지는 것을 확인할 수 있다.

"강한 채찍과 많은 당근"(천정환, 2017)이 이 시대를 특징짓는 핵심어라고 할 수 있지만, 전두환 정권 이후 '사상 검열'은 강력히 유지되는 가운데 풍속 검열의 강도는 확연히 약해졌다는 점은 부인하기 어렵다. 정권의 정당성을 확보하기 위한 "스펙터클"에 집중한 전두환 정권기의 3S 정책[3]과 빈약한 지지 기반을 만회하기 위한 노태우 정권기의 북방정책 등은 '의도하지 않았더라도' 일종의 틈새를 제공했으며, 개발주의 후기는 그 틈새를 통해 과거에 억압되었던 것들이 봇물 터지듯 분출했던 시기였다.

2.3 문화정책 3.0 시대(1993~2021/현재): 창조적 성장을 위한 '신개발주의' 문화정책

세 번째 단계로서 문화정책 3.0 시대(1993~2021)는 민주화 democratization의 결실이 개발주의 문화정책의 수정 또는 보완을 이끌었던 시기로 문민정부와 국민의 정부를 거치면서 현재까지 이어져 내려왔다.

---

2 물론 심보선·박세희(2021)와 같은 연구자들이 지적하듯이, 일견 "정상적" 문화정책으로 보이는 것들도 깊이 들여다보면 '상징폭력'의 기제로서 "비정상적" 문화정책과 큰 차이가 없었다는 평가도 상당 부분 설득력이 있다.

3 1980년 미스코리아 선발대회 개최 및 컬러 TV 서비스의 시행, 1981년 비디오 등장, 1982년 프로야구의 도입 및 통금 해제, 1986년 아시안게임과 1988년 올림픽의 개최 등이 이러한 스펙터클의 대표적 사례이다. 물론 1970년대 강남 개발의 결과로서 최고의 쇼윈도우를 갖게 된 "아파트"와 "룸살롱"의 확산 역시 1980년대의 욕망에 기반한 스펙터클 문화 확대와 밀접한 관련이 있다(한영현, 2016; 박정미, 2016).

이 시기에는 경제학자 케인즈가 주창했다고 알려진 영국예술위원회의 거버넌스 모델인 '팔길이원칙arms-length principle'이 문화정책의 제1원칙으로 받아들여지면서, 검열과 보호라는 통제 메커니즘이 거의 사라진 시기이다. 김영삼 정부와 김대중 정부는 "자율과 민주"라는 지향 아래 강력한 "문화산업진흥정책"을 펼쳤다(이동연, 2024). 민주적 성장 또는 창조적 성장을 위한 새로운 거버넌스 원칙을 실현하기 위한 다채로운 정책이 펼쳐졌고, 이러한 기반 위에서 한류의 부상과 확산도 거세게 일어났다(정종은, 2022; 2024).

이 시기 문화정책의 특징은 통제 메커니즘의 완화 또는 소멸에 그치지 않는다. <창의한국>(2004) 출간 이후 문화정책의 체계화나 문화예산 1% 달성(2000) 이후 정부 지원의 규모와 범위 확대 역시 이전 시대와는 비교할 수 없을 정도로 인상적이다. 적극적인 진흥 메커니즘이 확고하게 자리를 잡게 된 것이다. 여기에는 '문화의 시대' 및 '문화의 국가기간산업화'라는 김대중 대통령의 소신이 중요한 역할을 했다. 하지만 3.0 시대의 문화정책은 여전히 압축적이고 전략적인 개발 또는 성장을 핵심 목표로 삼고 있다는 점에서 2.0 모델과 짙은 유사성을 갖는다.[4] 이것이 문화정책 3.0 시대를 '신'(neo) 개발주의 시대라고 규정할 수 있는 이유가 된다.

이후의 정부들, 즉 노무현 정부, 이명박 정부, 박근혜 정부, 문재인 정부의 문화정책을 일목요연하게 묘사하기란 어려운 일이다(cf. 김규원 외, 2018; 이동연, 2024). 하지만 문화정책에서 과거 위세 등등했던 검열과 보호는 약해졌고, 정책 체계화와 지원 내실화 수준은 상승했다. 물론 정권에 따라 보다 부드러운 형태의 검열과 선전에 투여하는 에너지 수준은 다소 차이가 있었지만 말이다.

---

4 개발주의 문화정책의 상징적 인물인 박정희와 신개발주의 문화정책의 상징적 인물인 김대중의 국정 운영은 차이점만큼이나 유사점도 많다. 일단 두 사람은 '민족주의자'의 정체성을 가지고 있었다. 그들의 연설문에는 비록 기의의 차이는 있지만, "민족"이라는 기표가 두드러지게 자리잡고 있다(류상영·김민정, 2021). 우리나라에서 1990년대 후반 급격하게 진행된 신개발주의 문화정책으로의 전환은 카리스마적인 민족주의자가 이끌었다는 점, IMF 구제금융이라는 민족 생존 또는 민족 위기 담론을 배경으로 했다는 점, ST, BT, CT 등 국가 전략산업 진흥의 일환으로 추진되었다는 점 등이 개발주의 시대의 문법과 많이 닮아있다. 물론 "강한 채찍"이 사라졌다는 점은 가장 중요한 차별점이다.

　　　　　　　　예술하는 일상

구분		특징		
1단계 생존의 시대	임시정부(식민), 미군정, 이승만 정부 (1919~1962)	생존의 시대에 갇힌 '야누스' 문화정책		
		검열 수준: 上	선전 수준: 上	보호 수준: 上
		정책 체계화 수준: 下	내실화 수준: 下	
2단계 성장의 시대 I	박정희, 전두환, 노태우 정부 (1962~1993)	'압축적 성장'을 위한 '개발주의' 문화정책		
		검열 수준: 上	선전 수준: 上	보호 수준: 上→中
		정책 체계화 수준: 下→中	내실화 수준: 中	
3단계 성장의 시대 II	김영삼, 김대중, 노무현, 이명박, 박근혜, 문재인 정부(1993~2021/현재)	'민주적 성장'을 위한 '신개발주의' 문화정책		
		검열 수준: 上→下	선전 수준: 上→中	보호 수준: 中→下
		정책 체계화 수준: 中→上	내실화 수준: 下→上	
4단계 성숙의 시대	선진국 진입 이후(?) (2021/현재~)	성숙의 시대를 향한 '대전환' 문화정책		
		검열 수준: 下	선전 수준: 中→下	보호 수준: 下
		정책 체계화 수준: 上	지원 내실화 수준: 上	

표 6. 한국문화정책의 시대구분

2.4 문화정책 4.0 시대(2021/현재~): 성숙의 시대를 향한 '대전환' 문화정책

[표 1]에서도 확인할 수 있듯이, 문화정책 4.0 시대는 이미 도래하였지만, 아직 완전히 윤곽이 드러나지 않은 시기라고 하겠다. '2021'년을 수면 위로 끄집어냈지만, 기실 현 정부의 문화정책이 과거와는 다른 '성숙의 시대'를 여는 기념비적 시기로 평가받을 가능성은 희박하다. 그러므로 문화정책 4.0 시대의 시점은 여전히 유동적이라고 할 수 있다.[5]

그럼에도 불구하고 다가올 성숙의 시대는 이미 여러 지표를 통해서 확인된다. 첫째, 2021년 7월 우리나라는 UN 역사상 최초로 선진국에 진입한 나라가 되었다. 과거의 빠른 추격자fast follower 전략이 선도국first mover 전략으로 바뀌어야 한다는 것이 국제사회에서 공인된 셈이다. 둘째, 2023년 우리나라의 경제성장률은 1.4%에 그쳤다. 오일쇼크나 IMF, 코로

---

5 이는 한 시대와 다음 시대가 교차하는 치열한 과도기에 진행되는 역사적 분석 작업이 어쩔 수 없이 마주하게 되는 딜레마가 아닐까? 하지만 이는 역설적으로 현재 그 형태를 만들어 나가고 있는(in the making) 새 시대의 지향과 가치를 가장 치열하게 고민할 수 있는 시점이라는 점도 기억할 필요가 있다. 이러한 관점에서 보면, 4.0 시대의 정책을 평가할 범주들도 검열, 선전, 보호, 정책 체계화, 지원 내실화 등 과거의 기준을 답습해서는 안 될 것이다. 이미 이루어진(given) 정책 목표를 되풀이하는 것은 큰 의미가 없기 때문이다. 이제는 지속가능성이나 접근성, 협업 수준 등을 가지고 전혀 다른 관점과 프레임을 통해 정책 성과를 평가할 시점에 이르렀다.

나와 같은 특별한 원인이 없는 가운데 이러한 저성장 지표가 기록된 적은 없었다. 일본의 잃어버린 30년과 같은 만성적 저성장 시대가 도래한 것이 아닌지 우려하는 경제학자들이 많다. 하지만 다른 한편으로 이런 지표는 우리가 처한 현실을 직면하게 해준다는 긍정적인 효과도 있다. 선진국들의 경제 성장을 묘사하기 위해 '눈부신'이란 표현은 사용되지 않는다. 그들은 과거의 눈부신 성장을 발판으로 현재의 자리에 있는 것이며, 따라서 선진국형 고민은 '성장'의 시대라기보다는 '성숙'의 시대에 정위되어 있어야 한다. 셋째, 21세기 이후 계속 언급되던 저출산, 고령화 문제가 이제 눈앞의 현실이 되었다. 그것도 세계에서 가장 심각한 수준으로 말이다. 2023년 국내에서 태어난 아이는 23만 명이었다. 1970년에 태어난 아이가 100만 명이었던 것, 그해의 GDP 성장률이 10%였다는 사실과 비교해 보라. 1970년대에 효과적이었던 국가 정책을 2020년대의 국가 정책에 그대로 적용한다고 생각해 보라. 어불성설이 아닐 수 없다. 이러한 지표의 목록은 차고도 넘친다. 가령, 우리나라의 도시화 비율은 2021년 91%였다(통계청, 2024). 그 비율을 3% 또는 5% 더 높이는 것이 과연 의미 있는 정책 행위인가?

요컨대, 우리 사회는 거대한 전환기의 입구에 서 있다. 과거의 성장과 성공에 집착한다면, 그리하여 과거의 기억과 관성을 되풀이하고자 한다면 엄청난 후폭풍이 몰려올 수 있다. 우리 문화정책 역시 과거의 성공에 사로잡혀 새로운 변화에 적응하지 못하는 '혁신가의 딜레마'에 빠질 위기에 처해있다. 문화정책 4.0 모델은 이러한 딜레마를 해결하기 위해 '대전환의 문화정책'을 고민하는 것을 최우선의 과제로 삼아야 한다.

3. 문화정책 4.0 시대의 '대전환'을 위한 세 가지 접근

앞 절에서 살펴본 한국문화정책의 시대구분은 다음의 그림과 같이 거칠게 요약해 볼 수 있을 것이다. 이번 절에서는 문화정책 4.0 시대, 곧 성숙의 시대를 위한 대전환의 문화정책을 준비하기 위한 접근에 대해 살펴보고자 한다. 이미 도래했지만 아직 도래하지 않은 문화정책 4.0 시대의 핵심어는 지속가능성sustainability, 접근성access, 그리고 콜렉티브 임팩트collective impact이다.

예술하는 일상

| '문화정책 4.0'시대의 도래와 나아갈 방향 | | | |

그림 23. 한국문화정책의 흐름 속 문화정책 4.0 시대

3.1 '지속가능성' 실현을 위한 생태학적 접근

대전환의 시대를 여는 첫 번째 키워드는 지속가능성이다. 지속가능성에 관해서 우리가 기억할 것은 지속가능 발전sustainable development과 지속적인 성장sustaining growth은 전혀 다른 개념이라는 사실이다(정종은 외, 2023). 그리고 이러한 인식을 전지구적 의제로 만든 것은 바로 유엔이라고 할 수 있다.

'지속가능 발전'이라는 개념은 유엔이 1987년에 발표한 <우리 공동의 미래Our Common Future>라는 보고서에서 처음으로 제시되었다. 그리고 이 개념은 1992년, 브라질의 리우에서 개최된 최초의 '세계 환경정상회의'에서 모든 국가가 함께 추구해야 할 발전 방식으로 채택된다. 애초에 '지속가능 발전'은 후세대의 필요를 저해하지 않고 현세대의 욕구를 충족할 수 있는 발전으로 제시되었던바, '리우 회의'에서 채택된 얼마 뒤 이 개념은 생태적·경제적·사회적 차원의 조화로 규정되었고, 21세기에 들어와서 17개의 지속가능 발전 목표SDGs로 세분화되었다. 다시 말해서, 우리 사회의 또는 우리 문화의 '지속가능 발전'은 이러한 흐름을 토대로 설계될 필요가 있다. 즉, 한국 사회에서 '고성장'의 시대 또는 '지속 성장'의 시대가 종언을 고한 현재에는 '양적 성장'이 아닌 '질적 성숙'을 통해 '발전'을 이해하는 관점이 요청되는 것이다.

이러한 관점은 한 마디로 '생태학적ecological 접근'을 통한 정책 패러다임의 전환을 요청한다. '현재의 성장'에 초점을 맞춘 개발국가 모델의 방식은 더 이상 통용될 수 없을 뿐만 아니라, 오히려 미래의 '발전'에 심각한 해를 끼칠 수 있다. 가령 재생에너지 전기 100%를 의미하는 'RE 100'의 전면적인 실행 및 이를 향한 제도적 촉진은 '지속가능성'에 대한 고민을 바탕으로 전혀 다른 패러다임에서 형성된 새로운 전지구적 목표라는 점을 상기해야 한다.

UN의 지속가능 발전 목표를 세부적으로 분석하면, ①생태적 차원에서의 대전환을 기반으로 ②경제적 차원과 ③ 사회적 차원의 대전환이 일종의 패키지처럼 요청된다는 사실을 잘 알 수 있다(정종은 외, 2023: 34-35). 우선 생태적 전환에서 시작해 보자. 가령, 영국에서는 잉글랜드 예술위원회Arts Council England의 2030 전략인 <Let's Create>가 제시하는 네 가지 투자 원칙 중 하나로 '환경적 책임'이 포함되어 있다. 또한 미국에서는 영화 및 드라마 제작에 있어서 스크립트 개발부터 로케이션 결정, 제작과 배급에 이르기까지 전 과정에서 환경친화적 제작을 위한 프로그램이 아마존, HBO, 유니버설 스튜디오 등 굵직한 기업을 중심으로 추진되고 있다. 할리우드를 중심으로 기후 문제에 관한 환경 단체와의 협업도 활발하게 이루어지고 있으며, Hollywood Climate Summit의 스토리창작 지원 프로그램 등 생태적 지속가능성 문제를 다룬 이야기 발굴 사업들도 이미 자리를 잡았다.

이러한 '운동성'은 비단 환경문제에서만이 아니라 창작자의 이익과 권리를 보장하고 공정한 경쟁을 담보하기 위한 노력을 중심으로 '경제적 지속가능성'에 대한 관심으로 확대되고 있으며, 마찬가지로 장애인, 노약자, 흑인, 여성 등에 대한 평등성과 다양성을 제고함으로써 '사회적 지속가능성'을 확보해야 한다는 주장으로 연결되고 있다. 요컨대, '지속가능 발전' 의제는 '생태적 지속가능성'에서 출발하여 '경제적 지속가능성'과 '사회적 지속가능성'을 동시에 모색하는 것을 요체로 삼고 있으며, 이는 응당 새 시대 문화정책의 필수적인 목표가 된다. 이를 실현하기 위해서는 기존의 패러다임을 근원적으로 또 총체적으로 성찰하는 인문학적 노력을 기반으로 문화예술 생태계의 창작자는 물론 연관 기업과 정부의 동시적인 역할이 요구된다. 대전환의 시대를 위한 생태학적 전환shift을 더는 미룰 수 없다는 말이다.

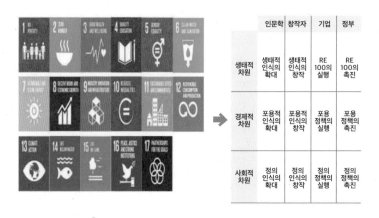

그림 24. 지속가능성의 세 차원을 통한 '성숙' 패러다임으로 전환. ©정종은 외(2023)의 그림과 표를 수정

	인문학	창작자	기업	정부
생태적 차원	생태적 인식의 확대	생태적 인식의 창작	RE100의 실행	RE100의 촉진
경제적 차원	포용적 인식의 확대	포용적 인식의 창작	포용 정책의 실행	포용 정책의 촉진
사회적 차원	정의 인식의 확대	정의 인식의 창작	정의 정책의 실행	정의 정책의 촉진

3.2 '접근성' 제고를 위한 인문학적 접근

두 번째 키워드는 '접근성'이다. 사실 'Access'라는 개념은 이차 대전 직후 영국에서 예술위원회가 설립되면서부터 문화정책의 두 기둥 중 하나로 받아들여져 온 개념이다. 즉 창작의 '수월성' 제고와 향유의 '접근성' 확대가 영국, 캐나다, 호주 등을 중심으로 문화예술 정책의 '쌍둥이 미션'으로 언급되어 온 것은 무척이나 오래된 일이다. 하지만 이러한 문화예술정책의 영역과는 별개로 서구 사회에서는 흑인, 여성, 장애인을 중심으로 한 정체성 정치가 접근성 개념의 부상에 중요한 동력을 제공해 왔다.

서구 사회에서 접근성 개념은 대체로 주류 사회의 '백인 남성'의 시각에서 다루어졌으며, 비주류 사회 계층에게는 물리적, 사회적 장애물이 존재하는 것이 당연시되었다(Thomas, Dovidio & West, 2014). 가령 '노예제도'라는 트라우마에 시달리고 있던, 흑인 집단의 경우 20세기 중반까지 교육과 교통, 공공시설로부터 백인과 물리적으로 철저하게 격리되어 있었으며 투표권과 고용 제한 등이 시사하듯이 사회적·문화적 접근성도 보장되지 못했다(Kirk, 2005). 여성의 경우에도 남성에 비해 정치, 법, 교육, 고용 등 많은 분야에서 차별적인 대우를 받았던 것이 사실이며, 미국에서는 1963년 평등임금법이 도입되며 동일한 직무에 대한 임금 차별이 금지되었고, 1978년 임신차별금지법 제정 등을 통해서 여성의 고용 평등이 개선되었다(Grossman, 2010).

구분	배리어프리 (Barrier-Free)	유니버설 디자인 (Uiversal Design)	인클루시브 디자인 (Inclusive Design)
대상	장애인	장애인에서 출발 고령자, 어린이 등 신체 기능적 약자 포괄	장애인, 고령자에서 출발, 현재는 다양한 사회구성원 포괄
용어의 태동	1950년대 미국, 1968년 건축장벽제거법명시: 1974 UN '장벽없는 건축설계' 보고서	1985 로널드 M. 메이스	1995 로저 콜맨
주요 지역	미국, UN	미국	영국
추구 가치	공평한 접근가능성 향상	보편성, 접근가능성 향상	문화다양성, 사회통합, 평등
목표	건축, 주거 등 생활환경 포함, 문화자원에서의 접근가능성 향상	건축, 생활환경 및 제품, 서비스에서의 접근가능성 향상	건축, 생활환경 및 제품 및 공공 서비스 접근가능성 향상
접근성의 적용범위	물리적 접근성, 서비스 접근성	물리적(감각적) 접근성, 서비스(콘텐츠) 접근성	물리적(감각적) 접근성, 서비스(콘텐츠) 접근성, 사회적·문화적 접근성
특징	장애인의 접근가능성 향상	장애인, 고령자, 어린이를 포함한 접근성 향상	장애인을 포함, 사회구성원으로서 다양한 집단에 소속된 개인의 개별적 다양성에 중점을 둔 접근
예술현장에서의 재성찰적 논의	베리어 컨셔스(Barrier-conscious) 가시적, 비가시적 배리어에 대한 인식 및 지속적 관심	보편성에 대한 근원적인 재성찰	과정적 관점에서 '포용'~사회구조적 배제에 대한 포괄적 관점과 태도를 요청

표 7. 접근성 개념의 연관 개념 분석. ⓒ최보연·정종은(2024)

이와 같은 소수자 집단의 '인정 투쟁' 역사에서 장애인 집단은 매우 두드러진 위상을 갖는다. 장애인 접근성과 관련한 초기의 논의는 '장애'를 개인의 결핍이나 질병으로 인식하고 장애인을 보호의 대상, 치료의 대상으로 보는 의료적 모델medical model에서 시작되었으나, 이후 장애를 사회적 인식에 의해 구성되는 것으로 바라보는 사회적 모델을 거쳐 최근에는 장애인의 독특한 경험과 시각을 존중하는 창조적 모델로까지 나아가고 있기 때문이다(정종은·최보연, 2021). [표 2]에서도 확인할 수 있듯이, 이러한 변화는 단시간에 일어난 일이 아니며, 배리어프리, 유니버설 디자인, 인클루시브 디자인 등 일종의 '운동'으로 추진된 많은 활동들의 결과가 축적되면서 일어난 사건이라고 하겠다(최보연·정종은, 2024).

앞서 언급한 잉글랜드 예술위원회의 <Let's Create>에서는 접근성 Access을 사회경제적, 인종적, 정치적, 젠더 혹은 신체적 제약조건 등을 막론하고 누구나 최고의 문화적 경험을 동등하게 누릴 수 있는 권리로 정의한다. 이와 같은 접근성 정의에는 다양한 집단의 역사적 투쟁 과정 및 이에 따른 개념의 변천 과정의 지향점이 오롯이 담겨있다. 그것은 바로 ① 접근성이 '시혜나 서비스'를 넘어 '권리이자 기회'를 의미한다는 것, ②

예술하는 일상

특정한' 대상을 넘어 '보편적' 대상을 지향한다는 것, ③ 단순한 '향유'의 경험을 넘어 '창작'의 경험에 관한 권리와 기회를 포괄한다는 것을 의미한다(cf. 그림 3).

요컨대, 이처럼 확장된 의미의 '접근성'이야말로 새 시대 문화정책을 위한 대전환의 또 다른 축이라고 할 수 있다. 이러한 접근성 정책의 발전을 위해서는 '인문학적 접근'이 필수적이다. 인문학이란 '인간과 문화에 관한 근원적인 성찰'을 꾀하는 학문으로서, 역사적으로 볼 때 전체주의적인 지식·이론·관점의 지배에 대항하는 역할을 해왔다. 중세 천년 간 '신'의 지배에 문제를 제기한 것은 르네상스 시대의 인문주의자들이었다. 근대에 들어 신의 자리를 대신 차지한 '과학'의 지배에 물음표를 던진 것도 인문학이지 않았는가? 개발주의 시대의 성장 이데올로기와 이로부터 비롯된 후기 자본주의적 주류의 삶의 방식, 욕망 방식에 문제를 제기하는 것도 이 땅의 인문학이 해야 할 역할이지 않을까?[6]

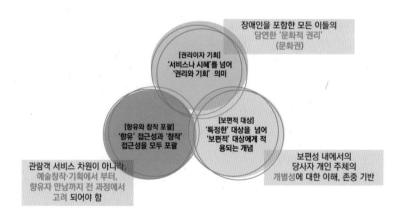

그림 25. 접근성 개념의 세 가지 지향성. ⓒ정종은 외(2024)

---

6   물론 이 대목에서 대학/연구 인문학과 대중/일상 인문학은 구분이 필요하다. 근본 인문학과 응용 인문학도 구분해야 한다. 최근에 뚜렷하게 대비되는 전자의 쇠락과 후자의 부상은 '명사로서의 인문학'을 넘어 '동사로서의 인문학'이 성숙의 시대에 요청되는 인문학적 접근임을 시사한다.

접근성 개념의 진화 과정에 아로새겨있는 주류 집단의 차별에 대응하는 소수 집단의 인정투쟁사史는 자신들의 뚜렷한 정체성에 근거한 '정체성 정치'의 과정이었다. 정체성identity보다 더 인문학적인 개념이 있을까? '정체성'은 우리와 그들에 대한 성찰적 '내러티브'에서 기인하는 것이며, '접근성' 개념은 특정한 정체성을 넘어서 모두에게 보편적인 기회와 권리를 제공하는 것을 목표로 삼는다. 이와 같이 창작과 향유의 경계를 넘어 보편적인 권리와 기회의 실현을 위해 집중하는 것이야말로 접근성 정책의 핵심이다. 배리어프리, 유니버설 디자인, 인클루시브 디자인은 차별적인 득혜나 서비스에 관한 것이 아니라 보편적인 기회와 권리에 대한 것임을 기억하는 것은 중요하다. 이러한 정책 지향을 실현하기 위해서는 인간과 문화에 관한 근원적인 성찰로서 '인문학적 접근'이 필수 불가결하다.

명민한 독자들께서는 이미 '지속가능성'을 위한 생태학적 접근에서도 인문학적 성찰의 중요성이 강조된 바 있다는 사실, 그리고 생태적 지속가능성은 경제적 지속가능성 및 사회적 지속가능성을 경유하면서, 지금 우리가 논의하고 있는 '접근성' 개념과 살을 맞닿게 된다는 사실을 인지했을 것이다. 그렇다. 지속가능성과 접근성은 밀접하게 연결되어 있는 개념이며, 마찬가지로 생태학적 접근과 인문학적 접근 역시 분리 불가능한 개념들이다. 성장의 시대에 단단하게 조였던 안대를 풀고 바라보면, 더욱 그러하다.

3.3 콜렉티브 임팩트 실현을 위한 집합-분과적 접근

'Collective impact'란 개념을 한국어로 표현하자면 '집합적 영향' 정도가 될 것이다. 하지만 이 번역어는 다소간 영어 개념의 동학을 제대로 반영하지 못하는 것처럼 느껴진다. 따라서 성숙의 시대를 위한 대전환의 문화정책의 마지막 핵심어는 영어 표현을 그대로 사용하고자 한다.[7]

콜렉티브 임팩트 개념을 구성하는 핵심적인 인식은 다음의 세 가지로 요약해볼 수 있다. ① 현대사회에서 문제의 원인이 다양해지고 있으며 복

---

[7] 이러한 고민은 필자만의 것이 아니다. 지역사회 문제해결을 위한 유력한 접근으로 collective impact 개념은 최근 많은 주목을 받고 있는바, 「콜렉티브 임팩트 접근을 통한 지역사회 문제해결 사례」(윤수진, 2022), 「지역사회 문제해결을 위한 콜렉티브 임팩트 접근에서 대학의 역할에 관한 시론적 연구」(김은정 외, 2020) 등 많은 연구자들이 번역어 대신 영어 표현을 그대로 사용하고 있다.

잡해지고 있다. ② 기존의 개별적인 행위자들의 고군분투로는 문제 해결을 기대할 수 없다. ③ 따라서 다양한 영역sector을 가로지르는 동시다발적이고 집합적인 대응을 통해 임계질량critical mass을 넘어서는 영향력을 결집시켜야 한다.

이와 같은 콜렉티브 임팩트의 실현을 위해서는 전통적인 의미에서 신뢰와 호혜적 자원교류에 기반하는 '상호협력적 네트워크'로는 충분하지 않다. 대신에 특정한 사회 문제를 해결하는 것을 목표로 이종 기관 간 협력관계를 구축하는 '문제 해결 중심 네트워크'가 요청된다(윤수진 2022). 다시 말해서, 개별 분과적 접근의 한계를 극복하기 위해 여기저기에서 당연하게 운위되어 온 개념들도 이제는 버리거나 극복해야 한다는 것이다. 대표적인 예시가 21세기 들어 학계는 물론이고 산업계나 공공 영역에서도 유행처럼 언급되곤 했던, 다분과적Muliti-disciplinary, 교차분과적cross-disciplinary 또는 상호분과적inter-disciplinary 접근과 같은 표현들이다.

이러한 개념들은 고립적 접근, 단선적 접근을 넘어서야 한다는 당위를 바탕으로 협력의 '양태'를 강조하기는 했지만, 이러한 협력이 종국적으로 무엇을 위한 것인지 충분히 드러내지 못했다. 협력의 '목표'나 '지향'을 담아내지 못한다는 한계가 있는 셈이다. 따라서 '대전환의 시대'를 위한 문화정책, 나아가 국가 정책은 이제 지역혁신체계를 구성하는 모든 구성원의 집합적인 '몰입'을 위한 조건들을 마련하여 임계질량을 넘어서는 성과를 산출하는 데까지 나아가야 한다. 말을 바꾸자면, '분명한 목표'를 향한 동시다발적 노력의 전개, '즉각적인 피드백'을 반영하는 상호 개선 및 조율 과정, '능력에 적절한 도전'의 설정을 가능케하는 역동적 체계를 최우선의 과제로 삼고 지역과 국가의 문제를 해결하기 위한 다자적 접근을 시도해야 하는 것이다.

이러한 새로운 접근을 필자는 '콜렉티브 임팩트'를 전제로 이루어지는 다분과적, 교차분과적, 상호분과적 접근으로서 '집합분과적collective-disciplinary' 접근이라고 부르고자 한다. 우리 사회를 저低성장의 늪으로 끌고 갈지도 모르는 문제들, 곧 지역소멸, 저출생, 초고령화, 계층 양극화 등의 문제는 문화정책만으로 해결할 수 없는 문제들이 분명하다. '문화'의 힘을 충분히 인정하지 않는 것만큼이나, 사회구성체의 여타 영역이 가진 자율적인 힘과 관성을 무시하는 것도 잘못이다. 또한 문화정책의 행위자 중에서 시민들의 적극적 참여 없이 공공의 의사결정 행위만으로는 위의 문제 해결에 의미 있는 진전을 이룰 수 없다는 것도 분명하다. 나아가서 중앙, 광역, 기초 단위의 집합적인 대응 없이는 공공 영역 내부에서도 더 나아질 가능성이 잘 보이지 않는다.

요컨대, 기재부에 항시 시달리는 '일개' 중앙부처 혼자서는, 중앙의 국정과제 올라타기에만 혈안이 되어있는 '일개' 광역시의 힘으로는, 또는 시장/군수/구청장의 지인들에게 피해를 주어서는 안된다는 제1원칙에 사로잡힌 '일개' 기초단체 공무원들의 힘만으로는 날로 복잡다단해지는 현대사회의 문제들 앞에서 짙은 무력감을 떨칠 수가 없을 것이다. 성숙의 시대로 도약할 것인가, 저성장의 시대로 추락할 것인가? 시간이 없다. 최대한 신속하게 칸막이를 걷어내야 한다. 지하 저장고(silo) 식 사고가 팽배한 장소에서는 활력도, 동기부여도 찾아보기 어렵다(Landry & Hyams, 2012). 청년들은 떠나고, 아이들은 태어나지 않으며, 주민들은 무덤을 향해 행진한다. 과거의 눈부신 영광의 기억만을 좀비처럼 되뇌이면서 말이다. 겪어본 적이 없는 초유의 시대가 열리고 있다. 대전환의 문화정책은 같은 목표를 향해 성별, 인종, 나이, 계급을 넘어 모든 행위자가 함께 발걸음을 내딛는 방식으로 기획되고 실행되어야 한다. 단 한 사람, 단 한 집단의 에너지도 낭비할 여유가 없기 때문이다. 그 외에는 다른 방법이 없다.

4. 장애예술정책의 사례

앞 절에서는 문화정책 4.0 시대의 대전환을 위한 핵심 가치들, 곧 지속가능성, 접근성, 콜렉티브 임팩트에 대해 자세히 살펴보았다. 이번 절에서는 마지막으로 '장애예술정책'의 사례를 통해서 대전환의 시대, 나아가서는 성숙의 시대를 위한 문화정책의 구체적인 방향 모색에 관해 고찰하도록 하자.

4.1 역사적 고찰: 전지구적 차원의 장애예술 부상

우리나라에서 장애예술에 대한 관심이 뜨거워진 것은 2015년 한국 장애인문화예술원의 설립 이후라고 할 수 있다. 하지만 전지구적으로 살펴보면 장애예술 및 장애예술 정책에 대한 관심은 1960년대 이후로 꾸준하게 확장 되어왔음을 알 수 있다. 당시 유럽에서는 신사회운동(new society movement)의 물결이 뜨겁게 일렁이고 있었는바, 과거 소수자 그룹으로 취급되었던 흑인, 여성, 장애인 등의 정체성 정치가 이를 계기로 수면 위로 부상하게 된다.[8]

이러한 흐름 속에서 배리어프리, 유니버설 디자인, 인클루시브 디자인과 같은 개념의 출현은 '장애인 접근성'에 관련한 중요한 동력이 되어왔다(앞의 [표 2] 참조). 우선 배리어프리 개념은 1974년 UN 장애인 생활환경 전문가 회의에서 「장벽 없는 건축설계에 관한 보고서」 발표를 통해 제시되었는바(Couch, 1992) 건축설계 기준을 물리적 장벽 제거에 초점을 두어 장애인들이 공공건물과 시설에 접근할 수 있도록 하는 것을 목표로 하였다. 1968년 미국에서 '건축장벽 제거법'(ABA)이 제정되면서 모든 공공건물과 연방정부의 지원을 받아 개축된 건물에는 장애인을 포함한 모든 시민이 접근할 수 있도록 설계되어야 한다는 규정이 제시된 것, 1973년 '재활법'(Section 504)의 제정으로 장애인이 공공건물뿐만 아니라 교육기관, 교통수단 등 다양한 사회적 자원에 접근할 수 있도록 권리가 보장된 것 등이 이정표가 된다. 이후 배리어프리라는 개념은 물리적 장벽 제거에서 시작해서 장애인의 다양한 권리를 제약하는 제도적 장벽, 사회적 약자에 대한 차별과 편견의 장벽까지 허물고자 하는 개념으로 확장되었다.

한편 유니버설 디자인 개념은 1985년, 노스캐롤라이나 주립대학교의 건축가, 로널드 메이스에 의해 체계화된 개념으로서 추가적인 비용 없이, 그리고 장애 유무에 상관없이 모든 사람이 건물과 시설을 기능적으로 원활하게 사용할 수 있도록 디자인하는 방법을 의미한다(Duncan, 2006).

---

8 전술하였듯이, 이러한 사회 운동의 배경에서 장애를 개인의 결핍이나 질병으로 바라보던 의료적 모델이 결정적으로 약화되었으며, 대신에 장애에 관한 차별과 불편을 상당 부분 사회적 인식에 의해 구성되는 것으로 바라보는 사회적 모델(social model)이 강력하게 대두될 수 있었던 것이다(정종은·최보연, 2021).

유니버셜 디자인 역시 물리적 접근성을 최대화하여 모든 사용자가 불편 없이 공간을 이용할 수 있는 건축 디자인을 구현하려는 목표를 가지고 있었는바, 이후 유니버셜 디자인은 물리적 접근성을 기반으로 정보 접근성, 기술 접근성과 같은 다양한 접근성을 내포하는 포괄적 설계 원칙을 일컫는 개념으로 확장되었다.

마지막으로 인클루시브 디자인 개념은 영국의 Royal College of Art의 Helen Hamlyn Research Centre에서 많은 연구가 이루어졌으며, 해당 단체 소속의 로저 콜맨에 의해 개념이 확장되었다(Coleman & Myerson, 2001). 나이, 장애, 성별 등 다양한 개인의 특성을 포용한 디자인으로, 모든 사람이 공평하게 사용할 수 있는 환경을 만드는 것을 목표로 하는 개념인데, 앞의 두 개념과 마찬가지로 이후 '포용성'의 범위를 확대하면서 사회적 소수자의 관심과 이해관계를 포함하는 사회적 통합 설계 개념으로 발전하게 된다.

이러한 역사적 흐름 속에서 가장 눈에 띄는 사실은 관련 법·제도가 구축되는 것이 무척이나 중요한 지지대의 역할을 했다는 점이다. 가령 미국에서는 '장애인 교육 개선법[IDEA]', '장애인법[ADA]' 등이 제정되면서 장애인에 대한 사회문화적 접근성이 강화되었고, 영국 또한 '평등법[Equality Act]' 제정으로 사회적 약자들을 위한 폭넓은 접근성 개선이 보장되었다. 이에 관하여 빠트릴 수 없는 것이 2006년 UN이 채택한 '장애인 권리협약[CRPD, Convention on the Rights of Persons with Disabilities]'이다. 이 협약은 장애인의 권리를 보호하고 장애인이 사회 전반에 걸쳐 동등하게 참여할 수 있도록 하는 것을 목표로 하였으며(Broderick, 2020)[9], 특히 '접근성'을 중요한 원칙 중 하나로 제시함으로써 이후 모든 회원국이 물리적 환경, 교통, 정보통신, 그리고 기타 서비스에 대한 접근성을 보장해야 한다는 규정을 자신들의 맥락에 맞게 적용하도록 권고하였다.

우리나라에서 장애예술정책의 체계화는 이와 같은 국제적인 흐름을 반영하면서 상대적으로 늦게 이루어졌다고 평가할 수 있다. 2007년 「장애인차별금지법」이 제정되며 접근성 보장의 필요성이 크게 확산되었고,

---

9 Broderick, A. (2020). Of rights and obligations: the birth of accessibility. *The International Journal of Human Rights*

예술하는 일상

2020년에는 「장애예술인지원법」이 제정되면서 장애인이 예술 활동에 자유롭게 참여할 수 있는 권리가 공표되고 이를 위한 전문인력의 필요성도 명시되었다(법제처, 2020). 문화체육관광부는 이 법을 바탕으로 「장애예술인 문화예술활동 지원 기본계획」을 수립하였으며 이 계획에는 장애예술인의 창작 활동 지원, 일자리 창출, 문화시설 접근성 확대와 같은 세부 계획들이 포함되었다. 이는 과거와는 비교할 수 없을 정도로 넓은 범위의 정책 의제를 제시한 것으로 평가할 수 있다. 특히 교육·기획·창/제작·유통 분야에서 활동할 매개인력 양성이 정책 기반 강화의 방향성으로 중요하게 다루어졌다는 부분이 주목할 만하다(문체부, 2022).

4.2 현재의 쟁점: 접근성 개념의 세 가지
지향에 기반한 장애예술정책의 체계화

전술하였듯이, 국내 장애예술 및 장애예술정책의 변천에 있어 2015년은 중요한 의미를 갖는다. 한국장애인문화예술원이 설립되면서 장애예술정책을 전담할 수 있는 기관이 공식적으로 출범했기 때문이다. 하지만 이는 정책 추진체계 차원에서 반쪽짜리 성과였는데, 문화체육관광부 안에는 여전히 전담 부서 없이 예술정책과의 수많은 사업 중 하나로 장애예술정책이 취급되었기 때문이다. 이러한 견지에서 2023년 12월은 훨씬 더 중요하다. 우선 2023년 12월 21일에는 「문화예술진흥법」 시행령 개정을 통해 국·공립 공연장 및 전시장에서 연 1회 이상 장애예술인 공연 및 전시 개최가 명문화되었다. 곧이어 2023년 12월 29일에는 문체부 예술국 내에 장애인문화예술과가 신설되면서, 장애예술계의 숙원 사업이었던 문체부 안의 장애예술 전담 '과'가 설립된 것이다.[10]

이러한 이유로 최근 국내 문화예술 생태계에서 '장애인 접근성'에 관한 관심이 크게 높아지고 있는바, 2023년 장애예술인 전용극장인 '모두예술극장'의 개관이나 국내 공연예술계를 중심으로 확산되고 있는 '접근성 매니저' 활동 등은 특별히 주목되는 사례가 아닐 수 없다. 현재 모두예

---

10 이 글을 작성하고 있는 2024년 10월 현재, 행안부와 문체부 사이에 '장애인문화예술과' 폐지 또는 축소가 논의되고 있다는 소문이 들린다. 이유가 무엇이든 이러한 논의가 현실화한다면, 이는 '전환의 시대'에 어떠한 정책적 수요가 있으며, 문화정책이 무엇을 선제적으로 대비하고 형성해야 하는지에 대한 몰이해로부터 기인한 사건으로 기록될 것이 분명하다. 이와 같은 반역사적 퇴행이 결코 현실화되지 않기를 바란다.

술극장과 이:음 예술창작 아카데미를 필두로 아르코대학로예술극장, 아르코미술관, 국립극단, 국립중앙박물관, 국립현대미술관, 서울문화재단, 완주문화재단 등이 추진했거나 추진하고 있는 '접근성 사업'은 이러한 흐름을 강하게 추동하고 있다. 장애인 접근성에 대한 이러한 관심은 향후 우리나라 문화 생태계의 핵심어가 될 정책 지향을 선취한다는 점에서 무척이나 반가운 일이 아닐 수 없다. 하지만 현장에서는 '접근성' 개념에 대한 피상적인 이해를 바탕으로 '유행'처럼 사업이 진행되는 경우도 적지 않기 때문에 이를 방지하기 위한 체계적인 이해와 실천이 그 어느 때보다 필요한 시점이다.

3절에서 살펴보았듯이 접근성 개념은 ① '시혜나 서비스'를 넘어 '권리이자 기회'를 의미하며, ② '특정한' 대상을 넘어 '보편적' 대상을 지향한다는 점, ③ 단순한 '향유'의 경험을 넘어 '창작'의 경험에 관한 권리와 기회를 포괄한다는 점이 중요하다. 한 마디로 서술하자면, 문화예술 분야에서 접근성 개념은 '우리 사회의 모든 구성원에게 문화적 창조와 향유 경험에 관한 권리 및 기회를 공평하게 보장해야 한다'라는 의미로 요약할 수 있다. 이러한 정책 목표는 '성장의 시대'에는 도외시되었던 것으로서 '성숙의 시대'의 지향과 밀접하게 연결되는 것이다. 성장의 시대를 지배했던 공리주의적 만트라^{mantra}, 즉 '최다수의 최대 행복'이라는 주문은 성숙의 시대에는 '최소수의 최소 고통'이라는 새로운 원칙에 길을 내줄 수밖에 없다는 주장(손봉호, 1995)을 떠올려보라.

장애예술정책은 국내 접근성 정책의 세부 영역 가운데 가장 두드러진 분야라고 할 수 있는바, 이러한 정책 철학 및 지향을 바탕으로 기존에 간헐적으로 도입되거나 의례적으로 적용되어 온 정책사업을 총체적으로 재구조화하고, 전혀 새로운 방식으로 정책 추진체계 및 협력체계를 재구축할 필요가 있다. 이를 통해 접근성을 넘어 지속가능성을 담보하고, 콜렉티브 임팩트가 세상을 어떻게 바꿀 수 있는지를 '증명' 또는 '증언'하는 것이야말로 장애예술정책이 현재 직면하고 있는 가장 중요하고도 시급한 과제라고 할 수 있을 것이다.

예술하는 일상

4.3 미래의 과제: '접근성 매니저' 제도
확대를 통한 새로운 지향의 내면화

이와 같은 정책 체계화 또는 재구조화의 과정을 거쳐 '접근성'과 '지속가능성'을 우리 문화정책의 시금석으로 삼기 위해서는 이와 같은 새로운 철학을 내면화한 전문인력들이 문화 생태계의 구석구석에서 활동해야만 한다. 국내에서 '접근성 매니저'라는 타이틀을 달고 활동하는 인력이 처음 출현한 것은 2010년대 후반부터라고 할 수 있다. 공연예술계의 자발적인 필요로 인해 등장한 이들은 최근 확대된 '장애인 접근성'에 대한 관심 속에서 큰 주목을 받고 있다. 하지만 국내에서 이들이 당면하고 있는 활동 및 고용 현황을 살펴보면, 아직은 북미와 서유럽의 주요 국가들과 비교할 때 걸음마 수준임을 확인할 수 있다.

미국, 캐나다, 영국, 호주, 프랑스 등에서는 접근성 논의가 상당히 오랜 시간 동안 지속적으로 이루어짐에 따라, '접근성 매니저'라는 직업이 확고하게 자리를 잡았다(정종은 외, 2024). 우리나라에서도 고용정보원(2023)이 문화 분야의 신직업으로 접근성 매니저를 제시하기는 했지만, 아직까지는 직무별 전문화가 이루어지지 못한 상황이다. 접근성 매니저 채용에 관심을 가진 기관들도 소수일뿐더러, 채용이 이루어지더라도 대개 특정한 '관심' 프로젝트를 기반으로 일정 기간 '계약'을 맺고 분명한 권한의 위임 없이 접근성 관련 모든 업무를 '혼자서' 도맡게 되는 경우가 많다. 하지만 해외 주요국의 경우, '접근성 기획 관리자', '접근성 교육 전문가', '접근성 기술 지원 전문가' 등 세부 직무가 분명하게 구분되어 있으며, 이들이 유기적으로 협력하면서 조직의 총체적인 접근성 제고를 이루어나가고 있다(정종은 외, 2024). 이와 같은 접근성 매니저 고용 시장의 형성과 활동 영역의 확대는 사회적 공감대를 바탕으로 법·제도의 구축 및 이를 실현하기 위한 꼼꼼하고 구체적인 가이드라인 출간에 직접적으로 의존하고 있다. 향후 우리 문화정책이 나아갈 방향을 명시적으로 보여주는 대목이다.

해외 주요국의 사례에서 마지막으로 강조할 것은 접근성 매니저의 활동 분야가 단지 문화 영역이나 공공 영역에 국한되지 않는다는 점이다.

앞서 언급한 국가들의 채용공고를 살펴보면, 크고 작은 규모의 기업 경영이나 지역 커뮤니티 분야 등에서도 접근성 매니저에 대한 관심이 적지 않다. 이는 우리가 지금까지 살펴보았듯이 접근성 및 지속가능성에 대한 관심이 공적 부조나 사적 관심의 수준을 뛰어넘어서 시대적 변화에 따른 메가트랜드로 자리를 잡고 있음을 시사한다. 다시 말해서, 접근성 매니저 제도의 정착은 단순히 장애예술정책이나 문화정책의 지향 또는 목표를 훨씬 뛰어넘는 의미를 갖는 일이라고 할 수 있다. 이와 같은 수요demand 및 필요need를 인식하고, 이를 기반으로 문화정책을 총체적으로 재구조화하는 것은 '성숙의 시대'의 새로운 방향성을 우리 사회가 어느 정도로 내면화하고 있는지를 판단할 수 있는 시금석이 될 수 있다는 말이다.

5. 맺음말

지금까지 우리는 한국문화정책의 시대구분에서 시작하여, 문화정책 4.0 시대의 새로운 가치 지향을 탐색해 보았고, 이를 장애예술정책이라는 구체적인 사례를 통해 고찰해 보았다. 한 시대의 종언이라는 것이 그 시대를 하루하루 살고 있는 당사자들에게는 크게 피부로 느껴지지 않는 일일 수 있다. 이를 다른 사람들보다 먼저 느끼고, 먼저 고민하고, 먼저 준비하는 것은 문제의식을 갖춘 일부에게만 가능한 일이다. 부산문화재단이 그리고 부산시가 우리 사회의 새로운 시대가 열리고 있음을, 우리 사회가 전혀 새로운 방향으로 나아가야 한다는 것을 가장 먼저 인식하고, 준비하는 행위자가 되기를 기대한다. 성숙의 시대에는 서울의 뒤를 빠르게 좇아가는 빠른 추격자first follower 전략은 더 이상 효과를 발휘하기 어렵다. 고지高地에 대한 집착은 이만 내려놓고, 부산은 이제 미답지未踏地 개척의 새로운 모델을 향해 담대하게 발을 내딛어야만 한다.

일상 그리고 장소

도시 산책과 문화생태학적 의미
박현정 충북대학교 독일언어문화학과 교수

제3의 장소로서 문화공간은 도시를 어떻게 돌보는가
원향미 부산문화재단 정책연구센터 선임연구원

도시 산책과 문화생태학적 의미
– 독일의 도시 재생과 산책학

박현정 충북대학교 독일언어문화학과 교수

들어가며
루치우스 부르크하르트
풍경, 산책, 산책학
제로 미터 산책 (1985) – 이상적 풍경 vs. 현실적 풍경
타히티로의 여행 (1987) – 도시에서 자연 찾기
횡단보도 (1993) – 도시풍경의 미학
운전자 산책 (1993) – 낯선 시선
빌라 메디치 여행사 (1998) – 이면 보기
나오며

어떤 풍경이 파괴된 것으로 보이는 것은
거기에 *자연*이 없기 때문이다.

Zerstört erscheint uns eine Landschaft aber vielleicht
deshalb, weil es darin an *Natur* fehlt.

루드비히 펠스, 『풍경의 개념』 중

1. 들어가며

약 50만 년 전 지구상에 출현한 인간은 자연nature이라는 원재료를 이용하여 문화culture를 일구었다. 창밖의 나무 한 그루가 자연이라면 이를 가공하여 만든 책상은 문화적 산물이다. 원시인들이 돌로 화살촉과 도끼를 만들고 밭에 씨를 뿌려 일구던 행위에서부터 오늘날 핵무기나 AI, 로봇

을 만드는 일까지 인간에 의한 일체의 행위를 우리는 문화라고 부른다. 한 마디로 문화란 자연을 가공하고 경작하고 돌보는 모든 종류의 인간 행위를 의미한다. 그러나 천연자원이 고갈되고 녹지가 파괴되고 동·식물이 멸종하면서 생태계는 균형을 잃어간다. 그리고 이것은 다시 부메랑처럼 인간을 위협하고 있다. 결국 인간에 의한 '자연위기'는 인간을 향한 '문화위기'가 되었다. 1950년대 중반 등장한 문화생태학Cultural Ecology은 유사 이래 인간에 의한 자연위기와 인간을 향한 문화위기를 동일한 것으로 상정한다. 그래서 인간에 의해 파괴된 자연 생태계를 복원하기 위해 인간의 모든 행위, 즉 과학, 지식, 교육, 예술, 정치, 종교, 경제 등의 역사를 재고하고 문화와 자연의 균형적 관계를 새롭게 회복하기 위한 학문적 이론이다. 인류가 다시 원시사회로 돌아갈 수 없다면 결국 우리는 잃어버린 자연을 회복하기 위해 기존의 생활양식, 환경에 대한 의식을 수정하고 개선하는 새로운 대안으로서의 문화적 패러다임을 만들어가야 한다. 이러한 취지에서 이 글은 오늘날 거대도시 속에서 소멸해 가는 자연을 되찾기 위해 환경에 대한 새로운 시선과 인식, 미래지향적 가치를 실천하는 독일의 산책학Promenadologie/Strollology을 소개하고자 한다.

2. 루치우스 부르크하르트

산책학은 스위스 출신의 사회학자이자 예술가인 루치우스 부르크하르트Lucius Burckhardt, 1925-2003에 의해 처음 시작되었다. 그는 1955년 바젤대학에서 박사학위를 수여한 이후 독일 울름Ulm의 디자인 대학과 스위스 취리히Zürich 공대 건축학부에서 강의하다가 1972년 독일 카이텔Kassel 대학의 도시 조경학과의 교수로 임명되었다. 그곳에서 1997년 은퇴할 때까지 도시설계, 조경, 건축, 예술, 공예, 디자인과 같은 예술 활동과 더불어 생태적 도시설계를 위한 사회운동가로서 평생을 보냈다.[1] 평소 환경Umwelt, 인간

---

1 루치우스 부르크하르트는 1962~1972년 건축 잡지 <베르크>의 편집장, 1976~1983년 독일 공예연맹 <도이처 베르크분트>의 회장을 역임했으며 1992년 바이마르 바우하우스 건축대학의 초대학장으로서 디자인 학부를 개설하였다. 그는 1994년 예술, 과학, 문화 부문에서 <헤센 문화상>과 1995년 <독일 연방 디자인 진흥상>, 2001년 <스위스 디자인상>을 수상하였다.

예술하는 일상

그림 26. 루치우스 부르크하르트 (1977)
©https://acc-weimar.de/kunstschaffende/a/burckhardt_luciuslucius_burckha-2470.html#ltb1730096101

Mensch, 정치^{Politik}의 세 가지 연관성에 주목한 그는 인간이 환경에 미치는 영향과 환경이 다시금 인간에게 미치는 영향을 함께 연구하였고 그것에 결정적인 역할을 하던 도시의 교통정책과 도시계획을 관심 있게 바라보았다.

청년 시절 부르크하르트는 고향 스위스 바젤의 구도심을 개발하려는 대규모 교통계획과 도시설계에 반대하는 책 『주의: 스위스』(1955)를 출간하였다.[2] 또한 더 나은 녹지시설과 도시재생을 위해 건축, 도로, 주거 등 주변의 공간을 생태적으로 변화시키는 일에 앞장섰다. 가령 2차 대전 이후 폐허가 된 국토를 보존하기 위해 진행된 <국가 정원 박람회>를 비판하기도 하였는데, 이러한 정원사업은 실제 자연이 아닌 '자연성'을 모방하는 공간에 불과하며 인간의 목적에 의해 설계된 기교적 자연일 뿐이

---

2 1949년 고향 도시 바젤의 대규모 도로 정비 계획에 대하여 부르크하르트는 '우리는 미래에 어떻게 살고자 하는가?'라는 물음을 제기하였다. 기술적 혁신과 경제성장을 목표로 하던 바젤의 도시계획은 구시가의 파괴는 물론 비민주적인 정책 관료주의를 보여주는 형태로 진행되었다. 당시 학생이던 부르크하르트는 이에 반대하며 시민투표를 호소하였다. 이러한 사회적 노력은 당시 보수사회에서는 매우 혁신적인 일이었다. 작가 막스 프리쉬와 함께 편찬한 책 『주의: 스위스』에는 당시 '새로운 도시'란 엔지니어에 의해 설계된 기술적 도시가 아니라 녹지 위에 설계되어져야 한다는 미학적·윤리적 내용을 담고 있다. 부르크하르트의 반대에 많은 언론과 여론의 주목이 있었고 이후 시민토론을 거쳐 도시계획은 무산되었고 바젤에는 대중이 정책에 참여하는 '새로운 도시협회'가 결성되었다. 부르크하르트는 거대한 메트로폴리스를 건설하려던 바젤시의 기술적 근대화에 정면으로 도전하였고 도로와 주거, 교통 등 일상의 주거공간을 결정하는 일에 시민 스스로 동참하는 결과를 도출하였다.

라는 생각에서였다.[3] 기존의 녹지를 새로운 녹지로, 기존의 공원을 새로운 공원으로 변화시키려는 인공적인 조경 사업은 결국 자연에 대한 인간의 간섭 행위였기 때문이다. 이처럼 부르크하르트는 모든 종류의 자연에 대한 파괴행위를 중단하고 도시 속 지속가능한 삶의 공간을 창출하기 위한 대안적 문화프로그램으로서 산책학을 제안하였다.

3. 풍경, 산책, 산책학

모든 산책은 풍경을 대상으로 한다. 풍경이 없이는 산책이 없다는 말과 같다. 그런데 이 풍경은 두 가지 특징을 가진다. 첫째, 그것은 인간의 지각에 의존한다는 점이다. 산, 바다, 계곡과 같은 자연풍경에서 빌딩, 음식점, 아파트, 아케이드 같은 도시풍경에 이르기까지 풍경은 언제나 우리를 맞이하고 우리는 그것을 눈으로 '본다'. 둘째, 풍경은 바라보는 관찰자에 따라 다르게 인식된다. 즉 지각하는 주체에 따라 그것은 아름다울 수도, 그렇지 않을 수도 있다. 이처럼 풍경의 본질은 보는 사람의 시각과 감정, 인식의 폭에 따라 매순간 변화하는 정신적인 산물이며 이러한 풍경을 바라보고, 체험하고, 사유하는 행위가 바로 산책이다.

전통적인 의미의 산책은 도심에서 벗어나 다른 장소를 돌아다니며 걷는 행위를 일컫는다. 이 걷는 행위는 하나의 장소에서 다른 장소로의 이동을 의미하는 데, 산업화 이후 도보 대신 자동차, 버스, 열차 등의 교통수단으로 대체되었다. 부르크하르트의 산책은 전통적 의미의 걷는 행위를 계승하되 풍경을 바라보는 행위, 즉 지각하는 행위를 새로운 개념으로 정의한다. 그는 에세이 「풍경의 미학」(1991)에서 산책에서 풍경을 바라

---

3 우리 주변에서 흔히 볼 수 있는 동물원, 식물원, 정원박람회, 원예박람회는 대표적인 반환경적 사업이다. 이러한 사업은 대부분 인간의 이해와 의도에 의해 기획된 행사들로서 자연을 보호한다는 명목하에 이루어진다. 하지만 관람객을 유치하기 위해 인위적으로 부지를 선정하고 많은 재정을 투입하여 원형적 자연의 모습을 파괴시킨다. 박람회를 인공적으로 꾸미기 위해 불도저를 투입하고 지하수의 흐름을 변경하고 풀, 버섯, 이끼 등 원 생태계를 파괴시킨다. 또한 각종 화학약품과 시멘트, 비료를 통해 토양이 오염되어간다. 이처럼 정원박람회의 인위적인 자연 가꾸기는 관리와 가공에 의한 문화적 행위로 정의된다. 이 점에서 유럽의 정원과 공원은 인간의 미학적 목적에 따라 설계된 '유사자연'의 전형으로 볼 수 있다. 독일에서는 80년대까지 이러한 인공적 자연설치물에 대해 문제 삼지 않다가 최근에는 종의 위협, 풍경의 훼손 등을 이유로 많은 생태학자들에 의해 의문이 제기되고 있다.

예술하는 일상

보는 행위를 서로 다른 사물들을 하나의 이미지로 조합하고 의식적으로 무언가를 배제시키는 일종의 "지각의 트릭"[4]이라고 말한다. 말하자면 우리는 자연을 결코 눈으로 "볼 수 없다"[5]. 대신 우리가 볼 수 있는 것은 자연과 풍경의 '일부'일 뿐이다. 다소 아이러니하게 들리겠지만 자연은 어디까지나 추상적인 개념이며 자연의 구체적 모습은 결코 정의할 수 없다는 뜻이다. 부르크하르트의 「미학과 생태학」(1990)에 따르면 우리는 풍경을 보는 것이 아니라 실제로는 나무, 개울, 구름, 이끼, 바위, 새, 곤충과 같은 자연의 일부를 보는 것이다. 그래서 숲이라는 풍경은 각각의 자연 이미지가 조합된 "하나의 개념"[6]으로 존재하며 여기에는 풍경을 바라보는 주관적 판단까지도 포함된다. 이처럼 풍경은 관찰자의 지각과 인식, 사유와 판단이 합쳐진 하나의 가상적 구조물에 불과하다. 우리가 흔히 말하는 자연, 풍경, 숲과 같은 개념은 구체적 사물이 아니라 인간의 선택 메커니즘에 의한 이른바 '통합적 보기'로 완성된 추상적 가설인 셈이다. 가령 산, 강, 바다, 들, 개울의 모습을 바라보면서 '멋진 풍경'이라고 표현할 때 그것은 실제 풍경이 아니라 예전에 어디선가 본 적 있는 그림, 사진, 가이드북의 이상적인 이미지와 합쳐진 모습이다. 그래서 바라보는 사물의 모습은 현실 그대로가 아니라 관찰자의 머릿속에서 추상화되거나 혹은 자신이 원하는 풍경의 이미지로 변질된다. 이처럼 인간의 인식과 지각은 전형성을 따르고자 하며 이는 대부분 인간의 문화적 학습에 의존하고 있다.

도시의 풍경 역시 마찬가지이다. 도시의 거리, 공원, 쇼핑가, 광장과 같은 장소를 산책한다는 것은 주변에서 마주쳤던 모든 이미지들이 함께 작용한 결과이다. 또한 일차적 지각 이후 실제 보았던 사물과 보이지 않는 관념이 함께 조합하여 새로운 풍경의 이미지를 만들어 낸다. 관찰자는 자신의 관점에 따라 각각의 이미지를 선별하고 그것을 다시 전체 이미지로 연결하여 기억에 저장한다. 마치 화가가 그림을 그릴 때 지각의 그물에 걸

---

4 Markus Ritter/Martin Schmitz(2015), 「Lucius Burckhardt. Warum ist Landschaft schön?-Die Spaziergangswissenschaft」, Berlin, p.82.

5 Markus Ritter/Martin Schmitz(2015), 위의 책, p.77.

6 Markus Ritter/Martin Schmitz(2015), 위의 책, p 80.

린 사물을 강조하듯이 산책은 풍경을 선택적으로 가공하는 행위이다.

부르크하르트가 1980년대 주창한 산책학은 이러한 풍경에 대한 선택적 인지과정을 의도적으로 차용한다. 첫째, 걷기와 정신고양, 자연과의 합일을 목표로 하던 전통적인 산책과는 달리 오늘날 산책은 주변의 공간과 사물을 새롭게 인지하는 "지각의 통합행위"[7]이다. 그것은 기존에 학습된 전형적 방식이 아닌 물리적 환경의 변화에 대한 새로운 시선법과 사유법을 의미한다. 둘째, 산책학은 도시 환경을 의식적으로 바라보고 주변의 파괴 되어가는 낯선 이미지를 인식하는 것이다. 마지막으로 산책학은 산책의 즐거움을 예술적 행위로 승화시킨다. 그것은 우리가 살아가는 일상의 공간을 더 나은 공간으로 변화시키려는 실천적 사유를 일깨운다. 요컨대 산책학은 일상적 주변 환경에서 무엇을 보고, 인식하고, 사유할 것인지, 무엇이 배제되어 있고 결핍되어 있는지 재발견하는 과정을 통해 이른바 "공간의 미학"[8]을 실현해 간다. 이러한 새로운 문화 패러다임으로서 산책학의 사례들을 아래에 소개하고자 한다.

4. 제로 미터 산책 (1985) - 이상적 풍경 vs. 현실적 풍경

부르크하르트는 카셀 대학에 재직하던 중 1985년 5월 23일 건축, 조경, 도시계획 학과의 학생들과 함께 야외에서 세미나를 진행하였다. 수업의 주제는 풍경의 '전형성'이었다. 우리가 기존에 알고 있던 지식이 시선에 얼마나 많은 영향을 주는가를 실험하는 것이었다. 부르크하르트는 풍경의 전형성, 즉 이상적인 풍경이 시작되는 지점을 0제로으로 설정하였다. 제로 지점에 서면 우리는 풍경을 하나의 미학적인 이미지로 바라보고 이내 다른 것들은 배제한다. 하지만 제로 지점을 지나 풍경 안으로 들어가면 우리에게 익숙한 전체 이미지가 아닌 다양한 형태의 부분적 사물들을

---

7   Markus Ritter/Martin Schmitz(2015), 위의 책, p320.

8   Markus Ritter/Martin Schmitz(2015), 위의 책, p320.

예술하는 일상

그림 27. 제로 미터 산책(1985) - 카셀 빌헬름스훼 공원 ⓒ구글

보게 된다. 전형적 풍경의 이미지에 가려진 현실의 일부를 보고 재인식하는 것이 제로 미터 산책의 목표이다.

앞서 설명했듯이 산책학은 사물을 보는 행위와 인식하는 행위, 그리고 이를 전달하는 과정을 모두 포함한다. 즉 우리가 무엇을 볼 때 어떠한 인식이 작동하며 어떠한 전형성으로 풍경을 설명하는지 살펴보는 것이다. 1991년 프랑스 예술가 폴 아르망 게떼Paul-Armand Gette와 베른하르트 라쒸Bernhard Lassus와 함께 한 실험 <제로 미터 산책> 프로젝트 역시 "왜 풍경이 아름다운가", "어디서부터 풍경이 시작되는가?"하는 질문에서 출발한다. 카셀의 빌헬름스훼 공원 곳곳에 10개의 액자 프레임을 설치하고 '0m 제로미터'라고 적힌 간판도 설치했다. 18세기 목가시나 풍경화에 나올법한 곳에 프레임을 설치하면 풍경은 마치 하나의 이상적인 '아름다운 장소locus amoenus'가 된다.[9] 하지만 부르크하르트가 보여주고자 한 것은 그곳 너머 실재하는 현실 속 사물들이었다. 가령 공원의 풀밭은 초월적인 아름다움을 상징하던 로마평원을 떠올리게 한다. 그러나 그곳에 세워진 0m라는 표식을 지나면 풍경은 비로소 새로운 보기의 대상이 된다. 즉 제로 지점을 지나는 순간 풍경은 새롭게 변화한다. 또 산책에 참가한 사람

---

9 빌헬름스훼 공원은 17세기 후반에서 19세기 초에 이르는 폭넓은 예술양식을 보여준다. 헤센 주공이 살던 바로크 양식의 '헤라클레스 폭포', 18세기 계몽주의와 감성주의를 보여주는 '베르길리우스의 묘지', '세스티우스의 피라미드', '소크라테스의 집' 외에도 공원을 에워싼 언덕과 숲 속에 다양한 고딕양식의 건축물들이 서 있다.

그림 28. 타히티로의 여행 (1987) - 카셀 자연보호구역 된헤 ⓒhttps://www.atelier-latent.de/die-fahrt-nach-tahiti

들이 움직이면서 풍경도 함께 움직인다. 이러한 산책 행위는 풍경의 관점이 고정되어 있는 것이 아니라 일시적이고 순간적이라는 점을 강조한다. 그림이나 문학의 전형적 풍경과는 달리 현실 속의 풍경이란 다차원적이라는 점을 인식하게 된다. 프레임을 통해 바라본 아름다운 풍경은 단지 이미지의 조합에 불과하다는 사실, 즉 우리의 지각과 인식, 기억과 상상이 총체적으로 빚어낸 추상적 관념이라는 사실을 알게 된다. 결국 부르크하르트는 우리가 말하는 '아름다운 풍경'은 진정 무엇이고 추악함과의 경계는 어디인지 보여주고자 하였다. 또한 풍경에 대한 인습적인 지각과 인식 행위를 넘어서서 새로운 시각과 판단을 요구하였다. 어쩌면 프레임 속 아름다운 풍경이란 방문객의 수요를 지속적으로 창출하고자 하는 공원 측의 의도에 따라 기교적으로 만들어진, 한낱 잘 꾸며진 풍경에 불과할지 모른다. 이러한 의미에서 부르크하르트는 "오직 인간이 자연을 파괴한 곳에서 풍경은 아름답다"[10]고 풍자적으로 말한다. 그에 따르면 공원 속 풍경은 결코 '자연스러운 풍경'이 아니다. 그것은 인공적인 관리와 벌채, 간벌에 의한 인위적인 풍경이다. 부르크하르트는 <제로 미터 산책> 프로젝트를 통해 유미주의를 상징하는 이상적인 풍경에 우리의 인지가 얼마나 의존적인지를 보여줌으로써 실제 존재하는 현실 속 풍경의 본질적 모습을 되찾고자 하였다.

---

10 Regenass, Noah/Ritter, Markus/Schmitz, Martin(2017), 『Lucius Burckhardt. Landschaftstheoretische Aquarelle und Spaziergangswissenschaft』, Berlin, p.307.

5. 타히티로의 여행 (1987) - 도시에서 자연 찾기

독일의 대문호 알렉산더 폰 훔볼트Alexander von Humboldt, 1769-1859는 유명한 탐험가였다. 그는 약 300년 전 남미 아마존과 페루를 여행하였고 그곳의 풍경을 『우주론』(1845-1862)에 기술하였다. 하지만 그가 맨 처음 기이한 암석, 곤충, 대기층에 관한 노트를 싣고 귀향했을 때 사람들은 아무도 그의 이야기에 귀를 기울이지 않았다. 당시 유럽인들은 미지의 땅 아마존의 존재를 상상조차 하지 못했기 때문이었다. 여행에서 가져온 광석과 식물의 표본, 박제된 새와 악어, 나비와 뱀만으로 아마존을 어떻게 설명할지는 훔볼트의 큰 난제였다. 그는 자신이 본 것을 어떻게 전달할지, 자신의 노트와 자료가 아마존의 풍경을 온전히 보여줄 수 있을지 스스로 자문했다. 고심 끝에 그는 자신이 본 풍경을 문학을 통해 설명하기로 결심했다. 훔볼트는 광물학, 생물학, 지질학, 식물학, 동물학적 지식을 동원하여 설명할 수는 있었지만 아마존의 이국적인 '풍경의 매력'을 전달하기에는 문학이 가장 적합하다고 생각했다. 그래서 그는 자신이 본 식물, 곤충, 동물, 원주민, 화산과 토양을 책과 그림으로 남겼고 이것을 다시 26개의 풍경 유형으로 나누어 '이끼의 세계', '유칼립투스의 세계' 등 문학적 용어로 분류하였다. 그가 경험한 세상은 분명 과학과 연관되어 있지만 이를 전달하는 코드는 예술, 즉 문학의 형식이었던 것이다.

훔볼트의 문학에서 알 수 있듯이 풍경이 전달되는 방식은 매우 추상적이고 형이상학적이다. 부르크하르트는 풍경이 바라보는 시각에 따라 다르게 전달되는 추상적인 개념이라는 사실을 입증하기 위해 1987년 <타히티로의 여행>을 기획하였다. 카셀의 복합 예술전 <도쿠멘타 8>[11]에서 선보인 이 프로젝트는 문학과 산책을 접목한 실험으로써 1773년 남태평양 타히티섬을 항해한 영국의 탐험가 제임스 쿡James Cook, 1728-1779과 그를 동행했던 작가 게오르크 포스터Georg Forster, 1754-1794의 『세계일주Reise um die Welt』(1777)[12] 작

---

11 독일 도시 카셀의 <도쿠멘타(documenta)>는 1955년 화가 아놀드 보데에 의해 주도로 시작되어 5년마다 100일간 개최되는 현대 예술 설치전이다.

12 게오르크 포스터는 독일의 자연 과학자이자 최초의 기행문학 작가이다.

그림 29. 된헤의 빵나무 (재현) ©https://talk-walks.net/die-fahrt-nach-tahiti/

품을 바탕으로 하였다. 도시 카셀의 변두리에 위치한 된헤^{Dönche}에서 사람
들은 포스터가 쓴 문학 텍스트를 들으며 산책을 진행하였다. 훔볼트가 기
술한 아마존과 유사하게 18세기 당시 미지의 섬 타히티의 아름다운 풍경
을 묘사한 포스터의 글과 삽화가 그대로 사용되었다. 사람들은 이 글을
들으며 타히티와 유사한 풍경 이미지를 된헤의 산책로에서 발견하였다.
그리고 모두 탐험가 쿡의 시선으로 사물을 바라보았다. 그러자 평소 친숙
했던 된헤의 풍경은 남미의 풍경과 오버랩되면서 이국적인 모습으로 변
모했다. 200여 년 전 포스터의 글에 천국처럼 묘사된 것과 같은 개울, 나
무, 새들을 찾아내기도 하였고 나무에 진짜 빵을 매달아 타히티섬의 빵나
무[13]를 재현하기도 하였다.

　이 실험적 산책투어는 단순히 타히티의 아름다움을 재현하기 위한 것
이 아니다. 그것은 두 가지 면에서 산책학적 의미를 보여준다.

　첫 번째는 주변의 풍경을 추상적인 관념의 시선이 아닌 현실의 시선
으로 바라보려는 노력이다. 사실 된헤 지역은 예전의 군사훈련 장소로 사

13　뽕나무과 속하는 빵나무는 남태평양 일대에 서식하는 열대과일로 빵과 같은 모양과 맛을 지닌다.

용되었고 땅에 깊숙이 박힌 유탄과 총탄, 탱크 자국이 그대로 방치되어 있다가 지금은 식물이 다시 무성하게 자라난 곳이다. 사람들은 그들이 본 풍경이 과거 전장으로 파괴되었던 곳이었다는 사실을 상기함으로써 관념적 풍경과 현실적 풍경이 얼마나 다른지를 알아차리게 되는 것이다. 산책은 도심 속 자연의 역사를 찾는 일에서 출발한다. 현재 이곳은 당시 시민들과 지자체의 노력으로 동물과 식물이 거주하는 자연보호구역으로 지정되어있다.

두 번째는 우리가 문학을 통해 접하는 아름다운 풍경이란 실재하지 않는다는 사실을 재인식하는 것이다. 된혜가 과거 군사지역이었던 것을 감안한다면 타히티 역시 마찬가지이다. 쿡과 포스터가 타히티를 탐험한 이유는 풍경을 보기 위한 것이 아니라 새나 물고기, 식물의 새로운 종을 탐사하려는 과학적 목적과 식민지를 개척하기 위한 정치적 목적에서였다. 그곳은 분명 아름다운 장소로 묘사되었지만 밀레의 <만종>에 나오는 고즈넉한 저녁노을 아래 양과 목동이 있는 아카디아를 연상하는 것은 어디까지나 풍경의 미적 관념에 지나지 않는다. 타히티의 원주민들이 보는 현실적 풍경은 아마도 쿡의 시선과는 달랐을 것이다. 오늘날 많은 도시인이 아름답고 고즈넉한 시골을 그리워하고 별장을 갖기를 꿈꾸는 것은 우리가 시골을 미학적으로 규정해 놓았기 때문이다. 그러나 실제 농사를 짓거나 목축업, 수산업을 하는 시골 사람들은 자신의 풍경을 아무런 이해관계 없이 볼 수 없다. 그들은 그곳에서 감자나 고구마, 고추 등을 심거나 물고기를 잡으며 노동을 하고 투자나 수익의 경제적 이익을 창출해야 하기 때문이다. 자신의 감자밭을 미학적으로 바라보는 시골 사람은 없다. 결국 농부에게 풍경이란 존재하지 않으며 단지 "아름다운 풍경은 도시인들의 발명품"[14]인 것이다. 포스터에 의한 타히티나 카셀의 된혜는 미적인 향유가 아닌 치열한 삶의 현장으로서의 풍경일 뿐이다. 이러한 의미에서 부르크하르트의 타히티로의 산책은 풍경을 현실적으로 바라볼 수 있는 시각과 새로운 인식의 확장 가능성을 제공한다.

---

14 Markus Ritter/Martin Schmitz(2015), 『Lucius Burckhardt, Warum ist Landschaft schön?-Die Spaziergangswissenschaft』, Berlin, p.272.

그림 30. 횡단보도 (1993) - 카셀 시내 ⓒhttps://livingthecity.eu/2020/09/07/der-mobile-zebrastreifen/

6. 횡단보도 (1993) - 도시풍경의 미학

산책학은 예술적 퍼포먼스로서 도시의 새로운 문화적 패러다임을 실험하기도 한다. 오늘날 도시풍경에는 과거 동화책이나 낭만적 소설에 등장하는 아름다움이 존재하지 않는다. 그렇다면 우리는 무엇을 아름답게 느끼지 않는가? 거리의 쓰레기, 공사 중 건물, 퇴근길 쏟아지는 차량의 소음과 대기오염, 시선이 멈추는 빌딩의 실루엣은 우리의 미적 기준을 파괴한다. 인공물이 많은 도시에서 자연은 조금씩 훼손되고 파괴되어 가므로 우리는 주변 사물을 보다 면밀하게 관찰할 필요가 있다. 산책을 통해 평소 보이지 않던 주변 사물을 발견하고 찾아내는 것은 변화의 첫걸음이다. 도시 환경의 여러 변화들을 감지하고 개혁적 사유를 시도한다면 도시에서도 풍경의 미학을 실현할 수 있다. 이러한 맥락에서 부르크하르트는 <횡단보도>(1993) 프로젝트를 통해 흔히 간과하고 있는 도시 교통의 위험성을 가시화하고 도시 일상에서 부지불식간에 소멸되는 것, 훼손되는 것, 잃어가는 것을 발견하고자 한다.

예술하는 일상

우리가 도시설계를 주의 깊게 관찰하면 횡단보도만큼 인간의 삶을 위협하는 정책은 없다. 1993년 학생들과 함께한 <횡단보도> 프로그램은 도시풍경의 새로운 변화를 촉구한다. 사람들은 정해진 구역 외에 그들이 원하는 곳에 천으로 된 얼룩무늬 횡단보도를 깔고 건너감으로써 인간의 통행권을 회복하고자 한다. 자동차, 버스, 택시 등에 점령당한 도시 교통 상황에서 인간을 위한 녹지와 놀이터는 점점 사라지고 이를 통제하는 신호등과 횡단보도는 늘어간다. 그러나 이것은 인간의 안전을 도모하려는 순기능 외에도 다양한 사회적 역기능을 보여준다. 즉 횡단보도는 인간의 편의와 자유의 일부를 제거하고 소멸시키는 방해물로서 존재한다. 횡단보도가 많아진다는 것은 교통량과 사고가 증가함에 따라 위험가능성에 더욱 노출되어있다는 사실을 방증하고 동시에 도시 내 인간을 위한 공간이 점차 축소되어 간다는 사실을 의미한다. 또한 신호등 대기시간이 길어지면서 많은 시간과 노력이 낭비되고 경우에 따라 무단횡단을 하게 되면 더 큰 위험에 노출되기도 한다. 이처럼 인간을 위한 공간의 "지속적인 빼앗김"[15]의 과정은 서서히 진행되고 있으며 사람들은 조금씩 소멸해 가는 것을 인지하지 못한다. 카셀 시내 횡단보도 산책은 바로 이러한 손실을 인식하고 체험함으로써 삶의 질을 향상시키기 위한 도시의 생태적 가치를 전달하고자 한다.

7. 운전자 산책 (1993) – 낯선 시선

<운전자 산책> 프로젝트는 횡단보도 프로젝트와 마찬가지로 주변 사물의 변화를 알아차리는 이른바 "보이게 하기"[16]를 실행한다. 우리가 지금까지 보지 못했던 부분을 드러내고 가시화하는 것은 공간과 풍경에 대한 새로운 판단을 가능하게 만들기 때문이다. 운전자 산책 프로젝트는 자동차 앞 전면 유리를 사람들이 직접 들고 길을 걷는 일종의 시위 행위이

---

15 Markus Ritter/Martin Schmitz(2015), 위의 책, p.323.

16 Regenass, Noah/Ritter, Markus/Schmitz, Martin(2017), 『Lucius Burckhardt. Landschaftstheoretische Aquarelle und Spaziergangswissenschaft』, Berlin, p.227.

다. 데모와 퍼포먼스를 결합한 정치적 의미의 이 산책은 자동차의 시각에서 거리를 바라보는 '낯선 시선'을 구현했다. 우선 자동차처럼 전면 유리를 들고 거리를 행진하면서 사람들은 지각의 한계성을 실험했다. 그들은 늘 앞만 바라보는 운전자의 제한된 시각과 이로 인해 보행자를 고려하지 않는 도시 교통의 위험성을 상징적으로 연출하였다. 이것은 도시의 변화해가는 현실에 대한 각성과 이목을 유도하고 문제점을 가시화하고자 하였다. 또한 도심 속 차량과 보행자의 시각을 전환함으로써 인간적인 삶의 공간을 깊이 고민해 보고자 하였다. 시민이 모두 참여한 이 퍼포먼스는 환경에 대한 대중들의 의식을 점진적으로 변화시키고 관료적 정책에 항거하는 사회고발의 기능을 수행하였다.

　이 외에도 부르크하르트는 도심 속 주차장 시설의 확대와 보행자 도로 축소와 같은 무분별한 도시정책을 비난하였다. 가령 1992년 도시의 한 지상 주차장에서 "인지와 교통"이라는 주제로 실시한 대학 세미나는 일종의 "행동-수업Action-Teaching"을 통해 도시의 문제들을 공론화하는 과정이었다.

그림 31. 운전자 산책 (1993) - 카셀 시내
ⓒhttps://zeitschrift-suburban.de/sys/index.php/suburban/article/view/529/870

예술하는 일상

8. 빌라 메디치 여행사 (1998) - 이면 보기

빌라 메디치Villa Medici[17]는 로마 최대의 공원 빌라 보르게세Villa Borghese와
연결된 메디치 가문의 대저택이자 박물관이다. 그곳에는 대공이자 추기
경이었던 페르디난도 1세가 수집한 니오베 군상, 사자상 등 유명한 고대
조각품들이 전시되어 있다. 그 외 수려한 정원과 분수, 조경, 건축, 식물원
등은 오늘날 예술에 많은 영감을 주고 있으며 현대 작가들이 작품을 전시
하는 전시장으로 사용되기도 한다.

1998년 여름 이곳에서 열린 "도시, 정원, 기억La ville le jardin la memoire"은
빌라 메디치에서 개최된 최초의 개방형 예술 전시회였다. 페르디난도가
사용했던 "스투디올로"[18]를 중심으로 한 이 행사에는 고대 유화, 판화, 사
진과 비디오, 팝 등을 활용한 현대 설치 및 행위예술과 고대 미술이 함께

---

17 빌라 메디치는 이탈리아 로마 북동부 핀초 언덕에 위치한 저택이다. 현재 박물관으로 사용되는 이곳은 1574년에 완공
되어 1576년 메디치 가문의 페르디난드 1세(Ferdinando I. de' Medici)가 자신의 수집품인 고대 로마의 부조와 석상
등을 전시하기 위해 빌라 메디치라는 이름으로 인수하였다. 이후 1666년 프랑스 루이 14세에 의한 아카데미 프랑세즈
(Académie française)의 로마 지부로 사용되었다가 1804년 나폴레옹이 젊은 프랑스 예술인들, 특히 건축과 예술분야
에 탁월한 인재들을 위해 '로마 아카데미 드 프랑스 (Académie de France à Rome)'를 빌라 메디치로 이전하면서 프
랑스 예술가들이 그곳에 투숙하여 예술 활동을 이어갈 수 있도록 하였다. 17~19세기 화가, 조각가, 음악가, 건축가, 공
예가 등 다양한 분야에서 파리 그랑프리상을 수상한 학생들에게 국가가 3~5년간 장학금을 지급하고 빌라 메디치를 숙
소로 이용할 기회를 주었다. 이곳은 프랑스를 점령한 나치 독일에 의해 잠시 중단되었다가 2차 대전 이후 다시 프랑스
정부로 이양되었다.

18 정원 북동쪽 아우렐리아누스 성벽을 향한 페르디난도의 서재이다.

그림 33. 미라 란자 - 로마 ⓒhttps://www.lostitaly.it/site/la-mira-lanza-di-roma/

어우러졌다. 부르크하르트는 이 전시회에서 <빌라 메디치 여행사The Villa Medici Travel Agency> 프로젝트를 소개하면서 로마의 새로운 여행 루트를 제안하였다. 그는 관광객의 발길이 닿지 않은 10개의 코스로 선정하여 안내 책자를 만들었다. 기존의 엽서나 가이드북에 소개된 로마 명승지가 아니라 도시 변두리에 존재하는 공업지대나 쓸모없는 고철 지대를 예술가들과 함께 산책하면서 도시를 새롭게 인지하기 위한 것이었다. 산책과 투어를 접목한 <빌라 메디치 여행사> 프로젝트는 1998년 5월 28일부터 8월 30일까지 매일 오전 11시부터 오후 1시, 오후 4시부터 7시까지 진행되었다.

부르크하르트에 의하면 한 도시의 모습은 동시적으로 볼 수 없으며 여러 개의 이미지가 체인처럼 결합되고 축적됨으로써 비로소 하나의 전체 이미지로 각인된다고 한다.[19] 예를 들어 제주도는 감귤나무, 야자수, 푸른 바다, 해안의 올레길, 한라산의 이미지가 연결되면서 도시의 성격이 규정된다. 이러한 원리를 이용해서 부르크하르트는 이미지의 연속성에 대한 역발상을 제안했다. 빌라 메디치와 로마 시를 연결하는 그의 산책길은 유적지와 명소처럼 우리의 머릿속에 각인된 로마의 전형적 모습이 아닌 새로운 모습의 로마를 체험하기 위한 투어였다. 늘 보던 것만 보려는 지각의 관성을 벗어나 쉽게 볼 수 없는 도시의 이면을 선택하기로 했다.

---

19 Regenass, Noah/Ritter, Markus/Schmitz, Martin(2017), 『Lucius Burckhardt. Landschaftstheoretische Aquarelle und Spaziergangswissenschaft』, Berlin, p.374.

부르크하르트는 우선 도보, 혹은 지하철, 버스를 이용하여 로마 시내에서 멀리 떨어져 있지 않은 곳으로 이동하였다. 역설적이게도 로마와 같이 유명한 도시에서 평범하고 일상적인 장소를 발견하는 것은 오히려 쉽지 않다. 그는 갓 짜낸 신선한 우유나 모차렐라 치즈를 파는 농장, 대형 생활용품 박물관, 시가지 성벽 바깥에 있는 네크로폴리스 야외묘지, 1910년 설립된 가스공장Gasometro, 무솔리니가 설립한 유럽 최대의 필름 스튜디오Cinecittà, 19세기 말 여자 감옥소Regina Coeli 등 숨겨진 장소로 구성된 산책 코스를 만들었는데, 그중 가장 흥미로운 코스는 <산책 2: 버려진 공장>이었다. 로마에서 교통이 가장 혼잡한 피아자 델라 라디오를 지나 룽고떼베레 부둣가 옹벽을 따라 올라가면 붉은색 벽돌 건물로 된 "미라 란자Mira Lanza"[20]가 나온다. 이곳은 예전에 비누와 세제를 생산하던 대규모 공장 부지였으나 현재는 가동이 중단된 채 로마 문화재청이 관리하고 있다. 부르크하르트는 이곳을 산책의 대상으로 삼았다. 전 세계적으로 유명했던 화학 회사 미라 란자의 옛 건물터는 쇠락한 공업지대의 모습 그대로 방치되었다.

그림 34. 옛 미라 란자 박물관 - 로마 ©https://www.999contemporary.com/exmiralartza/

　　1952년 이후 폐쇄된 공장 미라 란자 건물은 2016년 프랑스 예술가 세스 Seth에 의해 <999 현대 예술전>의 설치 미술 전시장으로 사용되었다. 당시 전시회는 주제 "방을 치워라Range ta chambre"에서 알 수 있듯이 주민들

20　1899년 로마 테베레 강 반대편에 지어진 미라 란자 건물은 비료를 생산하던 화학공장이었다. 그러다 1913년 양초와 세제, 비누를 생산하는 미라(La Mira) 공장에 매각되었다. 1차 대전 이후 경쟁사였던 란자(Lanza) 회사와 합병하여 미라 란자(Mira Lanza)가 되었다. 합병 후 공장의 일부는 학교, 근로자 주택, 물류센터, 서비스센터 등 새로운 건물로 바뀌었으나 세계 2차 대전 중 인력과 원자재 부족으로 경영난을 겪다가 1952년 마침내 폐쇄되었다.

도 알지 못하던 사라진 도시의 일부, 버려진 공간의 일부를 예술의 공간으로 탈바꿈하였다. 그러나 이 예술전의 더 큰 목적은 로마시 정부에 거대한 공장 부지가 혐오스럽게 방치되고 있음을 알려 지역재생과 복구를 도발하고자 함이었다. 과거 미라 란자 회사의 명예를 알리고 폐허가 된 도시의 일부를 개선하는 것이 목표였다. 현재 이곳은 "옛 미라 란자 박물관Ex Mira Lanza Museum"[21]의 형태로 유지되고 있으며 당시 예술가의 작품들이 여전히 24시간 무료로 개방되어 있다. 화장실이나 기념품점이 없는 임시 야외 박물관에는 2017년부터 현재까지 집시인 티토와 그의 가족이 거주하고 있다. 부르크하르트는 이 산책 프로젝트를 통해 보이지 않는 도시의 이면을 드러내고 잊혀간 도시 공간을 새롭게 소환하고자 한다.

9. 나오며

산책은 도시 속 풍경과 사물을 보는 가장 단순한 방식이다. 그것은 인간의 보는 행위와 인식하는 행위, 사유하는 행위가 합쳐진 통합적 행위이다. 루치우스 부르크하르트는 산책을 통해 도시풍경에 대한 새로운 시선과 사유를 예술적 실험을 통해 구현함으로써 산책학이라는 대안적 문화 패러다임을 완성하였다. 그것은 의식적인 산책 행위를 통해 새로운 도시 설계와 형태를 규정하고 도시 속 환경에 대한 재인식을 요청하는 것이었다. 또한 도시 주거 공간을 개혁하고 미래지향적으로 변화시키기 위해 산책학을 생태학, 미학, 예술의 영역으로 확장하였다. 이러한 점에서 부르크하르트의 산책학은 1982년 도시 녹지를 조성하기 위해 나무를 심은 요셉 보이스의 생태예술 <7000그루 떡갈나무심기>[22] 프로젝트와도 유사하다.

---

21 https://www.999contemporary.com/exmiralanza/ 참조.

22 독일 현대예술가 요셉 보이스(Joseph Beuys, 1921-1986)는 <도쿠멘타 7>에서 유명한 <7000그루의 떡갈나무 심기>(1982-1987)를 실시하였다. 보이스는 우선 7000개의 현무암을 카셀 시내에 설치하였고 이 돌기둥을 지표삼아 도시 전체를 돌며 떡갈나무를 식수했다. 프로젝트의 부제 '도시행정 대신 도시 숲 가꾸기'에서 알 수 있듯이 그는 도시의 녹지조성을 위해서는 행정적 계획보다 예술을 통한 분위기 전환이 더 필요하다고 여겼다. 카셀의 떡갈나무 심기는 보이스가 사망한 이듬해까지 진행되었으며 실제 보이스는 생전에 5500그루의 나무를 심었다.

예술하는 일상

부르크하르트는 무엇보다 과거 공업지역이었던 도시 카셀의 생태적 도시재생을 위해 주변 곳곳의 문제점들을 발견하고 이를 시민들과 함께 공유하고자 하였다. 그가 실천한 <제로 미터 산책>(1985)이나 <타히티로의 여행>(1987), <횡단보도>(1993). <운전자산책>(1993), <메디치 건물의 여행사>(1998) 등의 프로젝트는 산책이라는 새로운 지각과 인식 행위를 통해 일상과 도시를 연결하고자 하였다. 요컨대 산책이란 주변의 풍경과 사물을 바라보고, 체험하고, 사유하기를 의미한다. 또한 산책을 통한 사물 보기, 인식하기, 사유하기의 과정은 우리 주변의 공간 속에서 낯선 것, 보지 않던 것, 잃어버린 것, 사라진 것, 버려진 것, 빼앗긴 것, 방치된 것들을 다시 '볼 수 있도록 하는 것'이다. 그의 대부분의 산책 프로젝트는 과거 공장지대나 버려진 시설들, 파괴된 도시 구역을 녹지와 공원, 산책로 등으로 변화시키고 아름다움과 추함의 미적 기준을 넘어서서 지속가능한 생태적 문화공간으로 변화시키고자 하였다.

부르크하르트의 산책학이 가진 또 하나의 중요한 의미는 도시 생태와 예술적 노력에 시민들이 함께 동참했다는 점이다. 그는 실제 살아가는 일상의 공간 속에서 예술, 퍼포먼스, 데모를 구현함으로써 도시 환경에 대한 지속적인 토론과 공론을 유도했다. 결국 산책은 시민들과 함께 체험하고 인식하는 '소통의 장소locus communis'이자 새로운 대중문화의 일부로서 존재한다. 그가 주창한 산책학은 현재 독일 프랑크푸르트, 라이프치히, 카셀, 뮌헨 등에서 "토크 워크Talk Walk"[23]에 의해 진행 중에 있다. 토크 워크는 누구나 참가할 수 있으며 그룹별로 도시와 시골을 걸으면서 토론을 진행하는 일종의 "움직이는 토크 쇼"의 개념이다. 그들은 30여 년 전 부르크하르트의 산책학을 여전히 계승하면서 일상의 결핍과 부재를 발견하고 더 나은 삶의 공간과 미래가치를 실천해 가고 있다.

---

23 https://talk-walks.net/ 참조.

예술하는 일상

제3의 장소로서 문화공간은
도시를 어떻게 돌보는가
작은 문화공간들이 이어내는 도시의 연대와 포용

원향미 부산문화재단 정책연구센터 선임연구원

도시가 당면한 과제들
도시의 지속가능한 대안들: 시간도시주의(Chrono-urbanism)와 제3의 장소
도시를 돌보는 문화공간의 실험들
시민의 일상을 다채롭게 하는 도시 문화공간 활성화의 조건

1. 도시가 당면한 과제들

영화 <라라랜드>의 오프닝을 기억하는가? 꽉 막힌 LA의 고가도로에서 일상이 정지한 것처럼 몽환적인 축제의 순간을 즐기던 이들의 모습은 LA의 꿈같은 도시 이미지를 보여주었다. 실제 도로에서 원테이크로 촬영하기 위해 엄청난 공을 들였다는 후문이 있다. 영화사에 남을 불멸의 오프닝 장면 한 켠에는 영화 촬영으로 인한 끝모를 교통체증에 분노했던 누군가의 표정이 기록되어 있을지도 모르겠다.

영화처럼 꿈같은 일탈이 LA의 고가도로 한복판에서 일어날 확률은 거의 없다. 대신 누군가의 소중한 시간은 지금 이 순간에도 도로를 점령해 버린 차들로 즐비한 LA 고가도로 어딘가에서 소멸하고 있다.

LA는 스프롤Sprawl 현상이 일어난 대표적인 도시이다. 자동차 중심의 교통체계와 도시 외곽의 무분별한 개발로 인하여 시민들의 시간은 도로 위에서 사라지고 있다. 물건 하나를 사기 위해 자가용을 타고 쇼핑몰로 이동해야 하고, 하루의 4시간 가까이를 출퇴근 시간으로 소비해야 한다.

이제 이러한 현상은 LA뿐만 아니라 한국에서도 일부 신도시를 중심으로 나타나고 있다.

이렇게 무분별하게 확산하고 있는 도시에서 우리는 얼마나 행복한가? 물론 복잡한 도심보다 상대적으로 넓은 집에서 조용한 교외 생활을 즐길 수도 있다. 그러나 시간 빈곤의 삶을 살아가는 이들에게 넓은 집과 조용한 교외는 주말 잠깐 즐길 수 있는 존재일 뿐이다. 또한 운전이 불가능한 노인과 어린이, 장애인과 같은 사회적 약자들은 집 밖을 벗어나지 못하고 도시에서 생략된 존재들로 살아가고 있을지도 모른다.

부산의 상황은 어떠한가? 도시가 팽창하면서 주변부로 확장하는 사이 원도심은 공동화되기 시작했다. 인구감소 문제까지 겪으면서 빈집이 늘어나고 도시의 중심부는 점점 말라가고 있다. 반면 새로 지은 아파트 밀집 지역은 인구과밀로 인한 문제를 겪어야 하는 아이러니한 모습이 현재의 부산이다.

도시의 팽창은 그동안 다양한 문제들을 만들어 냈다. 무분별한 도시 확산과 인구 증가로 인한 환경 파괴와 기후위기 문제에 직면하고 있다. 고령화 문제, 지역소멸, 고립되고 단절된 사회적 관계 속에서의 개인 소외 등이 도시가 앞으로 해결해야 할 과제들이다.

도시는 고정적 존재가 아니라 살아있는 유기체에 가깝다. 도시는 위기를 극복하기 위한 각자의 해법을 끊임없이 모색해 왔다. 덕분에 국가 체제보다 도시 체제가 더 오랜 생명력을 유지해 왔을지도 모른다. 다만, 최근의 도시 문제들은 자본의 욕망을 우선하고 도시의 구성원인 시민을 고려하지 않은 탓이기에, 앞으로의 해법은 도시를 살아가는 시민의 관점에서 고려되어야 한다. 더불어 덜 유해한 방법으로 지속가능한 도시를 만드는 것을 제일의 목표로 삼아야 한다.

사람의 속도와 스케일을 중시하는 도시주의에서 마을 내 작은 공간들은 도시 구성원을 이어주는 연결선이 된다. 즉 시민들이 수평적으로 교류할 수 있는 '제3의 장소'로서 집이나 직장과 다른 역할을 수행하는 것이다. 이 글은 사람 중심의 삶이 돋보이는 도시의 전환적 대안으로서의 '시

예술하는 일상

간도시주의^{chrono-urbanism}'를 살펴보고, 시간도시주의를 구현하는데 중요한 요소인 '제3의 장소' 개념을 살펴본다. 또한 작은 문화공간들이 지역에서 '제3의 장소'로서의 역할을 하기 위한 시도들과 이를 지원하기 위한 공공의 사례들도 소개한다. 이를 통해 시민의 일상을 이어내는 문화공간의 가능성과 전망을 고민해본다.

2. 도시의 지속가능한 대안들:
시간도시주의Chrono-urbanism와 제3의 장소

1) 시간의 관점으로 도시를 바라보기 : 시간도시주의와 15분 도시

최근 도시의 지속가능성을 고민하며 다양한 대안들이 쏟아져 나오고 있다. 이 중 팽창과 확산 중심의 도시 발전에 제동을 걸며 새로운 삶의 방식을 제안하는 '시간도시주의'는 도시를 인간적 속도로 다시 재구성하여 지구에 덜 유해한 도시를 만들겠다는 의지를 보여주고 있다.

시간도시주의의 대표적 모델인 '15분 도시^{15-minute City}' 개념은 걷거나 자전거를 이용하여 15분 거리 내에서 생활 필수 서비스를 제공받을 수 있는 도시를 말한다. 생활 필수 서비스는 '주거, 의료, 일, 상업, 교육, 여가'와 관련된 서비스를 의미한다.[1] 시민 개개인의 생활권 내에 필수 서비스를 적절히 배치하기 위해서는 도시 곳곳에 서비스 제공 거점을 만드는 다중심 도시를 지향해야 한다. 이를 통해 도시 곳곳의 적절한 밀도와 근접성을 높임으로써 도시의 기능을 더 효율적으로 만들 수 있다.

'15분'에 얽매이지 않는 15분 도시

'15분 도시'를 처음 들은 사람들의 반응은 '15분'이라는 절대적 시간 단위에 매몰되는 경우가 많다. '15분'이라는 상징적 시간이 반드시 도달해야 할 결승점과 같은 존재가 되어버린다. 그러나 15분 도시는 시간도시

---

1 원향미(2024), 「15분 도시 부산의 시민 문화권 보장을 위한 생활권 민간 문화공간의 사회적 역할」, 『동아시아와 시민』 Vol.5. 동서대학교 중국연구센터, p.331.

주의가 구현된 다양한 도시계획 중 하나일 뿐이다. 15분 도시는 여러 도시에서 각자의 상황에 따라 맞춤형 계획으로 활용되고 있다. 포틀랜드와 에든버러 등의 도시는 '20분 네이버후드', 파리, 밀라노, 부산과 제주는 '15분 도시', 스웨덴의 경우 'Street Move'라는 이름의 1분 도시 프로젝트를 운영하고 있다. 즉, 시간도시주의를 실현하기 위한 절대적인 시간기준은 없다.

시간도시주의는 결국 도시마다 처한 여건에 따라 각자의 레시피를 찾아가야 완성될 수 있다. 도시를 살아가는 시민의 상상력에 기반한 다양한 시도들이 이루어질 수 있는 도시여야 한다. 시간도시주의를 실현하는 데 있어 고려해야 하는 기본적인 태도는 가장 취약한 도시 구성원의 시간을 반드시 고려해야 하는 포용적 태도이다. 콜롬비아 보고타^{Bogota} 시는 고지대에 사는 저소득층 시민들의 편리한 이동을 위하여 공공 케이블카 시스템을 만들어 냈다. 이처럼 시간도시주의를 추진하는 도시마다 포용적 관점에서 각자의 도시를 위한 기발한 시도들이 행해질 수 있어야 한다.

시간적 차원으로 살펴보는 도시의 오래된 미래

어린 시절 돌이켜보면 우리는 이미 생활권에 기반한 밀도 있는 삶을 살고 있었다. 아침이면 동네 골목 입구에서 친구를 만나 걸어서 학교를 가고, 저녁나절 엄마들은 동네 가게에서 찬거리를 사서 집으로 향했다. 아플 때는 동네 병원 의사 선생님을 찾았고, 동네 가게의 평상은 주민들과 안부를 나눌 수 있는 핫스팟이었다.

언제부턴가 도시가 확장되고 더 큰 가게, 더 큰 쇼핑몰들이 들어서면서 우리 동네 핫스팟들은 자취를 잃었다. 버스를 타고, 자가용을 타고 백화점과 마트를 들르는 것이 일상이 되었고, 이제는 총알 배송, 새벽 배송이 우리의 식탁을 책임지는 시대가 되었다.

이러한 시점에 왜 15분 도시와 같은 시간도시주의가 여러 도시의 지속가능한 대안으로 채택되고 있는 것일까? 2020년 시작된 코로나19로 인한 팬데믹은 15분 도시의 급부상 시점과 비슷하다. 팬데믹을 겪으며 우리는 집 근처를 벗어나지 못하는 셀프 감금의 시간을 보냈다. 특히 일부 국가에서는 일반 시민들의 외출 제한 조치들을 시행하면서 그동안 일상적으로 행했던 도시 안에서의 이동조차 일시적으로 정지시켰다. 이 시기

동안 우리는 집에서 일을 하고, 다시 동네를 걸어 다니고, 집 앞 슈퍼에서 물건을 사면서, 도시의 근접성의 가치에 대해 다시 생각하기 시작했다.

시민의 시간으로 장소의 쓰임새를 채워내다

파리 제1대학 교수이자 파리시 도시정책 고문인 카를로스 모레노가 주창한 15분 도시는 우리가 살아가는 도시를 시간적 차원으로 다시 관찰할 것을 제안한다. 생활의 필수 서비스를 도시의 여러 거점에서 제공해야 하지만, 도시는 더 이상의 새로운 거점을 만들기에는 이미 포화상태이다. 그래서 기존의 공간들에 여러 기능을 덧대는 시도가 필요하다. 이 과정에 도시의 24시간 365일을 어떻게 활용하고 있는지 시간 차원의 필터 적용이 필요하다.

동네마다 존재하는 초등학교의 시간들을 생각해 보자. 초등학교의 평일 낮 시간은 학교 다니는 학생들의 시간으로 채워진다. 그러나 평일 저녁과 주말은 어떠한가? 우리는 특정 공간의 비어있는 시간을 다른 구성원들의 시간적 레이어로 채워 공간의 활용도를 높일 수 있다. 실제로 저녁이나 주말 등 학생들이 이용하지 않는 일부 시간에 운동장을 개방하여 주민들의 걷기 장소로 활용하는 시도들은 이러한 차원에서 지혜로운 쓰임으로 볼 수 있다.

책을 열람하고 독서를 통해 지식을 취득하는 목적의 도서관은 오늘날 어떠한 기능을 수행하고 있는가? 도서 열람뿐만 아니라 사교 활동 및 여가 활동, 문화 프로그램, 공공서비스 제공 등의 다기능 공간으로 쓰임을 확장하고 있다. 이처럼 최근 도시의 많은 공간이 기능의 확장을 통해 본래의 기능 외에 부가적인, 때로는 본래의 기능보다 더 중요한 쓰임새가 발견되는 경우가 늘어나고 있다.

20분 네이버후드 도시를 지향하고 있는 영국 에든버러Edinburgh는 추운 겨울에 도서관, 교회와 같은 커뮤니티 공간을 개방하는 '따뜻한 환영Warm Welcome'[2] 캠페인을 운영하고 있다. 난방비 상승으로 인하여 추운 겨울을 힘겹게 나고 있는 시민들에게 커뮤니티 공간에서 따뜻한 차와 간단한 음식, 문화 프로그램을 제공하고 있다. 자체 조사 결과에 따르면 영국 인구

2　https://www.warmwelcome.uk

의 62%가 지역 커뮤니티 공간에서 도보 30분 거리에 살고 있지만, 공간에 대한 지역 인지도가 낮아 약 18% 정도의 인구 만이 집 근처 공간을 알고 있다고 응답했다고 한다. '따뜻한 환영' 캠페인은 주민들이 겨울을 따뜻하게 날 수 있는 효과뿐만 아니라 커뮤니티 공간에서 지역사회와 연결되는 기회도 제공하고 있다.

시민의 주도성이 반영된 도시 공간의 전환

시간중심 도시주의에서 또 다른 중요한 지점은 시민의 도시에 대한 권리를 보장해야 한다는 것이다. 누군가에 의해 미리 정해진 도시의 쓸모가 아니라, 시민 각자의 관점에서 필요한 도시의 서비스가 제공되어야 한다. 그렇기에 도시의 기능을 발견하고 재구성하는 주체로서 시민의 중요성은 강조되어야 한다.

프랑스 파리Paris는 학교를 동네의 '오아시스Oasis'로 명명하여 활용도를 높이기 위해 노력하고 있다. 특히 학교 운동장에 자연공간을 늘리는 환경적 요소 개선과 학생들과 지역 구성원의 커뮤니티적 활용을 높이기 위해 개조 사업Les cours Oasis을 운영하고 있다. 유의미한 지점은 운동장 개조 과정에서 학생들과 지역 주민들의 의견을 수렴하는 기회를 마련했다는 것이다. 학생들이 필요로 하는 뒤뜰의 쓰임새와 지역 주민들이 원하는 뒤뜰에 대한 의견들이 적절히 반영되었다. 또한 조성 과정에 학생들과 주민들이 직접 참여하여 공간에 대한 사용자들의 관심과 애정을 높였다.

그동안 우리의 도시에서는 편리성을 높이기 위한 환경 개선 작업들을 꾸준히 이어왔다. 그러나 정작 공간을 이용하는 사용자들의 의견을 적극적으로 청취하는 제도적 기반은 다소 부족했다. 도시를 사용하는 시민들은 공간의 쓰임새를 훨씬 더 많이, 기발하게 알고 있다. 공간에 대한 사용 경험을 가진 이들에 의해 개선된 도시 환경은 실질적이고 유용한 변화가 일어날 수 있다. 뿐만아니라 이 공간은 서사가 없는 익명성의 공간이 아니라 누군가의 서사와 애정이 들어간 '애착장소'로 작동할 수 있다. 애착장소가 많은 삶은 단조롭지 않다. 이러한 공간은 시간도시주의가 지향하는 장소애topophilia가 실현되는 '장소'가 된다.

2) 시민을 이어주는 도시의 연결고리 : 제3의 장소

프랑스의 인류학자 마르크 오제Marc Augé는 그의 책 『비장소』에서 장소를 '인류학적 장소'와 '비장소'로 구분하여 소개하고 있다. 인류학적 장소는 공간을 이용하는 사람들 사이에서 관계, 역사성과 고유한 정체성이 생겨나는 장소로서 유기적인 사회성을 창조한다고 보았다. 반면 비장소의 경우 고독한 계약성에 기반한 공간으로 오늘날 대형 쇼핑몰, 공항, 멀티플렉스 영화관처럼 비인간적인 매개물(티켓, 여권 등)을 통해 개인이 개별적으로 결합되는 고립의 공간을 의미한다.[3] 물론 비장소의 익명성이 꼭 나쁜 것만은 아니고 오히려 이방인에게는 편안할 수도 있다는 점에서 인류학적 장소와 비장소를 이분법적으로 보는 것은 무리가 있다. 그러나 오늘날 인류학적 장소가 늘어나는 것은 우리가 도시를 안전하게 살아가는 데 도움이 될 수 있다.

인류학적 장소 중 하나인 '제3의 장소The Third Place'는 도시사회학자 레이 올든버그Ray Oldenburg가 제안한 개념으로 제1의 장소인 집, 제2의 장소인 학교 또는 직장 외에 사람들이 자연스럽게 교류할 수 있는 중간 지대를 의미한다.

그는 '훌륭한 문화를 가진 모든 사회에는 비공식적인 공공생활이 있었고, 그러한 모임을 할 수 있는 그 사회 특유의 장소가 있었다'[4]고 말하면서, 카페, 펍, 선술집Tavern과 같은 공간들을 전형적인 제3의 장소로 소개하고 있다.

소박하지만 환대가 살아있는 마을의 중간지대

제3의 장소는 중립지대에 존재하면서 방문자들을 사회적으로 동등한 조건으로 수평화Leveling한다. 소위 '계급장 떼고' 동등한 관계로 만날 수 있는 공간이다. 방문자들의 동등한 관계는 다양한 세대가 어울릴 수 있는 환경을 제공한다. 공간 자체는 특별하지 않고 외관도 수수하고, 통상적

---

3 정헌목(2013), 「전통적인 장소의 변화와 '비장소(non-place)'의 등장」, 『비교문화연구』 제19집 1호, 서울대학교 비교문화연구소, p.117.

4 레이 올든버그(2019), 『제3의 장소』, 풀빛, p.8.

인 근무시간 외에도 늘 열려있다. 제3의 장소에서는 단골손님 그리고 제인 제이콥스가 '공적 인물public character'이라고 부른 사람들[5]도 만날 수 있다. 단골손님들과 장난스러운 분위기를 느낄 수 있고, 무엇보다도 심리적으로 편안함과 지지받고 있다는 느낌을 준다는 점에서 집과 같은 안락함을 제공할 수 있다.[6] 올든버그는 제3의 장소의 기능으로 지역공동체의 근간, 비공식적 사회안전망, 민주적 토론의 장, 계층이나 직업·연결에 따른 분절화를 막는 통합의 공간 등을 들면서 폭넓은 가능성을 제시한다.[7]

우리는 영화나 드라마에서 이상적으로 구현된 제3의 장소를 자주 목격할 수 있다. 시트콤 '프렌즈Friends'의 아지트였던 '센트럴 퍼크Central Perk' 카페가 대표적이다. 한국 드라마 '나의 아저씨'에 등장했던 '정희네' 술집도 동네 어딘가에서 발견할 수 있는 제3의 장소이다. 초등학교 동창이 운영하는 술집에서 50대 언저리의 중년 남성들은 시시껄렁한 농담을 주고받고, 동네의 소문과 정보를 공유하며, 누군가의 경사와 조사에 함께 공감하는 시간을 보낸다. '정희네'를 보여주는 다음의 대사는 제3의 장소가가지는 가치를 보여준다.

"인간은요, 평생을 망가질까 봐 두려워하면서 살아요. 저는 그랬던 거 같아요. 처음엔 감독님이 망해서 정말 좋았는데, 망한 감독님이 아무렇지 않아 보여서 더 좋았어요. 망해도 괜찮은 거였구나, 아무것도 아니었구나, 망가져도 행복할 수 있구나... 안심이 됐어요. 이 동네도 망가진 거 같고, 사람들도 다 망가진 것 같은데 전혀 불행해 보이지가 않아요. 절대로, 그래서 좋아요. 날 안심시켜줘서..."[8]

소위 사회적인 성공의 잣대에서는 밀려나 있는 사람들이지만 '정희네'에서는 모두가 동등한 위치에서 서로를 지지하고 위로하며 때론 격돌하는 관계들로 연결된다. 대외적인 성공 여부와 상관없이 서로를 안심시키는 공간인 '정희네'는 제3의 장소의 전형이라고 볼 수 있다.

---

5   레이 올든버그(2019), 위의 책, p.21.
6   레이 올든버그(2019), 위의 책, p.93.
7   레이 올든버그(2019), 위의 책, p.32.
8   박혜영(2022), 『나의 아저씨 1』, ㈜세계사컨텐츠그룹, p.840.

영국 옥스퍼드 대학 로빈 던바 교수 연구진이 잉글랜드 옥스퍼드셔에 있는 대형 술집과 동네 술집을 이용한 고객들을 대상으로 심층 면접 조사를 실시하였다. 행복도, 신뢰도, 만족감, 소속감에 대해 물었는데, 동네 술집 손님들의 행복도, 신뢰도, 만족도 전반이 도심부의 대형 술집 손님들보다 더 높았다고 한다.[9] 동네의 작은 공간에서의 친밀한 사회적 관계성이 시민 삶의 정서적 만족도를 높이는 것으로 해석해 볼 수 있다.

제3의 장소는 전형적인 공간이 따로 존재하지 않는다. 선술집, 펍과 같은 공간은 어른들의 제3의 장소라면, 학원가 편의점은 10대 청소년들에게 제3의 장소가 될 수 있다. 아침마다 동네 공원으로 산책을 오는 반려견들에게는 그곳이 그들의 제3의 장소가 될 수 있다. 현대 미국 사회에서 흑인 전용 이발소는 아프리카계 미국인 문화와 상업에서 중요한 역할을 하는 제3의 장소로 기능했다.[10] 공간을 이용하는 사람들에게 어떠한 기능과 분위기를 제공하느냐에 따라 제3의 장소는 무궁무진하게 확장이 가능하다.

서점, 소공연장, 소극장, 갤러리, 공방과 같은 문화공간들도 시민들에게 제3의 장소로 기능하고 있다. 특히 이 공간들은 소위 취향 기반 커뮤니티가 생성되기에 최적의 조건을 가지고 있다. 취향 기반 커뮤니티가 자칫 폐쇄적일 수 있다. 그러나 모두에게 개방된 문화공간의 특성상 연결고리가 따로 있지 않아도 쉽게 커뮤니티에 접속할 수 있다.

예술가의 숨소리를 느낄 수 있을 정도로 친밀한 거리에서 경험하는 예술은 예술적 경험을 통한 감동만 전해 주는 것은 아니다. 그날 만났던 공간 운영자, 지역의 예술가, 관객들이 일상에서도 마주칠 수 있는 이웃이 될 수 있다는 지점이 대규모 문화공간과는 차원이 다른 설레는 가능성을 가지게 한다.

9 정석(2016), 『도시의 발견』, ㈜메디치미디어, p.166~168.
10 에릭 클라이넨버그(2019), 서종민 옮김, 『도시는 어떻게 삶을 바꾸는가』, 웅진지식하우스, p.235.

3. 도시를 돌보는 문화공간의 실험들

1) 문화공간의 사회적 연결, 커피공간의 문화적 연결

이 장에서는 작은 문화공간들의 사회적 연결 활동들을 살펴보고자 한다. 작은 문화공간들이 자발적으로 시민들과의 관계 확장을 위한 노력을 하기도 하고, 문화공간들 간의 연대를 통해 서로의 지속가능성을 높이기도 한다. 또한 커피 공간과 같은 일상공간들의 문화적 연결을 통해 이용자들에게 애착장소로 자리매김하기 위한 시도들도 일어나고 있다. 이러한 공간들의 노력을 지원하는 행정 차원의 지원 사례들도 함께 소개한다.

부산 소공연장의 연합 축제 : 원먼스 페스티벌

부산지역에는 소규모 민간 공연장 간의 협의체인 '부산소공연장연합회'가 2022년부터 결성되어 운영되고 있다. 22년 처음 결성 당시에는 10곳의 공간이 가입했고, 24년 현재 16개 공간이 참여하고 있다.

소공연장의 공연들은 지역 예술가들에게는 소중한 출연의 기회가 되고, 시민들에겐 집 가까이에서 예술을 즐길 수 있는 기회가 된다. 부산소공연장연합회는 이러한 소공연장의 기능을 충실히 수행하고 더 많은 관객에게 공연장을 알리기 위하여 2022년에 소공연장 네트워크 페스티벌 '우리동네 문화살롱 페스타'를 개최하였다. 2023년부터는 '원먼스 페스티벌'로 이름을 변경하여 한 달 동안 부산 소재 31개 공연장에서 클래식, 재즈, 국악 등 다양한 장르의 릴레이 공연을 진행하였다. 2024년에는 7월과 10월 두 차례로 페스티벌 기간을 확대했다. 소공연장 차원의 릴레이 공연뿐만 아니라 부대행사로 연합 공연 '프롬나드 콘서트'와 신진 예술가를 선발하여 무대를 제공하는 '부산 라이징스타 콘테스트'를 영화의 전당에서 열었다. 첫해에는 무료 공연으로 운영했지만 2024년부터는 노쇼 방지 차원에서 유료 공연으로 전환하였다. 또한 24년도에는 더 많은 공연장이 참여를 희망해서 공모를 진행하여 41개의 소공연장을 선발하였다. 2024년도에는 유료로 행사를 진행했음에도 불구하고 약 1,500명의 관객이 페스티벌을 찾아주었다. 소위 '페스티벌 도장 깨기'를 하기 위해 한 달 내내 공연을 찾아다니는 적극적인 관객층이 생기기도 하였다.

예술하는 일상

　　부산소공연장연합회는 원먼스 페스티벌 외에도 부산문화재단과 함께 생활문화 가치확산 캠페인 '기타등등' 프로그램을 통해 소공연장에서 생활예술교육을 운영하기도 했다.

　　소공연장들의 규모는 100석 미만의 그야말로 '작은' 공연장들이다. 그럼에도 작은 공간의 연대에 기반한 시도는 '큰' 성공을 거두어 내고 있다. 부산지역 16개 구군마다 최소 한 군데 이상의 공연장이 참여해서 부산의 고질적인 문제인 문화 인프라의 동서 격차를 해소하는데도 기여하고 있다.

　　원먼스 페스티벌이 의미 있는 이유는 소공연장들의 자발적인 참여에서 시작되었다는 것이다. 소공연장들이 시작된 배경은 다양하다. 개인 작업실을 공유하면서 소공연장으로 기능을 확장한 경우도 있고, 커뮤니티 공간이지만 정기적으로 공연을 올리면서 자연스럽게 소공연장으로 자리 잡은 경우도 있다. 개인적 차원에서 시작했지만 공적 공간으로서의 가치와 역할을 발견하고 함께 연대하여 도시와 연결하려는 시도들은 유의미한 결과를 낳았다.

골목 문화공간의 연결과 커피 공간의 문화적 연결

이러한 시도 외에 골목을 중심으로 작은 문화공간들이 모인 연대 활동도 의미가 있다. 수영구 망미동에는 독립책방, 비건 베이커리, 커피숍, 전시 공간들이 밀집되어 있다. 자연스럽게 공간 운영자들의 네트워크인 망미골목 네트워크가 형성되었고, 공적 자금을 지원받아 연계 프로젝트를 만들어 나갔다. 커뮤니티 영화모임 모퉁이극장과 연계하여 '망미골목 책방영화제'를 열어 책방 운영자들이 추천하는 영화를 상영하고 토크 프로그램을 운영하였다. 공간 운영자들이 참여하는 독서모임 '망미골목 아침책상'을 운영하여 공간 운영자들 간의 지속적인 네트워크도 추진하고 있다. 2022년 부산관광공사의 골목길 관광자원화 사업 지원을 받아 '망미골목아트앤북 페스티벌'도 개최하였다. 문화공간의 전시 프로그램과 책방의 북토크 등으로 구성된 이 축제는 망미골목의 커피 공간들도 '1가게 1책' 소개 행사로 참여했다.[11] 뿐만 아니라 공동 공간 플래그엠 운영, 책방 네트워크 '매일매일 책봄' 행사 등도 망미골목 네트워크가 성취해 온 소중한 성과들이다. 작은 문화공간이 지속가능한 운영을 하기 위해 다양한 차원의 시도가 필요한데 망미골목은 공간 간의 지속적인 연대에서 그 해법을 찾아가고 있다.

작은 문화공간에 가면 흔히 커피와 같은 식음료를 맛볼 수 있다. 소위 F&B 서비스가 작은 문화공간 운영에 필수 요소가 되었다. 우리에게 훨씬 더 친근한 F&B공간인 커피숍 또한 문화적 서비스를 제공하기 위하여 다양한 시도를 추진하고 있다.

부산의 대표적인 스페셜티 커피 브랜드인 모모스커피는 지역 문화계 전문가들과 협력하여 디제잉 파티, 시네마틱나잇 등의 문화행사를 비정기적으로 개최했다. 새로 오픈한 마린시티점은 아파트 상가 내에 입점하고 있어 일요일 아침 요가 클래스, 러닝 클래스 등의 상시적인 문화활동 프로그램을 운영하고 있다.

부산의 테이크아웃 커피 프렌차이즈 브랜드인 베러먼데이는 운영 공간

---

11 오금아, '망미골목 지도 들고 아트&북 축제 즐겨요' https://www.busan.com/view/busan/viewphp?code=20220416
20434920543(검색일자: 2024.10.20.)

예술하는 일상

의 경계를 넘어 '베러먼데이클럽'[12]이라는 직장인 커뮤니티 프로그램을 운영하고 있다. 꼭 직장인이 아니어도 참여 가능한 이 프로그램은 커피뿐만 아니라 음식, 술, 문화, 운동 등 다양한 형태의 취향 기반 프로그램으로 구성되어 있다. 플로깅, 러닝, 요가, 댄스 배우기부터 플라워클래스, 칵테일 만들기, 그림 그리기, 디저트 만들기 등의 다양한 원데이 체험 프로그램을 운영하고 있다. 특히 대부분의 프로그램이 부산지역의 특색있는 공간들과의 콜라보로 이루어지고 있다는 것이 특징적이다. 익명성에 기반한 문화교류를 선호하는 2030세대의 취향을 반영한 문화적 취향 공동체를 지역 문화공간과의 협업과 연결로 만들어가고 있었다.

2) 문화공간을 이어내는 공공의 역할

문화공간들의 자발적인 연결과 협력을 이끌어낼 수 있도록 공공은 어떠한 역할을 수행해야 할까? 가장 손쉬운 단발성의 이벤트 지원만으로는 공간들이 제3의 장소로 기능하게 하는 데는 역부족이다. 장기적 관점에서 지속적인 운영과 네트워킹 지원이 필요하다. 뿐만 아니라 공간의 쓰임새를 더 확장하고자 하는 시도를 이끌어내는 데에도 공공의 역할이 유효할 수 있다.

이번 장에서는 지역의 문화공간을 활성화하기 위해 제도적 기반을 구축한 인천광역시의 사례와 지역사회 혁신 공간으로서의 제3의 장소를 지원하는 프랑스의 사례를 소개한다.

인천광역시 문화공간 조성 지원사업

인천광역시는 소규모 문화공간 지원사업을 다양한 형태로 실시해 오고 있다. 2017년 인천문화재단의 <동네방네아지트> 사업을 시작으로, 2018년 인천광역시에서 직접 운영하는 <천 개의 문화오아시스> 사업이 추가되었고 현재까지 작은문화공간 지원사업들이 이어져 오고 있다. 2020년부터는 구 단위 문화재단도 민간문화공간 지원사업들을 시행하고 있다. 또한 2018년 '인천광역시 작은문화공간 활성화 지원 조례'를 제

---

12 https://bmclub.kr/index.php

정해서 작은문화공간 지원에 대한 제도적 근거를 마련하여 안정적인 사업 운영 기반을 구축했다.

인천광역시는 민간과 공공의 문화공간과 유휴공간을 생활문화예술활동 공간을 조성하기 위하여 2018년부터 23년까지 <천개의 문화 오아시스>라는 사업을 실시했다. 민간에서 운영되는 갤러리, 북카페, 음악클럽, 서점, 공방과 같은 공간들과 지하보도, 지하철 역사와 같은 공공의 유휴공간들을 시민들이 자율적으로 활용하도록 지원하고 있다. 2023년도까지 총 320개소가 지정되었고, 같은 시기 유휴 생활문화공간 및 라이브 뮤직공간 지원사업을 통해 76개소가 지원을 받았다. 한 해 평균 5억 내외의 사업비로 약 50개 내외의 공간을 지원해 왔다. 2024년도부터는 <문화공간 조성 지원사업>으로 변경하여 사업을 이어가고 있다. 24년도 지원사업은 크게 시민 문화예술 공간 운영 지원사업, 라이브 뮤직 공간 지원사업, 유휴시설 생활문화공간 조성 사업으로 구분되어 있다. 시민 문화예술공간 운영 지원사업은 총 3개의 유형으로 신규공간과 기존 공간, 그리고 기존 공간과의 컨소시엄으로 구분하여 최소 1천만 원에서 최대 2천만 원까지 프로그램비를 지원하고 있다. 라이브 뮤직공간 지원사업은 공연장별 월 1회 이상 공연을 여는 라이브 뮤직공간을 대상으로 공간별 최대 1천만 원을 지원하는 사업이다. 유휴시설 생활문화공간조성 사업은 80㎡ 이상의 유휴공간을 보유하면서 생활문화사업을 준비하는 단체를 대상으로 최대 1천5백만 원의 프로그램비를 지원하고 있다.

위 사업들은 '인천광역시 작은문화공간 활성화 지원조례'에 근거해서 운영되고 있다. 2018년도 제정된 이 조례는 문화예술 분야의 창작, 연습 또는 발표 활동에 주로 이용되는 소규모 시설로 민간이 운영하는 공간을 '작은문화공간'으로 정의하고 있다. 주요 내용으로 작은문화공간 활성화 사업이나 조성, 운영에 필요한 지원을 할 수 있고, 작은문화공간 자문위원회에 관한 사항 등이 명기되어 있다.

꾸준하게 지원을 하기 위해서는 안정적인 제도적 기반이 선행되어야한다. 많은 지원사업이 지자체장이 바뀔 때마다 사업 기조가 달라져 지속성을 담보 받지 못했던 사례들을 고려해 볼 때, 사업의 안정적 운영을 도모하기 위한 시도로서 조례 제정은 필수적이다.

프랑스 제3의 장소^{Tiers lieux} 지원 정책

레이 올든버그가 제안한 '제3의 장소'는 커뮤니티 구성원과의 끊임없는 상호작용을 통해 사회적 긴장이 완화되는 유쾌한 사회적 자본으로서의 역할에 집중했다. 최근의 '제3의 장소'는 전통적인 개념에서 더 확장하여 일과 사교생활이 공존하는 혁신적인 장소로 활용되기도 한다.

프랑스의 <제3의 장소^{Tiers lieux}>는 사회적 경제와 결합된 새로운 모델로서 집과 직장 사이에 어딘가에 있는 공간으로서 활동의 유형이 다양하다. 코워킹, 메이커스페이스, 팹랩 등 공유오피스 기능뿐만 아니라 대안적인 창의공간으로서 일과 생활, 여가를 함께 하는 사람들의 공동체 공간이다. 또한 지역과 주민들이 겪고 있는 문제를 해결하기 위한 혁신적 프로젝트를 통해 지역사회에 가치를 창출하는 것을 중요한 역할도 삼고 있다. 그래서 제3의 장소에서 추진하는 프로젝트는 생태적 전환, 에너지, 디지털화, 지속가능한 식량, 로컬 기반 제조, 문화적 실천, 사회적 연결 등의 주제와 관련이 있다.[13]

프랑스 정부는 2010년부터 지역사회의 자발적인 협동 공간을 대상으로 파일럿 프로젝트를 시작했다. 이후 2018년에 미래투자계획^{PIA} 프로그램을 통해 <제3의 장소>를 지역 개발의 중요한 자원으로 인식하고 재정지원을 확대했다. 2020년 <France Tiers-Lieux>의 네트워크를 구축해서 2023년 기준 약 3,500개의 제3의 장소들을 관리, 지원하고 있다. 특히 이 프로그램은 파리 도심 외 소도시 지역까지 확산하여 인구 분산 및 청년 인구 유입에도 기여하고 있다.

프랑스 제3의 장소 협회를 비롯한 공공 영역에서는 연관되는 노동부, 고등교육연구부를 비롯한 각 부처와 프로그램을 공동 설계한다. 제3의 장소 조성을 위한 가이드를 제공하고, 지역 협조, 예산 지원 등에 필요한 정보를 제공한다. 또한 이미 제3의 장소 운영 경험이 있는 리더들을 연결해서 현장에 기반한 실질적인 노하우 전달이 가능하도록 한다.

대부분의 공간은 하나의 용도로만 사용되지 않는다. 파리 외곽 시골 마을인 고메츠라빌에 위치한 '보드로빌의 온실^{La Serres de Beaudreville}'의 경우

---

13 권인혜, 「프랑스의 제3의 장소 지원정책과 보드르빌의 온실(La Serres de Beaudreville) 사례」『세계농업』 251권, 한국농촌경제연구원, 2023. p.13.

양봉업체, 플로리스트와 같은 농업 관련 전문가뿐만 아니라 도예가, 미술 치료사와 같은 예술가들도 함께 입주하고 있다. 운영되는 프로그램 또한 농업 관련 프로그램 외에도 주민 대상 문화 프로그램을 운영하고, 에어비 앤비를 통한 숙박업도 병행하고 있다.

파리의 파빌리온 드 까노pavillon des canaux는 파리 북부의 우르크 운하 관리자 숙소로 쓰였던 건물을 2015년 개조한 제3의 장소이다. 이곳은 특히 성평등과 포용성 가치, 생태성을 공간의 지향점으로 두고 있다. 일하는 사람들을 위한 소위 코피스Coffice뿐만 아니라 카페, 레스토랑, 드로잉 워크 숍, 콘서트 등의 문화 프로그램도 함께 열리고 있다. 성평등과 포용, 생태성을 지향하는 축제와 마켓 등도 이 공간의 특색있는 프로그램이다.

프랑스의 '제3의 장소'들은 장소의 정확한 용도를 정의 내리기 어렵다. 대신 공간이 해볼 수 있는 기능들을 실험해 볼 수 있는 여지가 많은 공간이다. 커뮤니티 공간으로서의 기능에 충실하되, 활용할 수 있는 방향은 무궁무진하다. 업무공간이자, 마켓, 축제의 장이 되기도 하고, 컨퍼런스와 세미나, 스타트업 인큐베이팅 등을 통해 새로운 꿍꿍이를 모색하는 끊임없는 기회가 주어지는 공간이다.

4. 시민의 일상을 다채롭게 하는 도시 문화공간 활성화의 조건

집과 학교가 아닌 모든 곳이 제3의 장소가 될 수 없듯이, 낯선 공간이 개인의 애착장소로 와닿는 경험은 각자 다른 지점에서 시작될 수 있다. 우리는 새로운 이웃을 만나 인간관계를 넓힐 수도 있고, 예술 감상이나 참여를 통해 새로운 경험을 할 수도 있고, 새로운 비즈니스에 대한 아이디어를 나눌 수도 있다. 어떠한 계기로든지 제3의 장소가 많아지는 건 도시에서의 삶을 풍요롭게 한다.

과거에는 도시의 작은 공간들에 대해 큰 관심을 보이지 않았다. 비공식적인 교류 관계를 통한 사회자본 축적이 시민의 삶과 도시에 어떤 긍정적인 효과를 낳을지 주목하지 않았다. 그러나 도시의 근접성과 밀도를 높이기 위한 시도들을 통해 작은 공간의 쓸모를 인정받았다. 작은 문화공간

예술하는 일상

들 또한 팬데믹을 거치며 마을의 정서적 안전가옥으로서의 기능을 확인할 수 있었다.

작은 문화공간들이 지속적으로 도시에서 중요한 역할을 수행하기 위해서는 우선적으로 공공과 민간의 경계를 넘나드는 공공성에 대한 논의가 시작되어야 한다.

2024년 실시된 <부산시민 문화예술활동 트렌드 조사>에서 만 15세 이상 부산시민 2,000명을 대상으로 2023년 한 해 동안 이용했던 문화공간 경험률을 물어보았다. 그 결과 공공이 운영하는 문화기반시설의 이용률은 59.2%, 민간 문화시설의 이용 경험률은 53.7%로 나타났다. 시민들이 문화 활동을 즐기는 공간들은 공공공간뿐만 아니라 민간 문화공간 또한 중요한 비중을 차지하고 있었다.

2012년 세계도시문화포럼World Cities Culture Forum은 도시 문화지표 중 비공식 문화 영역의 평가, 지원, 육성을 설정하여 클럽, 레코드숍, 커피숍, 소규모 공연장 등을 비공식 문화지표에 포함했다.[14]

그간 민간 문화공간은 상업성을 지향한다는 이유로 공적 지원에서 소외되기 일쑤였다. 마을에서 '제3의 장소'로 공적 기능을 수행함에도 불구하고, 민간이 운영 주체인 공간은 공적 기능을 인정받기가 쉽지 않다. 그러나 이제 공공성은 주체적 관점이 아닌 역할적 관점에서 다시 살펴보아야 한다. 시설들의 운영 주체가 공공일 경우에 자동적으로 공공성을 부여받았던 협소한 관점에서 벗어나 공적 역할을 수행하는 도시의 여러 주체들의 공공성을 폭넓게 인정해야 한다. 이러한 차원에서 민간 문화공간은 비공식적 공공생활의 거점 공간으로의 공공성을 내포하고 있다. 공공 영역이 다 만들어 내지 못하는 정서적 안전지대를 민간 문화공간이 만들어갈 수 있다. 우리가 민간 문화공간의 지원 필요성에 대해 고민해야 하는 이유가 여기에 있다.

과거 근무했던 문화재단에서 작은문화공간 네트워크 사업을 한 덕분에 내 머릿속에는 언제든지 툭 문 열고 들어갈 문화공간 리스트가 있다.

---

14 이지훈 외(2022), 『부산지역 생활권 문화공간 활성화 지원 연구』 부산문화재단, p.28.

바쁜 일상을 사느라 자주 들여다볼 수 없지만, 여유가 생긴 날 발걸음을 옮길 애착장소가 금방 떠오르는 것은 참 기쁜 일이다.

　오늘날 제3의 장소의 필요성이 강조되는 것은 일과 쉼이 평등하지 않은 도시에서 제3의 장소는 도시에 살기 잘했다는 생각이 들 수 있는 몇 안 되는 지점이기 때문일 것이다. 거리를 배회하다가 단골 가게에 들어가서 커피 한 잔 시켜놓고, 또다시 문을 열고 들어올 반가운 타인들을 기다리며 주인장과 실없는 농담을 나누는 그 순간에는 도시의 속도가 잠시 느려진다. 거리낌 없이 들어갈 수 있는 애착장소가 많아지는 것은 도시의 삶을 여유롭게 만들어 준다. 이처럼 비공식적 공공 생활 거점으로서의 애착장소의 증가는 시민들의 삶을 다채롭게 만들어 준다. 다양한 형태의 애착장소가 많아지는 시민의 삶은 결코 외롭지 않을 것이다.

예술하는 일상

도시의 기억과 미래

도시의 기억과 문화시설
김용승 한양대학교 에리카 건축학부 교수

도시의 미래, 문화
이철호 부산대학교 국제전문대학원 명예교수

도시의 기억과 문화시설

김용승 한양대학교 에리카 건축학부 교수

도시의 기억
도시의 기억과 모뉴먼트
도시와 문화시설
모뉴먼트와 문화시설
도시의 기억과 문화시설

1. 도시의 기억

우리나라 인구의 90% 이상이 도시에 거주하고 있다. 도시는 현재를 살아가는 우리 삶의 터전이 된 지 오래이다. 현재 우리가 경험하고 보는 도시는 오랜 시간에 걸쳐 시간의 켜를 축적하면서 변화를 지속해 왔다. 어렸을 때 보고 알던 동네가 예전의 모습은 흔적도 없이 새로운 모습으로 탈바꿈하여 있는 것을 보고 조금은 슬퍼했던 경험이 있을 것이다. 누구나 한 번쯤 어렸을 때 살았던 동네가 궁금하여 찾아가 본다. 다녀와서 흔히들 하는 말이 있다. "예전에 다니던 초등학교에 가봤는데 그때는 학교 건물과 운동장이 엄청나게 컸던 기억인데 지금 보니 왜 그렇게 작게 보이는지 모르겠다." 그리고 이 말에 다 같이 동의했던 기억이 있을 것이다.

필자가 태어나서 고등학교 시절까지 살았던 60, 70년대의 서울 마포구 아현동 동네는 똑같이 생긴 도시형 한옥들이 골목을 사이에 두고 평행하여 배치되어 있었다. 1960년대부터 서울에는 가회동, 명륜동, 동숭동 등을 중심으로 개량된 한옥들이 들어서기 시작했다. 아현동의 우리 동네도 이때 지어진 도시형 한옥들이었다. 나에게 이 골목은 학교 시간 외의 모든 시간을 동네 친구들과 온갖 놀이를 하고 지냈던 일상의 공간이었다. 공전의 히트를 기록한 영화 <오징어 게임>에서 나오는 놀이를 모두 하면서 지냈던 추억의 공간이었다. 이 골목의 시작점 코너에 있었던 일본식 주택을 기억한다. 경사면에 위치하여 돌로 된 높은 옹벽 위에 지어진 주택이었다. 단층의 기와집들로 이루어진 동네의 초입에 옹벽의 높이로 인하여 거대하게 보이던 그 주택의 모습이 아직도 강렬하게 뇌리에 박혀있다. 초등학교 친구의 집이었던 이곳에 놀러 갔던 기억도 있다. 다다미방과 좁은 복도 등 전형적인 일본식 주택의 내부구조였다. 이런 이유로 나에겐 일본식 주택의 내부가 낯설지 않다. 최근에 찾아가 본 이 정겨웠던 동네는 흔적도 없이 사라지고 '마포래미안푸르지오 아파트'라는 거대한 고층 아파트단지가 들어서 있었다. 2014년에 아현뉴타운3구역 정비사업으로 인하여 내가 알던 동네의 공간과 집의 모습은 흔적도 없이 사라졌다.

나의 어린 시절 동네는 도시형 한옥, 일본식 주택 등 건축의 모습으로 기억되고 있다. 동네의 공간을 둘러싸고 있던 건축이 내 기억엔 아직도 생생하다. 그러나 지금의 아현동 거주자들에게는 훗날 대형 아파트단지의 모습으로 기억될 것이다. 주변 환경에 대한 기억의 방은 시각적으로 가득 차 있다.

흔히들 건축은 도시의 역사라고 한다. 각각의 건축이 모여 도시를 형성하고, 도시의 정체성은 건축의 규모와 모습들로 정해진다. 나의 어린 시절 기억 속 건축은 사라지고 새로운 모습의 건축이 들어섰다. 이처럼 도시를 구성하는 대부분의 건축이 시간의 흐름에 따라 흔적도 없이 사라지고 기억 속에서 희미해져 간다. 그러나 여기에 도시의 정체성을 유지하며 지속해서 살아남는 건축이 있다. 이탈리아 건축가 알도 로시Aldo Rossi, 1931-1997는 이를 '모뉴먼트'라 했다.

이제 "도시의 건축"이라는 용어를 제일 먼저 사용하면서 큰 반향을 일으킨 저서를 탄생시킨 이탈리아 건축가 알도 로시의 도시와 건축의 관계에 대한 담론을 시작으로 도시를 구성하는 건축의 모습에 대한 이론들을 살펴보며 도시의 기억이란 주제를 들여다보려 한다.

2. 도시의 기억과 모뉴먼트

알도 로시는 대표적 저서 『도시의 건축The Architecture of the City』(1966)에서 도시는 인간이 만든 거대한 인공물man-made object이고 도시는 자체의 역사와 형태에 의해 특징져진다고 하였다. 그에게 건축은 이 거대 인공물에서 도시의 문제나 특징을 표출하는 가장 구체적 위치를 차지하고 있다. 이러한 전제하에 도시의 과거 중 일부를 건축으로써 우리가 아직도 경험하고 있다는 점에서 도시는 영원성을 지니고 있다. 그 영원성으로 오랜 세월 도시에 생명을 불어넣어 주고 있는 건축이 모뉴먼트monument이며, 모뉴먼트야말로 도시의 정체성을 특징지어주는 중요한 요소로 자리 잡고 있다. 이 책의 시작을 13세기부터 지어진 이탈리아 파두아의 델라 라지오네 궁전Palazzo della Ragione의 예로 들면서, 지금까지 그 내부의 프로그램들은 계속 바뀌었어도 그 형태는 거의 그대로 남아서 도시를 구성하는 중요한 물리적 요소로 작동하고 사람들은 아직도 그 건축물을 기억하며 경험하고 있다고 말한다. 유럽의 많은 도시에서 이러한 역할을 하는 건축인 모뉴먼트는 그 형태 자체로서 오랜 시간이 흘러도 변하지 않고 그 도시의 구조와 특성을 그대로 간직하게 만들며 사람들의 기억에 그대로 남아 도시의 정체성을 유지하고 있다. 도시를 구성하는 특정 건축의 시각적 특성의 중요성을 강조한 주장이었다. 이러한 주장은 19세기 말부터 1960년대까지 지배적이었던 근대주의 건축의 기능주의와 완전히 다른 방향의 흐름을 보여주고 있다. 한 도시에 대한 사람들의 기억은 영원성을 지닌 모뉴먼트들에 의해 좌우되고 있다는 주장은 건축의 시각적 효과를 강조한 새로운 접근이었다. 알도 로시를 중심으로 이탈리아 북부의 건축가들에 의해 태동한 도시와 건축의 새로운 움직임은 이처럼 도시의 경관, 즉 도시의 시각적 모습(도시의 형태학Urban Morphology)의 중요성을 주장하며 근대주의 건축에 대항하기 시작했다. 이들의 주장은 사람들이 도시를 기억하는 가장 중요한 요소의 하나가 바로 건축의 형태에서 비롯되며 건축이 모여서 도시의 모습을 결정짓게 된다는 점이다.

알도 로시의 경우 풍부한 의미와 잠재력을 지닌 건축을 만들어내는 수단으로써 기억을 차용하고 있다. 이런 점에서 조승구(2003)는 알도 로시의 건축을 분석하며 건축의 형태적 유형이 도시민의 집단적 기억을 통해서 도시에 의미를 부여하고 있다고 주장하고 있다.[1] 여기에서 유형Type은 말 그대로 시각적 형태에서 비롯된다.

알도 로시에 앞서서 도시의 구성요소에 대한 시각적 중요성은 오스트리아 건축가인 카밀로 지테Camillo Sitte, 1843-1903의 도시디자인 이론에서 영향을 받았다고 하겠다. 그의 저서인 『예술적 원칙에 따른 도시설계City Planning According to Artistic Principles』(1889)는 유럽 도시의 광장과 광장을 둘러싸고 있는 건축물들이 이루는 미학적 경험을 다루고 있다. 이러한 도시디자인에서의 시각적 경험을 중요시 여기는 새로운 접근은 이후 많은 도시계획가에게 영향을 미쳤다. 그러나 알도 로시는 카밀로 지테의 이론은 너무 부분적이어서 도시 전체의 구체적 형태나 전체적 경험을 위해서는 충분하지 않다고 비판하고 있다. 그럼에도 불구하고 도시의 시각적 경험을 강조하고 있다는 점에서 이 두 이론가는 일맥상통하고 있다.

알도 로시와 동시대의 미국 도시이론가 케빈 린치Kevin Lynch의 저서 『도시의 이미지The Image of the City』(1960)는 도시를 오랜 시간에 걸쳐서 지각되는 거대한 실체로 묘사하고 있다. 사람들은 도시의 일정 부분들과 기나긴 시간의 관계를 맺고 있으며, 그들의 도시에 대한 이미지는 그 일정 부분들에 대한 기억과 의미들로 채워져 있다고 한다. 그는 미국의 도시들을 분석하며 도시민들의 도시에 대한 기억된 이미지mental image를 분석하며 도시의 시각적 특성에 대해 집중하였다.

시각적 특성 가운데서도 도시경관의 가독(Legibility, 읽기 쉬움)이란 개념을 중심으로 도시를 평가하고 있다. 이 읽기 쉬움을 판정하기 위한 요소로서 ① 통로Path, ② 가장자리Edge, ③ 결절점Node, ④ 지구District, ⑤ 랜드마크Landmark를 제안하고 있다. 이 5가지 요소는 도시를 구성하는 시각적 특성을 보인 것들로서 도시의 가독성을 판단하는 중요한 기준으로서 작동하게 된다. 시각적 5가지 요소는 이후 지금까지 도시디자인이나 건축의 공

---

1 Seungkoo Jo, Aldo Rossi: Architecture and Memory, Journal of Asian Architecture and Building Engineering Volume 2, 2003.

예술하는 일상

간구성 계획에도 엄청난 영향을 미쳐왔다.

케빈 린치는 이러한 특성의 가독성이 높아서 가장 선호하는 도시를 이탈리아 피렌체라고 지목하고 있다. 피렌체의 중심에서 살짝 벗어난 언덕에 있는 미켈란젤로 광장에서 내려다보면 두오모 성당이라고 친숙하게 알려진 산타 마리아 델 피오레 대성당Santa Maria del Fiore, 15세기 완공을 눈에서 놓칠 수 없으며, 우리는 이를 기준으로 조금 전 걸었던 가로, 경험했던 광장, 식당 등의 위치를 쉽게 읽을 수 있다. 두오모 성당을 비롯하여 여기저기 위치한 크고 작은 성당들을 기준점으로 도시의 공간구조를 다 읽을 수 있다. 이런 이유로 가독성을 좌우하는 가장 중요한 요소로서 랜드마크를 꼽을 수 있다. 린치의 랜드마크는 한 도시의 가독성을 높일 수 있을 정도로 형태나 크기에서 쉽게 구별되는 중요한 도시구성 요소인 것이다.

이상에서 살펴본 것처럼 알도 로시의 모뉴먼트나 케빈 린치의 랜드마크는 시각적으로 돋보이는 건축물로서 도시민의 집단기억Collective Memory을 자극하여 오랜 시간 동안 기억에 남는 대표적인 도시의 인공물이다. 이러한 일련의 흐름에서 보면 도시에 대한 기억을 자아내는 장치 가운데 거대 규모의 건축, 의미 있는 건축, 그리고 상징적인 건축, 즉 모뉴먼트 또는 랜드마크의 영향력이 가장 크다고 할 수 있겠다.

본 글은 역사적 사건을 함축하고 있는 의미 있고 상징적인 거대 규모의 건축에 대한 시각적 기억은 보존되어야 한다는 점을 강조하려 한다. 이와 함께, 도시에 활력을 주기 위해서는 보존되는 건축 프로그램이 박물관이나 미술관과 같은 문화시설이어야 한다는 점을 제안한다. 문화시설은 모든 시민이 자유롭게 즐겨 찾을 수 있는 건축으로 도시의 활성화를 위한 가장 효과적인 도시적 전략이며 이는 유럽의 여러 곳에서 증명되고 있다. 그렇다면 박물관이나 미술관과 같은 문화시설이 도시의 활성화에 어떻게 기여하는지 살펴보는 것이 필요하겠다.

3. 도시와 문화시설

　　건축에서 흔히 목격되는 사실이 있다. 한 건축가가 세계적 명성을 얻는 계기가 박물관이나 미술관 같은 문화시설을 성공적으로 설계한 실적에 있다는 것이다. 그 이유는 문화시설은 어느 도시에 가거나 대부분 도심에 있으며, 규모도 주변 맥락에서 보면 비교적 크다. 형태도 다른 기능적인 해법이 필요한 건축유형보다 비교적 자유로워서 건축가의 역량을 충분히 발휘할 수 있다. 이런 조건은 건축가를 홍보할 수 있는 충분한 조건이 된다. 건축가의 바람 중 하나가 도심의 문화시설을 설계하는 것이라는 점은 더 강조할 필요가 없다. 박물관 붐이 일었던 유럽의 1980년대 제임스 스털링James Stirling, 1926-1992이 독일 슈투트가르트에 주립미술관 증축Neue Staatsgalerie, 1984으로 포스트모더니즘의 선두 주자로 주목 받기 시작했고, 최근의 사례로는 스위스 건축가 헤르조그와 드 뫼롱Herzog &de Meuron이 거의 무명이었던 시절에 런던 테이트 모던의 설계자로 선정되면서 세계적 반열에 오르게 되었다. 도심의 성공적 문화시설은 거주자는 물론 전 세계에서 몰려오는 방문객으로 인해 입에서 입으로 전해지며 건축가는 일약 스타의 반열에 오르게 된다. 널리 알려진 '빌바오 효과Bilbao Effect'라는 말이 있다. 스페인 빌바오라는 쇠퇴해 가는 철강 산업의 도시를 구겐하임 빌바오Guggenheim Museum Bilbao, 1997년 개관, 프랭크 게리라는 하나의 건축으로 한순간에 세계적 명소로 만듦으로써 도시의 경제가 활성화되었다는 유명한 이야기다. 루카스S. Lucas는 빌바오 효과의 이유 중 하나로서 상징적인 건축 Iconic Architecture을 들고 있다.[2] 시각적으로 놀랍고 혁신적인 형태가 대중의 호기심을 불러일으켰고 결국엔 도시 정체성의 상징으로 작용했다는 설명이다. 상징적 건축이 미학적으로 또는 규모로써 지역이나 도시를 대표하는 건축으로 정의된다면 이 또한 앞에서 알아본 모뉴먼트나 랜드마크와 다름없다. 이런 차원에서 도시의 문화시설은 도시민의 기억에 남는 대표적 인공물로서 오랫동안 작동되는 건축임이 분명하다.

　　이런 상징적 건축의 효과와 더불어 문화시설은 그 자체로 공공성을

2　S. Lucas, 2023, What is the Bilbao Effect?, https://futurearchi.blog/en/bilbao-effect/

지닌다는 측면에서 많은 사람에게 기억의 대상으로 존재한다. 문화시설은 모든 사람이 자유롭게 방문하여 즐기는 장소이다. 이런 특성은 문화시설을 더욱 도시의 중심 공간으로 만든다. 이런 점에서 문화시설은 빌바오 효과의 근원지이고, 도시의 랜드마크이며, 지역의 모뉴먼트인 것이다.

로랑Lorente, 1996은 쇠퇴해 가는 도시의 재생 사업에서 문화시설의 활용은 도시에 활력을 주는 효과가 충분히 있다는 사실을 영국 리버풀시의 사례를 분석하며 증명해 보인다.[3] 리버풀은 산업혁명 시대를 거치며 영국 최대 항구도시로 번성하였으나 20세기에 들어서면서 쇠퇴의 길을 걷기 시작했다. 이에 시는 과거 항구도시의 창고 공간을 재사용한 테이트 리버풀(1986년 개관) 등을 비롯하여 문화시설과 상업시설을 복합화하여 재건하면서 항구지역 일대에 활력을 불어넣었다. 이후 전 도시로 확장하여 마침내 리버풀은 2008년 유럽 문화도시라는 타이틀을 얻게 된다. 이는 문화시설의 공공성이 이용객의 증가, 주변 지역의 경제적 활성화 등 사회, 경제적으로 도시의 촉매제가 되어 쇠퇴해 가는 도시의 경쟁력을 회복시킬 수 있다는 사실을 보여주고 있다.

4. 모뉴먼트와 문화시설

모뉴먼트로서 도시에 오랜 시간 남아있었던 건축들이 앞으로도 지속 가능하기 위한 수단으로 문화시설이 되어 도시의 활성화에 이바지하고 있는 성공 사례들을 살펴보고자 한다.

4-1. 유럽 사례
유럽의 경우 18세기부터 시작된 산업 시대에 탄생한 거대 규모의 산업시설들이 현대에 이르러 사라져가는 산업 시대와 같이 그 기능을 다하고 폐쇄의 위기에 놓이게 되었다. 한동안 각 도시가 이 산업 시대의 도시

3　P. Lorente, ed. 1996, The Role of museums and the arts in the urban regeneration of Liverpool. Centre for Urban History. University of Leicester, p.4.

나 건축에 다양한 해결책을 강구하였으나 뚜렷한 성과를 보이지 못했다. 마침내 1990년대에 들어서서야 도시의 과거 산업사와 산업 유산이 도시 발전을 저해하는 요소가 아니라 도시발전의 중요한 자산이라는 인식이 퍼지기 시작하였다.[4] 이런 움직임 속에 거대 산업시설들을 재생하는 움직임이 일어나고 문화시설로의 변신을 시도하여 여기저기서 가시적인 성공을 거두었다. 너무나 많은 사례가 있으나 본 글에서는 대표적으로 런던의 테이트 모던과 파리의 오르세 박물관을 살펴보고자 한다. 이 두 건축물이야말로 건축 혼자의 성공뿐만 아니라 주변 지역의 활성화에 이바지하여 그 지역을 세계적 장소로 자리매김하게 한 대표적 사례로 볼 수 있다.

1) 테이트모던

테이트모던의 모태가 된 건물은 1947년에 시작하여 1963년에 완공된 화력발전소Bankside Power Station였다. 건축가는 길버트 스코트Sir Giles Gilbert Scott, 1890-1960로서 영국의 고딕 부흥 시절 건축가로서 성당을 비롯한 많은 공공 건축물을 설계하였다. 화력발전소라는 산업시설이 당대 유명한 건축가에게 맡겨진 일 또한 영국의 공공이 건축을 대하는 자세를 엿볼 수 있는 사례이겠다. 비록 기능에만 충실하면 그뿐일 산업시설을 실력 있는 건축가에게 맡김으로써 오랜 세월이 지나서 지금의 테이트모던이라는 걸작의 탄생이 가능했다. 건축가는 당시 템스강 맞은편에 있는 영국의 대표적 건축물인 세인트 폴Saint Paul Cathedral의 높이(114m)를 최대한 고려하여 가늘게 올라가는 굴뚝만 99m 높이로 하였고, 길이 155m, 높이 35m의 직육면체 모양의 수평적 볼륨으로 건물을 계획하였다. 본 건물의 크기는 당시만 하더라도 압도적이었다. 런던에서 가장 많은 사람이 오가는 강 건너에서도 시각적으로 강한 인상을 풍기면서 이 화력발전소는 그런 모습으로 40여 년 동안 거기에 그렇게 있었다. 1970년대 세계적 유류파동으로 1981년 마침내 폐쇄되어 2000년 테이트모던이 완공될 때까지 그 거대한 모습만 남아 사람들의 기억 속에 남아있었다.

---

4 염미경, 산업 유산을 활용한 지역 활성화와 민관참여, 『한국사회학회 사회학대회 논문집』 2004.06, p.709.

예술하는 일상

테이트모던이 있는 이 지역은 런던의 한 자치구인 서더크^{Southwark}이다. 구글에 이 지명을 찾아보면 '서더크는 템즈강 옆에 있는 번화한 역사적인 지역입니다. 문화 애호가들은 테이트 모던 갤러리에서 현대 미술을 감상하고 셰익스피어 글로브 극장에서 연극을 봅니다. 쇼핑객들은 북적거리는 버로우 마켓에서 농산물과 수제 음식을 구입하고 17세기 여관을 개조한 아늑한 주점인 조지 같은 주점에서 맥주를 마십니다'라고 설명이 되어있다. 이 설명에 의하면 현재의 서더크는 런던의 새로운 명소가 되어있다. 그러나 테이트모던이 들어서기 이전의 서더크 자치구는 런던에서 가장 못사는 지역, 우범지역이었다. 오랫동안 제조업 중심지로서 산업 쇠퇴와 함께 낙후되고 슬럼화가 진행된 곳이다. 반면에 템즈강 바로 맞은편 지역은 영국에서 가장 부유한 금융 중심 지역^{City of London}으로 너무나 대조적인 모습을 하고 있다. 그곳은 영국의 문화, 경제, 정치의 중심지였다. 이런 점에서 테이트모던의 위치는 무한한 가능성을 지니고 있었다. 강을 가로질러 런던의 중심부와 근접한 거리, 템즈강을 끼고 있는 자연적 조건, 뒤로는 무한한 개발의 가능성이 있는 낙후된 지역 등 그야말로 잠재력이 풍부한 대지였다.

테이트 재단은 이러한 조건들을 검토하여 뱅크사이드를 최종적으로 결정한 뒤 모금 활동을 시작하였다. 로터리 등 공공에서 전체 사업비의 60%, 나머지 40%는 개인이나 기업 후원을 받아 사업이 시작될 수 있었다.[5] 특히나 공공에서 큰 비중을 차지했던 영국 복권 수입금 배분 기관인 밀레니엄 커미션Millennium Commission의 설계안에 대한 요구사항은 두 가지였다. 하나는 공공성, 다른 하나는 좋은 디자인이었다. 1994년에 실시된 설계 공모에서 스위스 건축가 헤르조그와 드 뫼롱Herzog & de Meuron이 당선되어 테이트모던팀과 지금의 건축을 완공하였다. 공모전에 응모한 150개의 안 가운데, 1차로 13개 안, 2차로 6개의 안이 선정되고 최종안이 채택되는 과정에서 당시 회자한 심사평 가운데 "수많은 안 중에 기존 건물을 가장 많이 보존하며 최소한의 간섭으로 계획된 제안이라서 선정되었다."[6]는 점은 많은 의미를 지니고 있다.

이후 세인트 폴이 위치한 중심지와 연결되는 노만 포스터의 밀레니엄 브리지가 완공되면서 테이트모던의 접근성이 좋아지고 서더크와 런던이 남쪽 지역에 대한 개발계획을 세우면서 지역의 활성화가 짧은 기간에 폭발적으로 진행되었다. 이는 테이트모던 개관 첫해에 박물관 예상의 세배인 5.3백만 명이라는 방문객 수에서도 증명되듯이 박물관으로서도 도시의 재생이라는 차원에서도 엄청난 성공이었다. 이는 이 박물관 계획과정에서 참고했던 파리의 퐁피두센터와 빌바오의 구겐하임을 능가하는 성공이었다.

밀레니엄 커미션에서 요구했던 좋은 디자인과 공공성을 살펴보자. 우선 기존 화력발전소의 거대한 매스와 굴뚝이 그대로 유지되고 있다. 높이 35m에 길이 150m가 넘는 전면의 거대한 파사드와 99m 높이의 굴뚝 모습은 강 맞은편의 수많은 런던 사람에게 그 모습으로 기억에 남아있었을 것이며 테이트모던이라는 미술관으로 바뀐 후에도 그 모습 그대로 그 장소에 있다. 기존의 건축 형태가 그대로 유지된 것에 더하여 건물과 굴뚝

---

5   C. Dean et al. Tate Modern: Pushing the limits of regeneration/ City, Culture and Society 1. 2010. p.79-87.

6   C. Dercon & N. Serota ed. 2016, Tate Modern Building a museum for the 21st century, p.19.

예술하는 일상

의 상부에 추가된 조명은 낮과 밤 동시에 도시의 랜드마크로서 역할을 더욱 강조하고 있다. 기존 건축의 거대한 규모, 밀레니엄 브리지의 건너편 런던의 중심 지역에서의 가시성, 그리고 템즈강 남쪽 강변과 평행하여 놓인 산책로에서의 존재감은 이곳을 런던 문화의 중심으로 만들고 있다.

건물에 이르러서 공공성이 가장 돋보이는 내부 터빈 홀 공간으로 문화시설 특유의 접근성과 공공성을 극대화하고 있다. 터빈 홀은 공공공간이나 도시 가로의 모든 속성을 지니고 있다. 건축물의 측면에서 터빈 홀과 같은 23m의 폭을 유지하며 내려가는 경사로를 따라 들어가서 갑자기 조우하는 거대한 높이의 터빈 홀 공간은 방문객에게 새로운 공간적 경험을 제공한다. 사실 건축가 스스로 가장 신경 쓴 부분이라고 강조하는 이 공간은 미술관 건축에도 새로운 전시 공간으로 많은 반향을 불러일으키고 있다. 길이 155m, 폭 23m, 높이 35m 크기의 이 공간에 전시하는 방식은 21세기의 현대 미술을 대하는 대중의 인식과 관점을 바꿔 놓았다.

테이트 모던은 런던의 랜드마크, 그리고 새로운 밀레니엄 시대 영국의 시그니처 건축이라는 초기 비전을 그대로 실현하고 있음을 보여주고 있다. 오랜 시간 런던 시민들에게 템즈강 옆의 붉은 벽돌 건물과 높이 솟은 굴뚝은 그 자체 강한 인상으로 기억에 남아있었을 것이다. 이제 문화시설로서의 탈바꿈 이후에는 자유로운 접근성, 공공성에 의해 언제나 이용가능한 시설로서 기억 속의 건축물을 직접 방문하여 언제나 즐길 수 있는 사랑받는 장소가 되었다.

2) 오르세박물관

1851년 런던에서 처음 시작된 만국박람회는 산업혁명으로 새롭게 생산된 제품들이 전시됨으로 전 세계적 이목을 끌었다. 이후 파리는 연이은 박람회를 개최하였고 1990년에 개최된 박람회에서는 수많은 방문객을 위해 오를레앙 철도회사가 센강의 왼편에 철도역 겸 호텔인 오르세역을 건립하였다. 건축가는 빅토르 랄루Victor Laloux였다. 랄루는 산업 시대의 유산으로 인식되지 않으면서 센강 맞은편에 근접하여 위치한 루브르박물관과 튀일르리 궁전Tuileries과 조화를 이루기 위해 내부 철 구조물을 감추고 라임스톤으로 마감하여 주변 경관을 고려하였다. 이는 당시 산업 시대의 상징이었던 철골의 사용을 감춤으로써 절충주의 양식을 택한 계기가 되었다.

이 역사를 이용하는 기차들은 이미 증기기관 대신 전기모터를 사용했기 때문에 건축가는 유리지붕을 설치함으로써 전체를 내부화할 수 있었으며, 이로 인하여 메인 홀은 여행객들에게 밝은 분위기의 공간이 제공되었고 내부 장식은 더욱 풍부하게 계획될 수 있었다. 그러나 곧 플랫폼의 길이가 점차 발전하는 전기모터를 동력으로 하는 새롭고 긴 기차(350m)를 감당하기에는 짧았다. 이런 이유로 역의 기능이 상실되었고, 계속 유지되던 호텔도 1973년에 영업을 종료한 후 오르세역은 다양한 용도로 사용되었으나 뚜렷한 프로그램이 없이 거의 방치되어 있었다. 이후 철거의 위기에 처한 오르세역은 파리 도시민들의 격렬한 반대로 인하여 프랑스 정부가 1977년에 미술관으로 전환한다는 결정을 내리게 되었다. 다음 해 오르세역은 역사 유적지로 지정되었다고, 1986년에 오르세박물관으로 정식 개관하였다.

센강의 오른쪽 강변에는 파리의 대표적 문화시설인 루브르박물관을 시작으로 다양한 전시, 문화시설들이 있다. 동시에 왼쪽 강변은 오르세박

그림 38. 오르세 박물관 ⓒ김용승

예술하는 일상

물관을 비롯하여 많은 문화시설이 들어서 있다. 센강 양측의 이 지역은 '박물관 구역'이라 불리며 세계적인 문화명소가 되었다. 파리를 크게는 프랑스를 최고의 문화와 연결 짓는 문화공간이 된 것이다.

'테이트모던이 템즈강 남쪽을 활성화하려는 지역 활성화의 논의과정을 분명하게 거쳤다면, 오르세박물관은 오르세 역사를 짓는 그 당시부터 미술관을 짓자는 운동이 일부 일어나긴 했지만, 지역경제 활성화와 관련된 논의에서 진행된 것이 아니라, 특히 센강 변에 위치한 다른 문화유산, 루브르박물관, 튀일르리 궁전 등과의 조화에서 만들어졌다는 차이를 보이고 있다.'[7] 이런 점에서 오르세박물관은 파리의 시작점인 시테섬과 주변의 대표적 랜드마크들과의 조화와 균형에 의한 건축으로 볼 수 있다. 원래의 오르세역도 주변의 맥락을 고려한 형태와 재료를 사용하였으며, 박물관으로 전환 시에도 외부의 모습은 최대한 유지한 채 계획되었다. 이러한 과정은 센강 좌우의 박물관 구역을 구성하고 있는 건축에 대한 파리 시민들의 집단적 기억이 그대로 유지되는 점을 최대한 고려했다고 하겠다.

오르세박물관 내부는 박물관의 공공성을 그대로 보여주고 있다. 내부 박물관 공간구성을 설계한 가에 아울렌티Gae Aulenti, 1927-2012는 기차 역사의 구조를 최대한 유지하여 계획하였으며, 이는 자연스럽게 새로운 박물관 전시 공간을 만들어내는 계기가 되었다. 역사의 플랫폼이었던 가장 높은 공간을 그대로 박물관의 중심 공간으로 계획하여 입구 레벨에서 박물관의 내부구조를 한 번에 파악하게 하고 동시에 중심 공간의 관람객들을 한눈에 내려다볼 수 있게 하였다. 이는 이후에 건립되는 런던 테이트모던의 터빈홀 공간과 너무나도 유사하다.

지역의 도시맥락을 최대한 고려한 건축, 내부 프로그램의 변화에도 불구하고 그 모습을 유지하며 변신한 문화시설, 내부 공간이 제공하는 공공성 등은 이후 유럽의 많은 문화시설 계획에 지대한 영향을 미쳤다.

---

7 윤학로(2010), 산업 유산과 오르세 미술관: 절충과 전환의 문화공간, 프랑스문화예술연구, p.568-569.

4-2. 국내 사례

1) 대한민국역사박물관

광화문을 바라보며 오른쪽 가장 처음으로 보이는 건축이 대한민국역사박물관이다. 그다음 미국대사관 건물이 자리 잡고 있다. 이 두 건물은 똑같은 형태의 건물로 1961년 9월에 미국 원조 기관과 대한민국 정부의 출자로 완공되었다. 광화문과 가까운 건물은 경제기획원 청사부터 마지막 2010년 문화체육관광부 청사까지 49년간 대한민국 정부 청사로 사용되었다. 이후 2012년 현재의 대한민국역사박물관으로 개관하여 오늘에 이르고 있다. 이웃하는 동은 미국 원조 기관이 사용하다 현재 미국대사관이 들어서 있다. 미국대사관은 건립 당시의 모습을 그대로 간직하고 있으나 박물관은 기존의 골조만 유지하는 선에서 개축되었다. 그러나 대한민국의 근대역사와 함께한 건물을 보존하고 지속해서 활용한다는 차원에서 기존 건물의 전체 매스의 크기와 비율은 유지하며 설계되었다.

대한민국역사박물관 누리집의 건축물 소개란에는 "'문화적 쉼'과 '역사와의 대화'가 가능한 소통의 공간. 대한민국역사박물관은 대한민국의 역사를 함축하는 국가상징거리 광화문광장에 자리 잡고 있다. 대한민국의 근현대사를 기억하는 장소인 박물관이 도시와 하나로 엮이는 것에 중점을 두어 설계되었다."[8]라고 되어있다.

광화문광장은 역사적으로 조선시대 육조거리 이후 대한민국을 상징하는 대표적 광장, 또는 거리로서 역할을 해왔다. 오랜 시간에 걸쳐 광화문광장의 모습은 다양한 모습으로 변하여 현재의 모습을 갖추었으나 건축에서의 가장 큰 변화는 1926년에 건립된 조선총독부 건물이 1995년 광복 50주년을 맞아 철거된 일이다. 정치적 논쟁을 떠나서 조선총독부 건물이 없어지면서 광화문의 복원 등 원래의 모습을 찾아가는 일련의 과정들이 있었고 광장 또한 공간 재구조화 등의 여러 명칭으로 정부나 서울시에 의해 지속적으로 변화하고 있다. 이런 변화 속에서도 우리 근대역사

---

8 대한민국역사박물관 누리집, 건축 https://www.much.go.kr/museum/cnts/build.do)

의 현장인 광화문광장을 둘러싸고 있는 건축물들은 최소한으로 보존되어야 한다는 공감대는 매우 바람직한 현상이다.

대한민국 녹색건축대전 수상작품집(2012)에는 다음과 같이 대한민국 역사박물관의 건축적 의미를 서술하고 있다.[9]

"사람들이 모이는 장소를 만들어주고 이를 엮어주는 것. 이것이야말로 장소가 물질적인 힘을 발휘할 수 있는 가장 큰 출발점일 것이다. 광화문광장은 예전부터 대한민국의 근현대사가 흘러가는 동안 사람들이 모여 역사를 만들고, 변해가는 대한민국의 장면들이 비치는, 대한민국의 살아있는 전시장의 역할을 해왔다……. 옛 흔적을 남기고자 사람들의 기억에 익숙한 광화문광장의 파사드를 최대한 유지하며 이미 역사적 상징인 광화문을 침범하지 않는 조용한 배경의 흰 도화지 같은 건물로 자리 잡는다……. 광장의 문화 활동을 담아내는 새로운 장소를 만들며, 확장되어진 광화문광장, 그 내부 한 곳의 대한민국 역사박물관은 다양한 전시에 대한 프로그램과 함께 개방된 공간이자 현재 광화문광장의 역할을 도와주는 장소로써 흔적과 도시, 더 나아가 시민들의 일상, 그 자체를 담는 박물관으로 '기억들이 새겨져 가는 장소(Memory Archive)'가 된다."

여기에서도 보듯이 한 나라의 역사, 그 장소의 역사가 도시민의 기억에 그대로 유지되는 방법으로서 기존 건축의 보존은 의미 있다 하겠다. 특히나 문화시설로의 전환은 전 세계적인 추세로서 우리나라에서도 올바른 방향으로 가고 있다는 사실은 대한민국역사박물관이 제공해 주고 있다.

2) 국립현대미술관 청주

국립현대미술관 청주의 옛 모습은 부지 면적 1.36㎢에 24개의 건물이 있는 전국 최대 규모의 연초제조창이었다. 한창때는 많게는 3천 명의 노동자가 일하며 연간 100억 개비의 담배를 만든 곳이었다. 해방 직후인 1946년부터 2004년 문을 닫을 때까지 60년 가까운 세월 동안 청주시민의 삶의 터전이자 지역경제를 이끈 대표 산업시설이었다. 그러나 이후 10여 년 동안 방치되어 도심의 흉물로 남아있었다.

---

9 건축공간연구원 누리집, http://www.aurum.re.kr/Bits/BuildingDoc.aspx?num=2709

한편 1999년에 청주 예술의 전당에서 시작된 청주국제공예비엔날레가 2011년 7회 비엔날레가 연초제조창에서 열리며 참여했던 각국 전문가들에게 좋은 반향을 일으키며 연초제조창의 폐건물 부지가 문화시설로의 성공 가능성을 보였다. 이를 계기로 이어진 비엔날레가 점점 더 성공을 거두면서 마침내 2019년에 그 역사성과 상징성을 유지한 채 문화를 만든다는 의미의 '문화제조창'으로 탄생하게 되었다.

이러한 배경하에 연초제조창의 새로운 변신은 청주시의 '연초제조창 도시재생'사업이 2014년 국토교통부로부터 '경제기반형 선도사업'으로 지정되면서 시작되었다. 먼저 2018년 4월 지하 1층~지상 5층에 전체 면적 54,807㎡인 연초제조창 본관동에 대한 개축을 시작하였다. 역사성을 살리기 위해 가능한 한 기존의 모습을 유지하고 연초제조창의 상징이었던 20m가량 높이의 굴뚝도 원형대로 유지하였다. 본관동은 2층 청주시 제2 임시청사를 제외하고 상업과 문화시설이 함께 하는 복합문화시설로 개관하여 2년마다 청주국제공예비엔날레를 개최하여 널리 알려지며 많은 방문객이 찾고 있는 지역의 명소가 되었다. 같은 부지 내 본관동 옆 건물을 개축한 국립현대미술관 청주와 함께 청주시를 대표하는 문화시설이 되었다.

본관동 왼쪽 건물은 2년간의 재건축 과정을 거쳐 2018년에 국립현대미술관 청주가 들어서 있다. 장변 120m, 단변 33m, 5층 규모의 기다란 건물을 개축한 비교적 큰 규모의 건축물이다. 청주관은 수도권 외에 만들어진 첫 국립현대미술관 분관이기도 하다. 577억 원을 들여 지상 5층에 연면적 19,855㎡ 규모로 조성됐으며, 수장 공간과 보존과학 공간, 기획전시실, 라키비움실 등으로 구성되었다. 특히 청주관은 국내 최초로 개방형 수장고 개념을 도입하고 있다. 수장고와 보존과학실을 개방해 미술관 소장품을 수장 상태 그대로 감상하고 유화 보존 처리 과정과 유기·무기 분석 과정도 지켜볼 수 있도록 보이는 보존과학실을 계획하였다. 개관 이듬해인 2020년 한 해에만 22만여 명이 입장하면서 비교적 성공적 출발을 하였다.

이성제는 2019년 기사에서 "……. 건축물은 기둥, 보 구조로 단조로

웠고, 역사적 사건이 깃든 근대 유산과도 거리가 멀었다. 그렇지만 이 연초제조창은 한때 3,000명이 넘는 노동자들의 일터이자 해외 각국으로 수출될 담배가 생산되던 청주의 대표 산업기지였다. 반세기가 넘도록 자리를 지켜오면 지역민들의 기억이 담기고 건물은 세월을 이겨내며 그 자체로 존재감을 드러내고 있었다."[10] 라고 기존 건축에 대해 묘사하고 있는데 청주관은 이러한 기억의 장소를 최대한 유지한 채 국립현대미술관으로서의 기능을 성공적으로 수행하고 있다.

5. 도시의 기억과 문화시설

지금까지 도시의 활성화에 이바지하는 문화시설의 국내외 사례들을 살펴보았다. 이들의 성공은 도시민의 집단기억 속에 남아있는 건축을 문화시설로 탈바꿈시켜 지속가능한 건축으로 전환하였다는 점이다. 집단기억의 대상이 된 건축은 모뉴먼트 또는 랜드마크로서 그 도시에서 오랜 시간 동안 유지 되어왔던 건축이었다.

비교적 최근(2014년)에 건립되어 성공적으로 기능하고 있는 서울의 동대문디자인플라자(DDP, 연면적 86,574㎡)를 보면 본 글에서 제안하는 문화시설의 모습을 그대로 지니고 있다. 다만 이 경우 중년 이상의 서울 시민에게는 동대문운동장이 먼저 떠오른다. 야구 경기를 보러 가서 경험했던 경험, 동대문을 지나가며 보였던 큰 규모의 운동장 모습. 그러나 동대문운동장이나 성곽 등 도시의 기억을 조금이라도 반영했던 응모작을 물리치고 지금의 모습보다도 더 상징적인 모습의 건축이 선정되었다. 가장 상징적인 자하 하디드Zaha Hadid, 1950-2016의 안을 과감하게 선택하여 지금은 2018년 이후 연간 1,000만 명 이상이 방문하는 복합문화시설로 자리 잡았다. 이는 이전의 동대문운동장이 진정한 모뉴먼트로서, 서울을 대표하는 랜드마크로서의 역할이 부족하였을 수도 있었다는 생각을 해본다. 아무튼, 지금의 DDP도 미래에는 도시의 기억으로 자리 잡는 모뉴먼트로

---

10 이성제, 2019.2, 수장고에 보존된 건축의 현실, SPACE.

서 작동하며 사람들에게 서울, 더 나아가 우리나라를 대표하는 문화시설로 남아있을 것이다.

충청남도 옛 도청사가 대전시에 있다. 1932년에 건립되어 2012년 도청이 이전한 이후 2021년 문화체육관광부로 소유권이 이전된 이후 새로운 기능을 찾고 있다. 그러나 그동안 10개가 넘는 부지 활용 방안 연구를 진행하였으나 아직 확정되지 못하고 가장 최근(2021년)에 최종 소유권자인 문체부에서 실행한 연구도 갈피를 잡지 못하고 있는 듯하다.[11] 대전의 구도심에 90여 년이 넘도록 시민의 집단기억에 또렷이 살아남은 대전의 랜드마크, 모뉴먼트인 건축이 시민에게 완전히 개방되는 공공성을 지닌 문화시설로서의 모습을 기대해 본다.

---

11 대전일보 2022년 3월 30일 "대전 대표 근대문화유산인 '옛 충남도청사'를 문체부 연수원으로 쓴다고?"라는 기사에서는 문화체육관광부의 연수원(인재개발원)으로 활용한다는 내용이 있다. 물론 개방형수장고 등 문화시설도 포함되어 있으나 대전시민은 오롯이 문화시설로서 시민들에게 완전히 개방된 공간을 원한다는 내용이다.

예술하는 일상

도시의 미래, 문화

이철호 부산대학교 국제전문대학원 명예교수

오래된 미래
도시화의 두 얼굴
도시혁신의 열쇠, 문화
사람 중심의 도시, 문화 중심의 공간
매력도시와 문화생태계
미래를 생각하면서 과거에서부터 계획한다

1. 오래된 미래

'오래된 미래ancient futures', 이 모순된 문구는 노르웨이 언어학자 헬레나 노르베리-호지Helena Norberg Hodge가 1992년에 발간한 책의 제목이다. 저자는 히말라야 속 '작은 티베트'라 불리는 인도 최북단 고산지역 라다크Ladakh가 1970년대 후반 대외 개방과 산업화에 따라 직면하게 된 성장의 부작용을 통해 발전의 본질을 성찰한다. 물질적 번영이 결코 행복을 보장하지 않는다는 '풍요의 역설'은 자본주의 문명과 격리되었던 라다크의 경우 한층 더 극명히 부각된다. 라다크가 구가하던 사회적 조화로움은 현대 화폐경제가 만드는 경쟁과 획일화 속에서 급속히 파괴된다. 역설적이지만 라다크의 지속가능한 미래는 잃어버린 오랜 전통인 생태적 문화적 다양성의 회복 여부에 달려있단다. 라다크의 교훈, 이 '오래된 미래'는 바로 현대 도시의 지속가능한 조건에 대한 반성의 문을 연다.

지속가능성은 오늘날 지구촌이 추구하는 발전 의제의 중심 관념이다. 지속가능성은 다섯 가지 차원, 즉 경제, 환경, 사회, 문화, 그리고 공간의

도시의 기억과 미래

187

유지 가능성을 말한다. 금세기 들어 인류의 절반 이상이 육지의 2%에 불과한 도시에 거주하게 되면서 공간의 유지 가능성은 지속가능한 도시화 문제로 귀결된다. 유엔보고서에 따르면 2050년에는 인류의 3분의 2가 도시인이 된다. 인간은 '도시에 사는 종urban species'이 되는 셈이다. 도시는 세계 GDP의 80%, 에너지 소비의 70%, 탄소 배출량의 70%를 담당한다. 이제 도시는 지속가능한 발전의 목적인 동시에 그 방법이기도 하다. 목적으로서의 도시의 지향점은 '모두를 위한 도시'이다. 이는 인간 정주환경을 논의하는 국제기구 유엔해비타트UN-Habitat가 도출한 지속가능한 도시화의 목표다. 자본이 지배하는 도시를 '사람 중심의 도시'로 바꿔나가자는 뜻이다. 이를 위한 방법으로서의 도시는 무엇일까? 그 본질은 바로 오래된 미래인 '문화 중심의 공간'으로 도시를 가꾸어나가는 데 있다.

2. 도시화의 두 얼굴

1) 기회와 도전의 최전선

고대 성곽도시에서 현대 메트로폴리스에 이르기까지 도시는 인간 개발을 위한 기회와 도전의 장소이다. 그 동력은 인구 밀집에서 생기는 학습과 혁신의 힘이다. 반세기 전 미국의 도시사상가 제인 제이콥스Jane Jacobs는 사람들을 끌어당김으로써 경제성장을 촉진하는 도시의 능력에 주목했다. 사람은 함께 일할 때 상호작용을 통해 훨씬 더 생산적이 되고 다른 생산요소의 부가가치도 높인다. 이른바 인적자본의 외부효과다. 즉 인구 밀집과 다양성이라는 도시의 특성은 경제 주체들에게 대가를 요구하지 않는 편익을 제공한다. 그 함의는 정보사회가 창조사회로 진화 중인 오늘날 한층 더 각별하다. 경쟁력의 기반인 정보도 혁신으로 이어져야 부가가치를 만들며 이를 위해선 상상력과 창의성이 매개되어야 한다. 한마디로 창조사회의 핵심 경쟁력은 창조자본이다. 도시의 발전은 창조자본의 원천인 인재를 확충하고 그 분포의 이점을 지역혁신의 동력으로 전환하는 역량에 좌우된다.

도시경제학자 리처드 플로리다Richard Florida는 도시 경쟁력을 세 개의 T

로 요약한다. 인재^{talent}, 기술^{technology}, 관용^{tolerance}이 그것이다. 여기서 관용은 사회적 다양성과 개방성에 더해 문화와 환경을 아우르는 도시의 총체적 어메니티^{amenity}를 뜻한다. 3T론은 도시가 살아남기 위해선 특히 창조계급의 유치 경쟁에서 이겨야 하는바, 창조계급의 입지를 결정하는 근원적 요인에 주목하라고 말한다. 도시가 배타성이 약할수록, 어메니티가 좋을수록, 지식집약산업의 비중이 높을수록, 그리고 인구 규모가 클수록 창조계급이 더 많이 모여들고 도시발전 또한 더 빠르다. 이 창조계급 가설은 '장소의 질'에 대한 관심을 불러일으켰다.

2) 도시의 시대, 도시의 위기

세계화와 과학기술의 발전은 인간 활동의 공간적 여건을 바꾸었다. 뉴욕타임스의 칼럼니스트 토머스 프리드먼^{Thomas Friedman}이 '창세기의 플랫폼'이라 부른 인터넷 혁명은 인류에게 사이버 세계라는 새로운 행성을 안겨줬다. 이를 기회의 측면에서 인류가 평등해진다고 생각해 '평평한 세계^{flat world}'로 묘사했다. IT기술이 만드는 수평화 동력을 활용하면 장소는 약점을 극복할 기회를 갖는다. 대표적으로 인도의 방갈로르가 소프트웨어 산업의 허브가 되고, 유럽의 걸인으로 불리던 아일랜드는 금융 중심지로 도약했다.

콜럼버스가 발견한 '둥근 세계^{curved world}'에 전대미문의 '평평한 세계'가 포개지면서 장소의 분화는 새로운 양상으로 전개된다. 이를 여실히 보여주는 것이 인공위성에서 바라본 지구의 밤 모습이다. 플로리다는 지역 경제생산량을 밤의 불빛으로 환산한 3차원 지도를 통해 세계 경제의 전경을 대도시권 중심의 '뾰족뾰족한^{spiky}' 세계로 재현한다. 특허 활동, 스타 과학자 등 창조자본의 지표상 분포 역시 매우 차등적이다. 혁신이 지리적으로 불균등하게 전파되는 원리는 오늘날 더욱 명확해졌다. '평평한 세계'의 출현으로 인해 '뾰족뾰족한 세계' 속의 장소 경쟁이 한층 더 치열해진 셈이다. 뜨는 도시와 지는 도시의 명운이 갈리며 도시의 시대는 도시의 위기를 수반한다.

1970년대 경제위기 이래 선진국 도시들은 제조업의 쇠퇴, 실업의 증가, 인구 고령화 등으로 인구 감소와 사회 불안을 경험했다. 복지국가의 폐단으로 인한 중앙정부의 재정 악화도 도시의 쇠퇴에 일조했다. 도시의 시대, 도시 인구가 줄어드는 축소도시^{shrinking city} 현상이 나타난 것이다. 성장을 주도한 중후장대한 산업의 중심지일수록 축소도시화는 크게 부각되었다. 사람이 모이는 수도권을 빼면 오늘날 축소도시는 전염병처럼 전 세계로 확산된다.

지식기반 혁신산업이 새로운 성장엔진이 되면서 포디즘^{fordism}으로 불리는 대량생산 방식은 한계에 직면했다. 이에 따라 도시 경영은 관리형에서 기업가형으로 전환된다. 열풍처럼 불어닥친 '기업 하기 좋은 도시' 전략하에 도시는 기업 활동 환경을 개선하는 데 주력했다. 그런데 수십 년이 지나도 '기업 하기 좋은 도시'는 여전히 드물다. 그 이유는 무엇일까? 도시발전 전략이 기업에 초점을 맞춤으로써 혁신산업의 주요 생산요소인 인적자본에 대해선 깊이 고려하지 못한 탓이다. 지식경제의 시대, 인재의 지리학은 도시발전 전략이 궁극적으로 '사람 살기 좋은 도시'를 지향해야 함을 일깨운다.

3. 도시혁신의 열쇠, 문화

1) 도시 혁신과 창의성

도시의 위기는 도시혁신의 목소리를 높였다. 선진국들이 찾은 대안은 크게 두 가지, 창조도시^{creative city}와 지역혁신시스템^{RIS: regional innovation system}이다. 창의와 혁신이라는 주제는 도시경제에서 인적자본의 중요성을 환기했다. 대체로 창조도시가 인적자본을 유인하는 '장소의 질'을 중시한다면, RIS는 지식의 생산과 학습 과정에 주목한다. 인재의 지리학에서 보면 창조도시는 삶터를 강조하고, RIS는 일터를 부각시킨다. 인재의 유인 요소로서 어메니티와 고용기회를 놓고 서로 다투는 양상이다. 많은 사례연구들은 인재의 이동이 직업의 지식기반, 생애주기와 경력단계에 따라 다양하게 전개된다는 점을 보여준다. 패턴을 보면 상징적 지식을 사용하는 문화콘텐츠산업의 인재는 '장소의 질'에 민감한 반면, 인공적 분석적 지식을 사용하는 지식집약산업의 인재는 양질의 고용기회를 중시한다. 또

지식기반이 같더라도 젊은 세대는 어메니티에 매력을 느끼지만 중년 세대는 '가족부양에 좋은 곳'을 선호한다. 하나로 모두를 설명할 수는 없다. 일터와 삶터는 서로 대체재가 아니라 보완재이다.

인간의 전유물인 상상력은 고고인류학자들의 말처럼 현생 인류의 조상인 크로마뇽인이 빙하기를 살아낼 수 있었던 생존 요인이다. 역사학자 유발 하라리Yuval Harari에 따르면 호모 사피엔스Homo sapiens가 지구를 정복할 수 있었던 것은 '허구를 말하는 능력' 때문이다. 하라리가 인지혁명cognitive revolution으로 명명한 이 '창작하는 언어'의 등장 이래 인류는 이중의 실재, 즉 객관적 실재와 함께 신, 국가, 법인과 같은 가상의 실재에서 살아왔다. 가상의 실재는 허구의 산물이지만 집단적 상상과 공통의 믿음에 근거하기에 유연한 협동을 낳고 이를 통해 현실 세계에서 막강한 힘을 발휘한다. 크로마뇽인의 노래와 이야기, 주술 의식에서부터 현대 문명의 두 기둥인 과학기술과 문화예술에 이르기까지 상상력은 인류가 역경을 극복하고 진화하는 데 작용한 최고의 자산이다.

2) 제4의 물결과 창조사회

2016년 세계경제포럼의 주제어로 등장한 이래 광풍처럼 몰아닥친 말이 '제4차 산업혁명'이다. 이 용어는 개념과 실체의 불명확성으로 인해 학문적 논란을 야기했지만 메시지는 분명하다. 과학기술의 발전으로 산업시스템과 일하는 방식에 근본적 변화가 일어났다는 사실이다. 한마디로 문명사적 전환을 고한 셈이다. 약 반세기 전 미래학자 앨빈 토플러Alvin Toffler는 문명 패러다임이 세 번의 물결을 타고 변해왔음을 말했다. 농업혁명에 의한 제1의 물결, 산업혁명을 통한 제2의 물결, 그리고 정보혁명에 의한 제3의 물결이다. 이에 따라 인류사회는 농경사회, 산업사회, 정보사회로 진화했다. 이후 다가오는 '제4의 물결'의 후보로 다양한 과학기술분야가 언급되었다. 제4차 산업혁명 역시 이러한 흐름 속에 있다.

미래학자들은 제4의 물결이 초래할 사회를 다양하게 규정했다. 덴마크 미래학자 롤프 얀센Rolf Jensen은 '꿈의 사회dream society'를 말했다. 무엇이 가치를 만드는가? 농경사회에선 키우는 것growing, 산업사회에선 만드는 것making, 정보사회에선 서비스하고serving, 생각하고thinking, 알고knowing, 경험하는 것experience이다. 꿈의 사회는 상상하는 것imagination과 창조하는 것 creating이 가치의 원천이며 관건은 감성을 입히는 것이라고 한다. 한편, 다 니엘 핑크Daniel Pink는 '개념 사회conceptual society'로 규정했다. 저서 『새로운 미래가 온다A Whole New Mind』는 '왜 미래는 우뇌가 발달한 사람이 지배하는 가'라는 부제를 달고 있다. 개념 사회에서는 좌뇌가 주도하는 이성적 능 력보다 우뇌가 주도하는 감성적 능력이 더 중요하다는 말이다. 지식에 날 개를 달아주는 우뇌의 하이 컨셉high-concept이 각광받는다. 디자인design, 스 토리story, 조화symphony, 공감empathy, 놀이play, 의미meaning 등의 능력이다.

　　감성과 개념은 이성과 정보의 사회가 변화해 나갈 방향을 알려준다. 기계가 인지 능력을 갖는 인공지능의 시대, 정보가 순식간에 확산되는 초연결의 시대, 감성과 개념은 미래 사회를 주도할 대안 역량으로 부각 된다. 아인슈타인이 설파했듯이 진정한 지능은 지식이 아니라 상상력이 며, 즐길 줄 아는 지능인 창의성이다. 지식사회를 주창한 피터 드러커Peter Drucker 역시 지식은 오로지 응용을 위해 존재한다고 말한다. 혁신은 창의 성의 산물이고 지식·정보는 창의성의 도구이다. 요컨대 정보사회는 '창 조혁명'이라는 제4의 물결을 타고 창조사회creative society로 진화하는 중이 다. 여기서 창조는 무에서 유를 만드는 게 아니라 유에서 유를 만드는, 조 합과 재조합을 통한 창조이다. 그래서 창의력은 개발 가능한 기술이자 관 리할 수 있는 과정이다. 골목길 경제학자 모종린은 저서 『크리에이터 소 사이어티』에서 선언한다. "우리는 모두가 크리에이터가 되어야 하는 시 대에 살고 있다."

3) 도시의 창의성과 문화

　　도시city와 문명civilization 그리고 문화culture는 영어 어원의 뿌리가 같다. 문명이 야만에 대한 우월성을 내포한다면 문화는 자연으로부터의 개화 를 뜻한다. 문명과 문화는 용례에 따라 보편성과 개별성, 물질과 정신, 큰 것과 작은 것 등의 차이를 보이기도 하지만 19세기 후반 이래 개념상 평 준화된다. 문화의 개념은 일의적이지 않다. 좁게는 예술과 관련된 것으로 문화예술, 예술문화와 같은 표현으로 사용된다. 우리의 경우 정책 대상으 로서 문화예술은 문화산업과 문화재를 포괄한다. 유네스코는 문화를 넓게 정의한다. 한 사회와 집단의 성격을 나타내는 정신적, 물질적, 지적, 감성적 특성의 총체라는 입장이다. 이 점에서 인류가 정주 생활을 시작한 이래 도시와 문화는 일체적 관계를 맺어온 셈이다.

도시와 문화의 일체성은 미국의 도시철학자 루이스 멈퍼드Lewis Mumford의 전일론적 도시 관념에 잘 나타난다. 완전한 의미의 도시는 지리적 연결망이자, 경제 조직체이며, 제도적 과정이고, 사회활동의 극장이자 사회드라마이며, 집단 통일성의 미적 상징이라고 규정한다. 도시는 총체적 역동성의 장소이며 문화 창조와 문명 발전의 무대다. 도시에 관한 극장, 무대, 드라마 등의 표상은 '길거리 발레', '도시 플라자' 등의 도시계획 개념으로 이어졌다.

문화적 가치를 실현하는 유무형의 자산을 문화자본cultural capital이라 부른다. 문화자본을 바라보는 시각은 다양하다. 부르디외Bourdieu는 경제자본, 사회자본과 함께 제3의 자본으로 보고 그 속에 내포된 권력관계를 성찰한다. 헌팅턴Huntington은 제도 자본, 지식자원, 인적자본과 함께 사회자본의 요소로 보며, 국가경쟁력의 관점에서 혁신과 관련된 태도와 가치를 중시한다. 트로스비Throsby는 물적자본, 인적자본, 자연자본에 더해 경제자본을 구성하는 네 번째 자본으로 본다. 이때 문화자본은 문화경제학의 연구 영역으로 자리한다.

도시 창의성에 관한 연구들은 특정 시기, 특정 장소의 창의성 집중 현상에 주목하고 창의성이 발현되는 '창조환경creative milieu'의 특성을 탐구한다. 도시학자 피터 홀Peter Hall은 역사상 21개 도시의 혁신과 창의성을 예술과 기술의 측면에서 고찰하고, 위대한 도시들은 경제자본과 사회자본에 더해 문화자본이 축적된 곳임을 밝혔다.

문화예술은 20세기 초 도시미화운동City Beautiful Movement을 필두로 전후 문화지구조성, 문화유산보전 운동, 문화적 랜드마크 건축 등으로 도시계획에 반영되어왔다. 도시 위기가 심화된 1980년대 들어 도시재생과 공공정책, 장소마케팅을 위해 본격적으로 활용된다. 오늘날 많은 도시들은 문화예술의 창의성을 활용하여 도시의 잠재력을 끌어내려고 노력한다. 그 물꼬를 튼 것이 유럽문화수도European Capital of Culture 프로그램이다. 7개 창의 분야를 중심으로 300여 도시가 가입한 유네스코창의도시네트워크UCCN는 그 글로벌 버전이다.

문화예술은 상품화와 산업화를 통해 도시경제의 활로를 개척한다. 산업혁명의 요람인 영국은 제조업을 대체하기 위해 창조산업creative industry의 육성을 선도했다. 창조산업은 문화산업에 더해 첨단기술기반산업의 활용을 포함한다. 세계지적재산권기구WIPO의 조사를 보면 창조산업은 대개의 국가에서 유의미한 경제적 기여도를 보인다.

도시의 창의성은 창의적 공동체를 전제로 한다. 창의적 공동체를 규정하는 키워드는 참여 제고, 다양성 보존, 고유성 존중, 혁신적 아웃사이더, 사회포용, 역동성과 접변, 예술가의 매개 역량, 공공공간 등이다. 창의적 공동체는 한편으로 시민의 창의성을 북돋우며 한편으로 창조계급을 두껍게 만든다. 창의적 공동체는 무엇으로 사는가? 그 자양분은 문화예술이다. 문화예술의 교육과 학습, 문화예술에 대한 투자는 창의적 공동체를 지탱하는 두 기둥이다.

문화예술의 창의성은 공동체와 집단의 창의성을 증진한다. 영국의 '문화매체미디어 보고서'(2004)는 문화예술의 창작과 향유는 삶의 질에 영향을 주며 사회통합과 지역발전에 큰 영향을 미친다고 적시한다. 문화예술을 통해 지역의 사회경제적 회복을 촉진하는 것을 '이웃 기반 창조경제neighborhood-based creative economy'라 부른다. 사람은 노동자이자 시민이라는 관점에서 지역경제와 시민사회를 동시에 고려하는 접근법이다. 관건은 문화예술을 통해 아래로부터의 창의성을 끌어내어 협력의 연대를 발전시키는 데 있다. 이 과정에서 예술가와 문화공급자는 촉매 역할을 한다. 세계지방정부연합UCLG의 국제문화상을 받은 성북원탁회의가 대표적이다. 문화예술을 매개로 한 도시재생 사례들은 문화예술 활동이 활발할수록 도시는 더 안정되고 경제 상황 또한 개선된다는 점을 보여준다.

4. 사람 중심의 도시, 문화 중심의 공간

1) 지속가능한 발전과 문화

지속가능성 담론에서 문화는 크게 두 가지 맥락에서 다루어진다. 좁게는 지속가능성의 대상으로서 문화다. 전통과 가치, 유산과 장소, 민속

예술하는 일상

과 예술, 다양성과 역사 등 과거로부터 물려받고 미래로 물려줘야 할 자산을 뜻한다. 이는 지역의 문화정체성을 유지할 수 있는 능력으로 연결된다. 넓게는 지속가능성을 위한 문화의 역할이다. 모든 발전에 문화적 관점을 투영한다는 뜻이다. 문화는 지속가능발전의 모든 측면을 관통하는 주제, 이른바 '크로스커팅 이슈cross-cutting issue'로 인식된다. 문화는 사회에 가치체계를 제공하고 창의성과 다양성을 진작하며, 혁신과 웰빙에 기여한다. 이 적극적 관점은 글로벌 발전 의제인 지속가능개발목표SDGs의 3대 축—경제, 환경, 사회—에 문화라는 축을 더해야 한다는 주장으로 이어진다.

유네스코는 문화를 발전의 추동자driver이자 촉진자enabler로 규정한다. 발전의 추동자로서 문화는 이익 창출의 역할을 한다. 한편으로 문화유산, 문화산업과 창조산업, 문화관광 등을 통해 직접적인 경제이익을 낳고, 다른 한편으로 사회 포용과 회복, 창의성과 혁신, 기업가정신을 촉진하는 비화폐적 이익을 낳는다. 발전의 촉진자로서 문화는 사회 기풍을 진흥하는 역할을 수행한다. 특히 문화유산은 도시의 영혼으로서 도시 정체성과 시민 자긍심의 뿌리다. 나아가 문화는 다양성을 증진하고 시민 참여를 촉진하며 거버넌스와 파트너십을 진작한다. 이는 궁극적으로 발전을 위한 최적의 사회 여건을 만든다.

그런데 '문화를 통한 지속가능발전'이라는 명제를 정책으로 구체화하는 일은 '지방정부의 유엔'이라 불리는 세계지방정부연합UCLG의 몫이었다. UCLG가 2004년 채택한 「문화의제21Agenda 21 for Culture」은 문화다양성 및 인권 원칙들과 관련 문화정책을 담았다. 2015년에 채택한 「문화실천21Culture 21: Action」은 정책지침서로서 지속가능발전-문화-시민의 상호의존성을 강조한다. 특히 문화를 지속가능발전의 네 번째 원리로 보고 문화를 고려하지 않고는 SDGs를 이행할 수 없음을 천명한다.

발전과 문화의 관계에서 지속가능성과 쌍을 이루는 개념이 문화다양성cultural diversity이다. 「세계문화다양성선언」(2001)은 문화다양성이 발전의 근간이자 중요 요소이며, 국가는 자국의 문화를 유지하고 문화적 종의 다양성을 보존해야 한다는 원칙을 천명했다. 이를 기초로 2005년 유네스코 총회는 「문화적 표현의 다양성 보호와 증진을 위한 협약」(문화다양성협약)을 채택했다. 이로써 문화다양성은 국제법의 지위를 갖게 되었다. 문화다양성협약은 문화가 지속가능발전의 필수 요건이라고 규정한다.

2) 지속가능발전의 두 바퀴, 도시의제와 문화의제

지속가능발전은 두 개의 바퀴로 나아간다. 하나는 2016년 유엔해비타트III 총회에서 합의한 「새로운 도시의제New Urban Agenda」이다. 이 문건은 2016년부터 향후 20년간 국제사회가 추구해야 할 도시정책 목표들을 담았다. 다른 하나는 문화다양성협약의 글로벌 리포트인 「문화정책의 (재)구성Re | Shaping Cultural Policies」(2015)이다. 이는 문화다양성협약의 틀 속에서 협약국들의 문화정책을 안내하고 조율하는 성격을 지닌다. 전자가 지구촌 도시정책이라면, 후자는 지구촌 문화정책이다.

「새로운 도시의제」는 도시와 공동체에 관한 SDGs 목표11을 근간으로 만든 실천적 지침서다. 그 내용은 지속가능한 도시발전에 필요한 국제사회의 약속, 도시의 건설과 관리 및 생활 방식을 바꿀 수 있는 제반 원칙과 정책 등이다. 「새로운 도시의제」는 '모두를 위한 도시cities for all'를 표방한다. 그 바탕의 원리는 두 가지다. 하나는 프랑스 철학자 앙리 르페브르Henry Lefebvre가 주장한 '도시에 대한 권리도시권, right to the city'이다. 도시권은 자본이 지배하는 도시를 사람을 위한 도시로 바꾸자는 의미를 지닌다. 즉 도시는 주민이 함께 만들어가는 '작품œuvre'이므로 제품product으로서의 교환가치보다는 사용 가치를 중시해야 하며, 도시 공간의 생산과 관리에서 시민이 중심 역할을 해야 한다.

다른 하나는 제인 제이콥스의 도시 철학인 '좋은 도시good city'이다. 그 요체는 "모든 것은 거리에 있다everything on the street"라는 경구에 담겨 있다. 도시의 생명력은 거리의 활력에서 나오며 이는 보행의 가치를 존중할 때 가능하다는 뜻이다. 이는 스위스 건축가 르코르뷔지에Le Corbusier가 주관한 '아테네 헌장The Athens Charter'(1943)과 대척점에 선다. 동 헌장이 표방하는 현대 도시건축의 이상은 '공원 위의 타워'로 표현된다. 오픈스페이스에 고층 건물들을 짓고 그사이에 차로를 배치하는 방식이다. 이러한 구조는 사람들을 고립시키고 차량 이용을 촉진하며 거리의 활력을 죽인다고 제이콥스는 비판한다. '좋은 도시'는 일상의 관계로 형성되는 근린 생활이 중심이 된 장소이다.

한편, 「문화정책의 (재)구성」은 협약국의 보고서를 토대로 정기적으로 작성된다. 「문화다양성협약」의 핵심 원칙에서 비롯된 정책적 개념 틀

예술하는 일상

을 제안하고 이에 맞춰 실행 목표와 세부 목표, 그리고 핵심 지표들을 체계적으로 제시한다. 이 리포트는 「문화다양성협약」의 이행을 모니터링하는 길라잡이다. 동시에 문화와 발전 간 동태적 상호작용을 분석하는 데 활용할 수 있는 연구의 틀이기도 하다.

지구촌 문화정책은 4개의 원칙에 입각한다. 첫째, 투명한 거버넌스 체계를 토대로 문화적 표현의 다양성을 증진하기 위한 국가 정책은 주권적 권리이다. 둘째, 문화 상품과 서비스의 글로벌 흐름은 공평하고 개방적이며 균형이 잡혀야 하고, 예술가와 문화 전문가의 자유로운 이동을 촉진해야 한다. 셋째, 지속가능한 발전의 경제적 측면과 문화적 측면 간의 상호보완성을 인정하고 문화를 경제발전의 틀 속에 통합해야 한다. 넷째, 문화적 표현의 창작과 보급을 위해 표현, 정보 및 통신의 기본적 자유와 인권이 보장되어야 한다.

3) '문화 중심의 공간'은 어떻게 만들어지는가?

유네스코는 문화다양성협약의 실행을 보조하는 두 종류의 가이드북을 내놓았다. 하나는 지구촌 문화정책의 비전과 목표를 담은 「문화, 도시의 미래」(2016)이고 다른 하나는 정책 실천의 방법과 수단을 담은 「문화 2030지표」(2019)이다. 전자는 2015년 '지속가능도시를 위한 문화'를 주제로 열린 항저우 국제회의의 결의문을 기초로 했다. 동 결의문이 사람, 환경, 정책의 영역에서 도시가 추구해야 할 주제를 정한 것이라면, 「문화, 도시의 미래」는 각 주제별 추진 전략을 밝힌 것이다. 표 <지속가능도시를 위한 문화전략>은 12개의 주제와 추진 전략을 정리해 보여준다.

	주제	추진 전략
사람	사람중심도시	도시의 생활편의성 증대, 정체성 보호
	포용도시	문화를 통한 사회포용을 보장
	평화와 관용의 사회	문화 기반 대화와 평화 구축을 주도
	창의와 혁신의 도시	문화 기반의 도시발전에서 창의와 혁신을 장려
환경	사람에 맞춘 콤팩트도시	도시보존 경험을 토대로 인간 눈높이의 복합공간 건설
	지속가능하고 회복탄력성 있는 녹색 도시	생활친화적인 생태환경 조성
	포용성 있는 공공 공간	문화를 통한 공공 공간의 질적 개선
	도시 정체성의 보호	문화적 해법을 통한 회복탄력성 개선
정책	지속가능한 지역 개발	지속가능한 자원인 문화에 의거, 포용적 경제사회 개발
	도농 연계의 증진	문화관점이 투영된 도시계획을 통한 도시재생과 도농연계
	도시 거버넌스의 개선	문화적 참여과정의 장려, 거버넌스에서 공동체 역할 신장
	지속가능발전의 재정 확충	혁신적이고 지속가능한 문화재정 모델 개발

표 8. 지속가능도시를 위한 문화전략

한편 「문화2030지표」가 말하는 4대 범주와 각 범주별 세부지표는 '문화 중심의 공간'의 세부 구성요소를 알려준다. (1) 환경과 회복력: 유산에 대한 지출, 지속가능한 유산 관리, 기후적응과 회복력, 문화시설, 열린 문화공간, (2) 번영과 생활: GDP내 문화 비중, 문화 고용, 문화사업체, 가계 지출, 문화상품 및 서비스 무역, 문화를 위한 공공 재정, 문화 거버넌스, (3) 지식과 기술: 지속가능발전교육, 문화 지식, 다중언어 교육, 문화예술 교육, 문화 훈련, (4) 포용과 참여: 사회결속을 위한 문화, 예술의 자유, 문화에 대한 접근성, 문화 참여, 참여적 과정 등이다. 이러한 22개의 세부지표는 각각 개념, 목적, 데이터의 출처 등을 밝히고, 국가 수준과 도시 수준에서 각각 체크할 사항들을 열거한다.

글로벌 문화정책의 주제와 전략, 문화지표의 주요 범주와 세부 지표들은 문화에 대한 환경생태학적 입장을 반영한다. 각 지표들은 서로 유기적 관계를 맺고 있으며 문화의 공급과 소비 두 측면을 동시에 고려한다. 나아가 이를 통해 문화적 구성요소들이 개인, 사회, 경제와 어떻게 관련되는지 좀 더 명확히 이해하게 된다. 이러한 맥락에서 도시를 '문화 중심의 공간'으로 만드는 일은 바로 문화생태계의 선순환 구조를 만드는 일이기도 하다.

5. 매력도시와 문화생태계

1) 도시발전의 DNA와 매력

도시발전을 떠받치는 삼각대는 역동성dynamism, 개성nature, 어메니티amenity다. 영어 첫 글자를 따서 DNA로 부를 수 있다. 첫째, 역동성의 토대는 한편으로 시민의 열정과 창의성, 또 한편으로 도시가 가진 인적 물적 자원 그리고 지식 및 기술이다. 둘째, 개성은 도시의 자연지리 및 인문지리의 특성으로서 도시의 시공간적 정체성이다. 셋째, 어메니티는 쾌적하고 편리한 생활환경과 문화예술적 감성이다. 소프트파워의 두 축인 문화와 환경, 즉 도시의 매력을 뜻한다.

포스트포디즘의 시대, 도시의 DNA를 재발견하고 키우기 위해선 접근법의 변화가 필요하다. 틀을 깨야 길이 보인다. 창의는 틀을 깨는 데서 시작한다. 산업공학자 이면우가 설파했듯이 보이는 것보다 보이지 않는 것을 추구하고, 변할 것과 변하지 않을 것을 구분하며, 빠른 변화보다는 느린 파문에 집중해야 한다. 도시의 21세기, 발전 패러다임이 일변했다. 하드파워가 아니라 소프트파워가, 거번먼트가 아니라 거버넌스가, 그리고 영토가 아니라 네트워크가 새로운 문법이다.

2) 제3의 공간과 제3의 장소

공간은 물질적 내용과 정신적 내용을 갖는다. 그런데 미국의 포스트모던 지리학자 에드워드 소자Edward Soja는 공간에 대한 이분법적 접근으로는 도시의 진정한 모습을 보지 못한다고 말한다. 즉 사물을 통해 지각된 perceived 제1의 공간과 사유를 통해 인지된conceived 제2의 공간에 더해 주민과 그 사회관계 속에서 재현된 제3의 공간Third space도 살펴봐야 한다는 주장이다. 즉 도시의 공간성spatiality은 세 공간의 3중 변증법trialectics을 통해 형성된다는 말이다. 소자는 제3의 공간을 '생활의 공간lived space'이라 부른다. '생활의 공간'은 공간구성의 과정으로서 복잡한 인간 삶의 진정한 모습에 다가갈 수 있게 한다. 사실 우리는 한편으로 경관과 인프라를 통해, 다른 한편으로 도시계획이나 정책을 통해 도시 공간을 이해한다. 그런데 이러한 이분법은 도시에 사는 주민의 이야기를 제대로 담지 못한다. 제3의 공간론을 빌리면 우리가 놓친 풀뿌리 지역사나 최근 부상하는 로컬리티locality 담론 등을 확충해 획일화된 우리 도시들의 시공간적 정체성을 회복할 수 있을 것이다. 대한민국에 가려진 우리의 속 빈 도시문화가 이제 내실화의 길을 찾아 나서야 한다.

도시문화가 중요한 이유 중 하나는 경제발전의 문화의존성 때문이다. 실리콘밸리의 성공과 루트128의 실패를 비교분석한 아날리 삭스니언 Annalee Saxenian은 혁신이란 사회적 집합적 지역적 과정이며, 산업 집적만으로는 근접성과 상호의존의 이점을 발휘하지 못한다고 말한다. 캘리포니아의 네트워크적 수평적 문화와 매사추세츠의 영토적 수직적 문화가 두 IT클러스터의 운명을 갈랐다. 실리콘밸리에서 프로젝트팀들은 기업의 벽을 넘어 비공식 소통으로 긴밀히 연결된다. 특히 대면 교류는 소통의 효율을 높이고 암묵지tacit knowledge의 학습과 사회화를 촉진하며 위기 땐 심리적 안정감을 제공했다. 성공의 충분조건은 도시의 사회문화적 환경과 하위문화의 성격이다.

주목할 부분은 암묵지의 유통 공간으로서 '제3의 장소Third Place'라는 존재이다. 사회학자 레이 올덴버그Ray Oldenburg가 개념화한 '제3의 장소'는 사람들이 모여 어울리는 중립적 장소를 말한다. 제1의 장소(집)나 제2의 장소(직장)와 달리 제3의 장소는 카페, 서점, 바, 미용실, 공원, 체육관 등 비공식적 공공생활을 위한 도시의 핵심 환경이다. 이는 공동체의 회복을 주도하며 암묵지의 학습을 통해 도시경쟁력을 강화한다.

세 가지 장소는 융합된다. 집과 직장이 합쳐진 코리빙co-living 플레이스는 스타트업의 공유플랫폼으로 발전한다. 직장과 제3의 장소가 합쳐진 코워킹co-working 플레이스는 안티카페Anticafé를 탄생시켰다. 카페지만 커피는 무료이고 대신 함께 일하는 공간을 판다. 집과 제3의 장소가 합쳐진 코밍글링co-mingling 플레이스는 사회적 상호작용을 조장한다. 도쿄의 TRUNK Hotel은 호텔 로비를 지역주민의 사랑방으로 개방했다. 우리의 아파트단지 커뮤니티센터도 같은 성격이지만 근린관계 확장이 도전과제다. 세 장소가 합쳐진 '제4의 장소'도 등장했다. 일과 주거와 놀이가 모인 '직주락' 공간이다. 세계 최대 스타트업 캠퍼스인 파리의 Station F가 대표적이다.

제3의 장소는 사회의 거실이자 도시의 놀이터다. 다양한 제3의 장소는 마인드마이너Mind Miner 송길영이 예보한 '핵개인의 시대', 라이프스타일 도시의 문화적 진화를 함축한다. 특히 외형이나 디자인보다 기능과 맥락에 특화된 사용자 주도의 유연한 장소만들기placemaking가 도시문화의 새 트렌드를 이끈다. 게릴라 어바니즘guerilla urbanism, 팝업pop-up 프로젝트, DIY 어바니즘, 도시수선city repair 등 다양한 장소만들기는 콘텐츠를 입힌 장소자본place capital이 도시의 새 경쟁력임을 알린다.

3) 문화생태계 활성화

문화는 공동체 현상으로서 그 본질에 다가가기 위해선 생태계적 접근이 필요하다. 생태계의 개념들—협업, 피드백 고리, 포식, 자율규제, 상호

예술하는 일상

의존, 동학, 먹이사슬, 항상성homeostasis, 취약성—은 문화에 유용하다. 문화생태계는 역할, 가치사슬, 산업의 관점에서 접근할 수 있다.

역할의 관점에서 보면 문화생태계의 구성 주체들이 파악된다. 생태계의 활력을 유지하는 보호자(박물관, 도서관, 아카이브, 문화유산, 학자, 학교 등), 에너지를 중계하는 매개자(예술행정가, 문화기획자, 프로듀서, 큐레이터, 블로거 등), 플랫폼(회의 장소, 갤러리, 회관, 거리, 클럽, 웹사이트 등), 노마드(방랑자. 문화의 연출, 판매, 공유, 소비에 관여하는 주체. 인터넷 일인 생산자도 포함) 등이다.

가치사슬의 관점에서는 디지털 환경의 출현에 따른 생태계의 변화에 주목해야 한다. 아날로그 환경에서는 문화예술의 창작, 생산, 유통, 접근, 참여 등이 파이프라인처럼 배열되고 주체별로 특정 단계를 구현한다고 보았다. 그러나 디지털 환경에서는 가치사슬이 연결고리가 아니라 실시간으로 상호작용하는 마디인 네트워크이다. 이때 데이터는 문화생태계의 혈액이며 창조경제의 핵심 요소다.

산업의 관점에서 보면 새로운 비즈니스 기회를 창출하는 기반으로서 플랫폼의 역할이 부각된다. 플랫폼은 생태계 구성원들의 공동 문제에 대해 해결책을 제시하고, 구성원들은 플랫폼을 활용해 제품이나 가치를 창출한다. 생태계-플랫폼-전략-서비스의 연계 프레임워크는 산업 전반에 적용할 수 있는 틀로서 문화예술콘텐츠산업의 활성화 전략의 수립에 있어서도 성공의 열쇠가 된다.

문화생태계를 활성화하기 위해선 크게 네 가지 변화가 필요하다. 첫째, 문화에 대한 인식 전환이다. 무엇보다 생태계 활성화의 최우선 편익은 자생력 강화라는 인식이 필요하며 그 첩경은 문화생산자에 대한 적절한 보상이다. 또 문화는 주민들의 삶의 총체라고 인식할 때 문화생태계 활성화가 공동체 문화의 회복으로 이어진다. 나아가 창조도시 이론가 찰스 랜드리Charles Landry가 지적하듯 행정은 문화를 비문화적 목표를 위해 쓰는 일을 자제해야 한다. 끝으로 문화는 공동체 현상이기에 주체들의 상호의존성에 대한 인식을 제고하고 공생의식을 확산해야 한다.

둘째, 문화거버넌스의 강화이다. 문화다양성을 보호하기 위해서는 가치사슬의 모든 단계를 동시에 고려하는 통합적 접근이 필요하다. 문화예술 지원시스템의 개선, 지역문화예술단체간 소통과 협력의 강화, 민관합동모델의 모색, 문화재단의 역할과 기능의 변화 등이 요구된다. 특히 문화예술 지원은 사업 중심에서 사람 중심으로 무게중심을 옮겨야 한다. 보편성과 가시성을 선호하는 행정의 특성상 장르 지원에 치중해 사람 지원이 소홀해지기 때문이다. 한편 문화재단은 지자체 사업의 지원 기능을 넘어 전문적 정책 입안 기능을 강화해야 한다. 정책적 지속성과 예측성을 내재화하고, 문화정책의 조타수 역할을 수행해야 한다.

셋째, 문화플랫폼의 확장과 변환이다. 플랫폼 확장은 매개자의 기능 강화와 연관된다. 협동조합 형태의 민간 문화플랫폼들의 괄목할 만한 활약에 더해 최근 많은 자치구 생활문화플랫폼들이 활동한다. 플랫폼 변환은 문화정책의 내용보다는 실천 방식의 전환을 말한다. 온라인 소액 기부 프로그램인 크라우드 펀딩crowd funding을 통한 생태계 활성화가 좋은 예다. 나아가 커져가는 온라인 문화플랫폼과의 믹스를 통해 문화생태계의 경쟁력을 키워야 한다. 오프라인에서는 동호회와 평생학습을 지원하는 공공서비스 센터를 활용해 커넥터 기능의 공공공간을 확충해 나가고 이를 시민 공간으로 이어지게 할 필요가 있다.

끝으로 문화 전문인력 육성과 고용기회의 확대이다. 우리의 경우 문화매개 영역의 인적자원 육성은 비교적 활성화되어 있다. 그러나 문화예술인력 및 문화인력에 대한 개념이 불분명하고, 고용기회 또한 제한적이다. 캐나다 문화인적자원위원회Canadian Cultural Human Resources Council가 모델이 될 수 있다. 이 위원회의 업무는 교육훈련 프로그램 개발, 직무분석과 경력개발 관리, 인턴십 프로그램과 채용지원 및 실무 서적 출판, 네트워킹, 조사 및 정보제공, 예술인 변호 등이다. 문화인재 육성과 고용에 관한 통합적 접근방식이 눈길을 끈다.

6. 미래를 생각하면서 과거에서부터 계획한다

발전과 문화 담론의 키워드는 창의성, 경제효과, 공동체다. 문화 창의성은 도시경제의 원천이자 도시 혁신과 공동체 회복의 기반이다. 이 점에

예술하는 일상

서 문화도시 육성을 위한 위로부터의 움직임이 최근 활발해진 것은 고무적이다. 공동체 활성화, 지속가능한 성장 기반 확보, 사회혁신 등 문화가 지닌 경제적 사회적 가치의 실현이 문화정책의 목표다. 그러나 문화의 효용이 커지는 만큼 문화에 대한 성찰적 태도 역시 한층 더 필요해졌다.

도시가 '문화 중심의 공간'이 될 때 도시철학자 발터 벤야민Walter Benjamin의 말처럼 도시는 '인간의 집'이 된다. 유승호는 『문화도시』에서 벤야민이 도시 생활의 기쁨으로 삼았던 '플라느리flânerie', 즉 '걸으면서 도시를 배회하는 일'을 휴먼도시Human City의 어메니티 조건으로 소환한다. 도시를 걷는 즐거움은 뉴욕을 사랑한 제이콥스의 '좋은 도시'로 이어졌다. 인구가 모이고, 장소가 융합된 직주락 환경이 사람들을 수시로 거리로 불러내며, 낡은 건물은 신생기업이나 저이윤 기업의 플랫폼이 되고, 밀집된 거리망은 상점들의 번성과 함께 이웃 간 뜻밖의 만남도 만든다. '사람 중심의 도시'의 요체는 밀집과 다양성이다.

문화다양성은 문화정체성을 전제한다. 문화란 항상 접변하기에 다양성과 정체성은 강화되기도 약화되기도 한다. 다문화주의와 상호문화주의가 좁아진 지구촌의 문화다양성을 지지한다면, 지역성 내지 로컬리티에 대한 사유는 도시의 정체성 문제를 제기한다. 도시의 미래를 문화로 꿈꿀 때, 도시의 공간성은 '오래된 미래'인 과거의 재구성을 요구한다. 랜드리의 말처럼 "미래를 생각하면서 과거에서부터 계획한다thinking forward, planning backward". 시간의 퇴적 위에 만들어진 공간의 결은 주민들의 다양한 사회관계성의 총체로서 지역 문화를 켜켜이 쌓아왔다. 어바니즘의 공간적 특수성을 고려하고 지역문화를 재발견할 때 도시의 미래가 살아난다.

참고문헌

1. 도시와 공공성

도시와 도시거주자의 예술, 일상

단행본

곽삼근(2017), 『현대인의 삶과 문화예술교육』, 집문당.

국토연구원(2020), 『해비타트Ⅲ: 새로운 도시의제(2016)』.

신승원(2016), 『앙리 르페브르』, 커뮤니케이션북스.

사이토 준이치(2020), 윤대석·류수연·윤미란 옮김, 『민주적 공공성』, 이음.

앙리 르페브르(2024), 곽나연 역, 『도시에 대한 권리』, 이숲.

앤디 메리필드(2015), 김병화 역, 『마주침의 정치』, 이후.

앤서니 기든스·필립 W.서튼(2023), 김봉석 역, 『사회학의 핵심 개념들』, 동녘.

윌리엄 모리스(2020), 박홍규 역, 『모리스 예술론』, 필맥.

제인 제이콥스(2023), 유강은 역, 『미국 대도시의 죽음과 삶』, 그린비.

한나 아렌트(2019), 이진우 옮김, 『인간의 조건』, 한길사.

Yuriko Saito(2010), *Everyday Aesthetics*, Oxford University Press.

Yuriko Saito(2017), *Aesthetics of the Familiar : Everyday Life and World-Making*, Oxford University Press.

Yuriko Saito(2022), *Aesthetics of Care : Practice in Everyday Life*, Bloomsbury Academic.

예술하는 일상

논문

고길섶(2000), "공간의 문화정치: 공간적 세계성의 문화적 배치를 위하여", 『공간과 사회』 14호.

김주현(2013), 「포스트예술 시대의 미학과 비평」, 『시대와 철학』 제24권 2호.

박소윤(2022), 「지속가능발전과 도시문화정책: 부산 문화현장을 통해 본 문화다양성의 지역회복 함의」, 부산대 박사논문.

박소윤(2024), 「빈집에 대한 예술적 기억과 환기」, 『한국문화사회학회 2024 봄 학술대회 발표집』.

배정한(2023), 「환경미학의 다변화와 일상미학의 부상-유리코 사이토의 일상미학 이론의 의제와 쟁점을 중심으로」, 『한국조경학회지』 제51권 2호.

성윤정(2009), 「존 러스킨의 예술사상에 나타난 '공공성'과 공공선의 의의에 관한 연구」, 『디자인학 연구』 제85호 22.

신지은(2018), 「일상생활의 공공성 공공예술을 중심으로」, 『로컬리티 인문학』 20호, 부산대 한국민족문화연구소.

여건종(2010), 「일상적 삶의 상징적 창조성-윌리암 모리스와 유물론적 미학」, 『안과 밖: 영미문학연구』 제28호.

보고서

부산문화재단(2020), 「2010 부산회춘프로젝트 결과보고서」.

부산문화재단(2015-2020), 「무지개다리사업 결과보고서」.

부산문화재단(2016-2020), 「문화다양성사업 결과보고서」.

부산문화재단(2019), 「수정아파트 프로젝트 브로셔」.

매체

박소윤(2024), 「거리에선 누구나 예술가」, 『예술의 초대』 10월호, 부산문화회관.

박소윤(2024), 「우리의 일상도 예술일지 모른다」, 『예술의 초대』 11월호, 부산문화회관.

박혜민(2019.7.27), "동성애는 영어로 뭐라고 하지? LGTBQ의 뜻은?", 『중앙일보』.

홍윤지(2024.11.18.), "한국 태생인데 출생 신고 불가...4000명 넘는 외국인 아이들", 『법률신문』.

홈페이지

부산시민공원 https://www.citizenpark.or.kr/

BiG-i International Communication Center for Persons with Disabilities https://www.big-i.jp/contents/en/

Magda Sayeg(2016.3.23.), 「How yarn Bombing grew into a worldwide movement」, TED. https://www.youtube.com/watch?v=NFDmsNCGcvc

The High Line https://www.thehighline.org/
The Yard https://www.theyardtheatre.co.uk/

문화와 도시공공성

김세훈, 현진권 외 (2008), 『공공성 PUBLIC』, 미메시스
목수정(2005), '다름을 통해 서로를 풍요롭게-프랑스의 문화다양성 정책', 『문화도시
　　　文化복지』 vol. 168.
심보선(2017), 『시민의 도시, 서울』, 건축신문
이영범·염철호(2011), 『건축과 도시, 공공성으로 읽다』, 건축도시공간연구소(auri)
이영범(2009), 『도시의 죽음을 기억하라』, 미메시스
이영범(2016), 'the publicness of architecture: from the subject of discourse
　　　to the practice of value(건축의 공공성, 담론의 대상에서 가치의 실천으로)',
　　　『Space』 51권 6호.
이영범(2020), 'The relevance of approaches to public value in urban space (도시
　　　에서 공공성을 실현하는 방식)', 『Space』 55권 2호.
커뮤니티디자인연구소(2009), 『커뮤니티 디자인을 하다』, 나무와 도시

2. 도시예술의 다양성

시민예술 공동체의 생활예술

강윤주 외(2023) 「대구광역생활문화센터 3개년 운영에 따른 거버넌스 지원 및 활성화
　　　방안 연구」 대구문화예술진흥원
강윤주, 심보선 외(2017) 『생활예술: 삶을 바꾸는 예술, 예술을 바꾸는 삶』 ㈜살림출판사
박언수, 송혁규(2021) 「생활문화 예술활동 정책의 지역별 차이 연구: 부산, 울산, 경남
　　　지역을 중심으로」 『공공정책연구』, 제38권 제3호, 127-148쪽.
손동혁, 정지은(2017) 「생활문화 활성화 방안 연구 인천문화재단 '동네방네 아지트' 사
　　　업을 중심으로」 『도시연구』, 제12호, 29-63쪽.
이인순(2017) 「시민예술과 지역문화재생으로서의 연극 -도시 안산을 중심으로」 『드라
　　　마연구』 제51호, 35-64쪽.
정보영, 정문기(2022) 「공동체 사업 참여자의 공동체의식에 관한 연구: 생활문화공동
　　　체만들기 사업을 중심으로」 『한국행정학회 하계학술발표논문집』 2022권, 117-142쪽.
진은애, 이우종(2018) 「도시재생사업의 주민참여가 사회적자본 형성에 미치는 영향 -
　　　부산 아미초장 도시재생사업지역을 중심으로」, 『한국주거학회논문집』 제29권

제5호, 77-88쪽.

최성진(2024) 「생활문화의 공간적 발현과 상점가 형성 — 전북 익산시 인화동 구시장 거리와 한복거리를 중심으로」『도시연구』제35호, 7-31쪽.

Ha, Jiman(2024), 「Comparative Analysis of Cultural and Artistic Urban Regeneration Cases-focused on Citizen Arts Village in Kanazawa City, Japan and Samsung Creative Campus in Daegu Metropolitan City, South Korea」『Journal of the Korea Institute of Spatial Design』, Vol.19 No.2, 121-136.

인터넷 사이트

극단 동네풍경 홈페이지 https://bokjakbookjak.oopy.io/group (2024년 10월 17일자 검색)

김태창, "안산시 '제6회 상록수문화제' 개최", 안산타임스, https://www.ansantimes.co.kr/news/articleView.html?idxno=29454 (2024년 10월 17일자 검색)

이주은, "우리동네, 안산의 이야기를 기억해주세요", 극단 동네풍경 김규남 대표 인터뷰, 고대신문, https://www.kunews.ac.kr/news/articleView.html?idxno=32834 (2024년 10월 17일자 검색)

하혜경, "놀이와 배움이 하나 되는 시민 축제 열려", 최용신 선생님 꿈이 현실된 축제 마당, 지역내일, https://www.localnaeil.com/News/View/636634 (2024년 10월 17일자 검색)

하혜경, "우리 동네 예술 단체 2 극단 '동네풍경'", 지역내일, https://www.localnaeil.com/News/View/627470 (2024년 10월 17일자 검색)

도시와 예술의 만남

단행본

구승희, 김성국 외(2000), 『아나키, 환경, 공동체』, 모색

박신의 외(2001), 『문화예술경영 이론과 실제』, 생각의 나무

나시야마 야스오(2009), 『영국의 거버넌스형 마을 만들기 - 사회적 기업에 의한 도시 재생』, 기문당

볼프강 벨슈(2005), 『미학의 경계를 넘어』, 향연

클라우스 버거링(2006), 『매체 윤리』, 연세대학교출판부

슈테판 권첼(2010), 『토폴로지』, 에코리브르

이안 제임스(2013), 『속도의 사상가』, 앨피

카트린느 미예(1993), 『프랑스 현대미술』, 시각과 언어

프리드리히 니체(2024), 『혼자일 수 없다면 나아갈 수 없다』, 포레스트북스

리처드 플로리다(2008), 『도시와 창조계급-창조 경제 시대의 도시 발전 전략』, 푸른길

마르쿠스 슈뢰르(2010), 『공간, 장소, 경계』, 에코리브르

앙리 르페브르(2012), 『리듬 분석』, 갈무리

찰스 랜드리(2005), 『창조도시』, 해남

논문

박신의(2007), 「폐공간(Friche)에서 예술공장으로-프랑스 예술공간 프로젝트와 새로운 문화 행동」, 『프랑스문화연구』, 제15집, pp.149-180.

박신의(2008), 「창조도시, 창조계급, 문화예술경영」, 『문화예술경영, 이론과 실제』, pp.3-17.

박신의(2008), 「도시는 어떻게 창조적으로 되는가? : 문화중심도시와 도시발전 전략」, 『문화경영』, 창간호, pp.23-41.

양초롱(2015), 「스트리트 아트 운동의 등장과 전개에 대한 역사적 고찰 : 1980년대 이후부터 오늘날까지 파리를 중심으로」, 현대미술학회, 제19권 1호, pp. 167-215.

양초롱(2022), 도시 발전과 공공미술의 상관관계 : 프랑스 리옹 도시를 중심으로, 유럽문화예술학논집, Vol.13 No.1, pp.1-27.

민지은, 박신의(2023), 「프랑스 지역 문화프랑스 지역문화 거점 공간의 문화예술 '접근성'에 대한 새로운 실천: '미크로-폴리(Micro-Folie)' 사례를 중심으로」, 문화정책논총, vol. 37(2), pp. 35-62.

홈페이지

앨프필하모니 홈페이지 https://arquitecturaviva.com

르 누벨 옵세르바퇴르 홈페이지 https://www.nouvelobs.com

크리스토&잔클로드 재단 홈페이지 christo-and-jeanne-claude-foundation

에르네스트 피뇽-에르네스트 공식 홈페이지 http://pignon-ernest.com

한국 문화정책의 역사적 변천과 장애예술의 방향 모색

강내희(2010), 「임시정부가 꿈꾼 교육, 문화 정책과 그 굴절」, 『사회와 역사』, 88권, 195-227.

고용정보원(2023), 『2023 국내외 직업 비교 분석을 통한 신직업 연구_2차 연도 연구(보건복지 분야를 중심으로)』, 고용정보원.

김규원 외(2018), 「담론 논쟁의 동학(dynamics)으로 바라본 문화정책 73년」, 『문화정책 논총』, 32집 2호, 5-32.

김문조·박수호(1998), 「한국의 문화정책: 회고와 전망」, 『아세아 연구』, 100호, 297-323.

김미현(2020), 「한국 영화정책 체계의 제도적 전환에 관한 연구: 사회 민주화와 영화신업 성장의 연관성을 중심으로」, 『문화경제연구』, 23권 1호, 99-119.

김성일(2014), 「식민지시대 한국 문화운동의 전개: 사상 · 문예운동을 중심으로」, 『문화과학』, 80호, 228-258.

김수정(2019), 「1960~1970년대 한국 문화정책에 대한 재고찰: 초국적 맥락에서 전개된 시대의 흐름을 역행하다」, 『문화와 사회』, 27권 1호, 295-335.

김운태(2001), 「한국 행정 근대화 100년의 회고: 미 군정의 과도기를 중심으로」, 『한국 행정학보』, 35권 2호, 1-17.

김은정, 허원빈, 양기용, 오영삼, 김지수(2020), 「지역사회 문제해결을 위한 콜렉티브 임팩트 접근에서 대학의 역할에 관한 시론적 연구」, 『한국사회복지행정학』, 22권 1호, 1-22.

김정수(2006), 「한국 영화정책레짐의 단절적 진화: 제도의 중층성과 다원성 그리고 제도변화의 다면성」, 『한국행정연구』, 15권 2호, 185-216.

김진각(2022), 「문화예술정책 태동기의 예술지원에 관한 분석적 고찰: 박정희 정부를 중심으로」, 『문화정책 논총』, 36집 2호, 61-87.

도면회(2014), 「조선총독부의 문화 정책과 한국사 구성 체계」, 『역사학보』, 222집, 67-97.

류상영·김민정(2021), 「한국 민족주의의 두 가지 길: 박정희와 김대중의 연설문 텍스트 마이닝」, 『현대정치연구』, 14권 1호, 87-130.

문화체육관광부(2022), 「역대 첫 '장애예술인 문화예술활동 지원 기본계획' 수립」. 문체부 보도자료, 2022년 9월 8일.

박정미(2016), 「쾌락과 공포의 시대: 1980년대 한국의 '유흥향락산업'과 인신매매」, 『여성학논집』, 33집 2호, 31-62.

법제처(2020), 『장애예술인의 문화예술 활동 지원에 관한 법률』. 국가법령정보센터.

손봉호(1995), 『고통받는 인간』, 서울대학교 출판부

심보선·박세희(2021) 「상징폭력으로서의 미술관 정책: 1960-80년대 국립현대미술관의 형성과 변화를 중심으로」, 『사회와 역사』, 131권: 175-215.

양현미(2024), 「문화정책의 역사적 전개과정」, 『한국 문화정책의 이해: 이론, 역사, 실천』, 문화과학사, 49-77.

오양열(1995), 「한국의 문화행정체계 50년」, 『문화정책 논총』, 7집, 29-74.

윤수진(2022), 「콜렉티브 임팩트 접근을 통한 지역사회 문제해결 사례: 민관학협력 '도시혁신스쿨'을 중심으로」, 『교양교육연구』, 16권 2호: 321-337.

이동연(2024), 「문화정책의 이론적 기초」, 『한국 문화정책의 이해: 이론, 역사, 실천』, 문화과학사, 13-48.

이봉범(2009), 「1950년대 문화정책과 영화검열」, 『한국문학연구』, 37권, 409-467.

정근식·최경희(2011), 「해방 후 검열체제의 연구를 위한 몇 가지 질문과 과제」, 『대동문화연구』, 74권, 7-60.

정무정(2004), 「美 軍政期의 문화정책과 미술계」, 『미술사연구』, 18호, 147-166.

정종은(2024), 「한류 정책의 빛과 그림자」, 『한국 문화정책의 이해: 이론, 역사, 실천』, 문화과학사, 328-356.

정종은(2022), 『한류 맥 짚기: 신개발주의를 알아야 한류가 보인다』, 진인진

정종은(2013), 「한국 문화정책의 창조적 전회」, 『인간연구』, 25호, 33-71.

정종은·최보경(2024), 「성장의 시대 이후, 문화도시 정책의 새로운 방향 모색: '저장고' 와 '소용돌이'를 넘어서」, 『Global Issue Brief』, 2024년 11월호, KDI.

정종은, 최보연, 최보경, 최강찬, 강지섭(2024), 『2024 접근성 매니저 직무 분석 및 양 성 과정 개발』, 한국장애인문화예술원.

정종은, 신종천, 홍성태, 최보연, 김민우, 유지연, 조은혜, 백승재(2023), 『문화콘텐츠산 업의 지속가능 성장을 위한 인문학의 역할 연구』, 경제·인문사회연구회.

정종은·최보연(2021), 「장애예술단체 활성화 정책의 방향 모색: 영국의 정책 및 현장 사 례를 중심으로」, 『장애인복지연구』, 12권 2호: 81-113.

정철현(2006), 「남북한 문화정책 비교에 관한 연구」, 『사회과학논집』, 37권 2호, 1-24.

천정환(2017), 「현대 한국 검열의 계보학」, 『문화과학』, 89호, 83-110.

최보연·정종은(2024), 「문화예술 분야 장애인 접근성 제고를 위한 개념적 고찰: 접근성 개념 및 관련 용어 분석을 중심으로」, 『교육연극학』, 16권 2호, 85-114.

통계청(2024), 「2023년 출생 통계」, 통계청 보도자료, 2024년 8월 28일.

한영현(2016), 「개발 신화의 승인과 폭로, 도시 난민의 영화적 재현도시 난민의 영화적 재현: 1980년대 초반 한국 영화를 중심으로」, 『현대영화연구』, 25권, 107-136.

Arts Council England. (2020) Let's Create: Arts Council England strategy 2020-2030, Arts Council England.

Akhand, H. & Gupta, K. (2006) Economic Development in Pacific Asia, London & New York: Routledge.

Amsden, A. (1989) Asia's Next Giant: South Korea and Late Industrialization, New York: Oxford University Press.

Broderick, A. (2020). Of rights and obligations: the birth of accessibility. The International Journal of Human Rights, 24(4): 393~413.

Castells, M. (1992) Four Tigers with a Dragon Head, in States and Development in the Asian Pacific Rim, Appelbaum, R. & Henderson, J.(eds.), London: Sage Publications, 33~70.

Chan, S., Clark, C. & Lam, D. (1998) Looking beyond the Developmental State, in Beyond the Developmental State, Chan, S. Clark, C & Lam, D.(eds.), Hampshire and London: Macmillan Press Ltd, 1~8.

Coleman, R., & Myerson, J. (2001). Improving Life Quality by Countering Design Exclusion. Gerontechnology.

Couch, R. H. (1992). Ramps Not Steps: A Study of Accessibility Preferences. Journal of Rehabilitation, 58(1): 65~69.

Duncan, R. (2006). Universal design and overview of Center for Universal Design at North Carolina State University. Japan Railway & Transport

Review, 45: 32~37.

Grossman, J. (2010). Pregnancy, Work, and the Promise of Equal Citizenship. Georgetown Law Journal, 98(3): 567~628.

Howlett, M. & Ramesh, M. (1998) Policy Subsystem Configurations and Policy Change, Policy Studies Journal, 26(3): 466~481.

Johnson, C. (1982) MITI and the Japanese Miracle: The Growth of Industrial Policy, Stanford, CA: Stanford University Press.

Kirk, J. A. (2005). A Study in Second Class Citizenship: Race, Urban Development, and Little Rock's Gillam Park, 1934-2004. The Arkansas Historical Quarterly, 64(3): 262~286.

Landry, C. & Hyams, J. (2012) The Creative City Index: Measuring the Pulse of the City, Comedia: Bournes Green Near Stroud, UK.

Thomas, E., Dovidio, J. F., & West, T. V. (2014). Lost in the categorical shuffle: Evidence for the social non-prototypicality of black women. Cultural Diversity and Ethnic Minority Psychology, 20(3): 370~376.

Wade, R. (1990) Governing the Market: Economic Theory and the Role of Government in East Asian Industrialization, Princeton, NJ: Princeton University Press.

World Bank (1993) The East Asian Miracle: Economic Growth and Public Policy, Washington, DC: The World Bank.

3. 일상 그리고 장소

제3의 장소로서 문화공간은 도시를 어떻게 돌보는가

단행본 및 보고서

박혜영(2022), 『나의 아저씨 1』, ㈜세계사컨텐츠그룹.

이지훈 외(2022), 『부산지역 생활권 문화공간 활성화 지원 연구』, 부산문화재단.

정석(2016), 『도시의 발견』, ㈜메디치미디어, p.166~168.

카를로스 모레노(2023) 지음, 양영란 옮김, 『도시에 살 권리』, 정예씨.

찰스 몽고메리(2014) 지음, 윤태경 옮김, 『우리는 도시에서 행복한가』, 미디어윌, 2014.

데이비드 심(2020) 지음, 김진엽 옮김, 『소프트 시티』, 차밍시티.

에릭 클라이넨버그(2019) 지음, 서종민 옮김, 『도시는 어떻게삶을 바꾸는가』, 웅진지식하우스.

이시야마 노부타카(2023) 편저, 윤정구 외 옮김, 『로컬의 발견』, 더가능연구소.

마르크 오제(2018) 지음, 이상길·이윤영 옮김, 『비장소』, 아카넷.

레이 올든버그(2019) 지음, 김보영 옮김, 『제3의 장소』, 풀빛.

논문

권인혜(2023), 「프랑스의 제3의 장소 지원정책과 보드르빌의 온실(La Serres de Beaudreville) 사례」, 『세계농업』 251권, 한국농촌경제연구원.
원향미(2024), 「15분 도시 부산의 시민 문화권 보장을 위한 생활권 민간 문화공간의 사회적 역할」, 『동아시아와 시민』 Vol.5. 동서대학교 중국연구센터.
정헌목(2013), 「전통적인 장소의 변화와 '비장소(non-place)'의 등장」, 『비교문화연구』 제19집 1호, 서울대학교 비교문화연구소.

웹사이트

따뜻한 환영 홈페이지 https://www.warmwelcome.uk
파리시 홈페이지 https://www.paris.fr/pages/les-cours-oasis-7389#les-cours-d-ailleurs
모모스커피 인스타그램 https://www.instagram.com/p/DAFx4FzTmug/?img_index=1
베러먼데이 클럽 홈페이지 https://bmclub.kr/index.php

4. 도시의 기억과 미래

도시의 기억과 문화시설

백도인(2023.06.03.). 도시재생 현장을 가다. ③불 꺼진 담배공장을 문화 집적단지로, 연합뉴스,
윤학로 (2010). 산업유산과 오르세 미술관: 절충과 전환의 문화공간. 프랑스문화예술연구, p568-569
염미경(2004.06.). 산업유산을 활용한 지역활성화와 민관참여. 한국사회학회 사회학대회 논문집. p.709
이성제 (2019.2). 수장고에 보존된 건축의 현실, SPACE
Dean, C. (Ed.)(2010). Tate Modern: Pushing the limits of regeneration/ City, Culture and Society. 79-87
Dercon, C. & Serota, N. ed. (2016), Tate Modern Building a museum for the 21st century, 19
Jo, S.(2003). Aldo Rossi: Architecture and Memory. Jnl of Asian Architecture and Building Engineering. Volume 2,

예술하는 일상

Lorente, P. ed. (1996).The Role of museums and the arts in the urban regeneration of Liverpool. Centre for Urban History. University of Leicester, 1996.

Lucas, S. (2023). What is the Bilbao Effect?, https://futurearchi.blog/en/bilbao-effect/

Lynch, K. (1960), The Image of the City, the MIT press

Rossi, A. (1982), The Architecture of the City, the MIT press

건축공간연구원 누리집,http://www.aurum.re.kr/Bits/BuildingDoc.aspx?num=2709

대한민국역사박물관 누리집, 건축 https://www.much.go.kr/museum/cnts/build.do)

도시의 미래, 문화

강현수, 2010, 『도시에 대한 권리: 도시의 주인은 누구인가』, 책세상

권혁인 외, 2015, 『문화예술산업 생태계 서비스모델』, 한경사

노영순, 2017, 「UN 지속가능발전목표(UN SDGs)와 문화정책의 대응 방안」, 한국문화관광연구원

모종린, 2024, 『크리에이터 소사이어티』, 김영사

모종린, 2016, 『라이프스타일 도시』, Weekly BIZ

박세훈 외, 2016, 「해비타트III와 한국도시정책에의 시사점」, 국토연구원

박소윤, 2022, 「지속가능발전과 도시문화정책: 부산 문화현장을 통해 본 문화다양성의 지역회복 함의」, 부산대학교 박사학위논문

박은실, 2018, 『문화예술과 도시: 시대적 변화와 실천적 담론』, 정한책방

부산대학교 한국민족문화연구소 편, 2009, 『로컬리티, 인문학의 새로운 지평』, 혜안

송길영, 2023, 『시대예보: 핵개인의 시대』, 교보문고

유네스코한국위원회, 2020, 『유네스코 창의도시 네트워크 길잡이』

유승호, 2018, 『문화도시: 지역발전의 창조적 패러다임』, 가쎄

이면우, 2004, 『생존의 W이론』, 랜덤하우스코리아

이재규, 2009, 『지식사회: 피터 드러커의 사회관』, 한국경제신문

정수복, 2009, 『파리를 생각한다: 도시 걷기의 인문학』, 문학과지성사

<해석과 판단> 비평공동체, 2009, 『지역이라는 아포리아: 지역에 대한 존재론적 사유와 실천적 질문』, 산지니

Braczyk, Hans-Joachim et. al. eds., Regional Innovation Systems: The Role Governances in A Globalized World, London: UCL Press, 1998.

Butler, Christopher, Henri Lefebvre: Spatial Politics, Everyday Life and The Right to The City, New York: Routledge, 2012.

Dyer, Jeff 외 지음, 송영학 외 옮김, 『이노베이터 DNA: 성공하는 혁신가들의 5가지 스킬』, 세종서적, 2012.

Duxbury, Nancy, Anita Kangas and Christiaan De Beukelaer, "Cultural policies for sustainable development: four strategic paths," International Journal of Cultural Policy, 23(2), 2017.

Florida, Richard 지음, 박기복·신지희 옮김, 『후즈유어시티: 세계의 경제엘리트들은 어디서 사는가』, 브렌즈, 2010.

Florida, Richard, The Rise of The Creative Class, New York: Basic Books, 2002.

Friedman, Thomas 지음, 최정임·이윤섭 옮김, 『세계는 평평하다: 21세기 세계 흐름에 대한 통찰』, 창해, 2006.

Grant, Jill 편저, 오은주 역, 『창조도시를 위한 인재 찾기: 혁신의 사회적 동력』, 국토연구원, 2015.

Hall, Peter, Cities in Civilization: Culture, Innovation, and Urban Order, London: Weidenfeld & Nicolson, 1998.

Harari, Yuval Noah 지음, 조현욱 옮김, 『사피엔스: 유인원에서 사이보그까지, 인간 역사의 대담하고 위대한 질문』, 김영사, 2015.

Holden, John, The Ecology of Culture, Arts and Humanities Research Council, 2015.

Huntington, Samuel and Lawrence Harrison 공편, 이종인 옮김, 『문화가 중요하다』, 김영사, 2001.

Jacobs, Jane 지음, 유강은 옮김, 『미국 대도시의 죽음과 삶』, 그린비, 2010.

Jacobs, Jane 지음, 서은경 옮김, 『도시와 국가의 부: 경제적 삶의 원칙』, 나남출판, 2004.

Jensen, Rolf 지음, 서정환 옮김, 『드림소사이어티: 꿈과 감성을 파는 사회』, 한국능률협회, 2005.

Landry, Charles 지음, 메타기획컨설팅 옮김, 『크리에이티브 시티 메이킹』, 역사넷, 2009.

Landry, Charles 지음, 임상오 옮김, 『창조도시』, 해남, 2007.

Morisson, Arnault, "A Typology of Places in the Knowledge Economy: Towards the Fourth Place," Metropolitan Perspectives. Smart Innovation, Systems and Technologies, Vol. 100, 2019.

Mumford, Lewis, The Culture of Cities, San Diego: Harcourt Brace Company, 1996.

Norberg-Hodge, Helena 지음, 양희승 옮김, 『오래된 미래: 라다크로부터 배우다』, 중앙북스. 2015.

Oldenburg, Ray 지음, 김보영 옮김, 『제3의 장소: 작은 카페, 서점, 동네 술집까지 삶을 떠받치는 어울림의 장소를 복원하기』, 풀빛, 2019.

Pallagst, Karina et. al. eds., Shrinking Cities: International Perspectives and

Policy Implications, New York: Routledge, 2014.

Pink, Daniel 지음, 김명철 옮김, 『새로운 미래가 온다』, 한국경제신문, 2009.

Saxenian, A., Regional Advantage: Culture and Competition in Silicon Valley and Route 128, Cambridge, Mass.: Harvard University Press, 1994.

Soja, Edward 지음, 이성백 외 옮김, 『포스트 메트로폴리스 1』, 라움, 2018.

Soja, E., Thirdspace: Journeys to Los Angeles and Other Real-And-Imagined Places, Cambridge, Mass.: Blackwell, 1996.

Stern, Mark and Susan Seifert, "From Creative Economy to Creative Society," Creative & Change, Jan. 2008.

Throsby, David 지음, 성제환 옮김, 『문화경제학』, 한울아카데미, 2013.

Toffler, Alvin 지음, 박문호 옮김, 『제3의 물결』, 대명사, 1984.

UCLG, Culture 21: Actions-Commitments on the role of culture in sustainable cities, 2015.

UN, New Urban Agenda, 2017.

UNCTAD, Creative Economy Outlook 2022, UN, 2022.

UNESCO, 『문화 2030 지표』, 유네스코한국위원회, 2019.

UNESCO, 『문화정책의 (재)구성: 문화다양성협약 글로벌 리포트』, 유네스코한국위원회, 2018.

UNESCO, Culture: Urban Future. Global Report on Culture for sustainable Urban Development, 2016.

UNESCO, Reshaping Cultural Policies: A Decade Promoting the Diversity of Cultural Expressions for Development. 2005 Convention Global Report, 2015.

https://www.culturalhrc.ca (캐나다 문화인적자원위원회 홈페이지)

저자소개

박소윤

부산문화재단 정책연구센터장. 부산대학교 겸임교수. 부산대학교 예술·문화와 영상매체 협동과정에서 예술학 석사 학위를, 같은 대학 국제전문대학원에서 「지속가능발전과 도시문화정책: 부산 문화 현장을 통해 본 문화다양성의 지역회복 함의」로 국제학 박사 학위를 받았다. 도시와 지역 문제를 고민하며 2024년 『문화정책 이슈페이퍼-로컬로턴』을 발간하는 등 담론과 현장을 넘나들며 뛰어다니는 중이다. 「음악 용어의 탈식민성: '번역되기'에서 '번역하기'로: 금수현의 『표준음악사전』을 중심으로」, 「신무용과 부산」 들의 논문이 있으며 책임 편집 및 공동 집필한 책 『우리·문화예술교육』(2020), 『지역·문화예술교육』(2020), 『청문청답-부산청년문화백서』(2021) 들을 내었다.

toktoksy@naver.com

이영범

서울대학교에서 건축을 공부하고 영국 런던 건축대학 Architectural Association School of Architecture의 대학원에서 박사학위를 취득했다. 현재 경기대학교 건축학과 교수로 재직 중이며 건축 분야 국책연구원인 건축공간연구원(auri)의 원장을 맡고 있다. 2002년부터 시민단체인 도시연대에서 커뮤니티디자인센터장을 맡아 참여디자인에 기반한 마을만들기 활동을 하였고 문화도시재생, 공동체 디자인, 공유공간과 시민자산화 등을 통해 지속적으로 도시의 공공성과 사회적 가치에 관심을 두고 연구와 현장을 넘나들며 활동하고 있다. 주요 저서로는 『도시의 죽음을 기억하라』, 『뉴욕런던서울의 도시재생이야기』, 『우리 마을만들기』, 『건축과 도시 공공성으로 읽다』, 『당연하지 않은 도시재생』 등 다수가 있다.

ybreigh@hanmail.net

강윤주

경희사이버대학교 문화예술경영학과 교수. 이화여자대학교 국문학과를 졸업하고 독일 뮌스터대에서 사회학 석사와 박사 학위를 받았다. 잡지 『샘이깊은물』 기자, KBS 및 SBS 방송작가, 서울환경영화제 선임 프로그래머 등으로 활동했고 2018년부터 2021년까지 한국문화예술위원회 위원으로 재직했다. 2007년부터 생활예술 연구에 매진해 왔고 『생활예술: 삶을 바꾸는 예술, 예술을 바꾸는 삶』(2017)과 『포스트코로나 시대의 생활 예술』(2020)의 대표 저자이기도 하다.

artkang@khcu.ac.kr

양초롱

랑스 그르노블2대학에서 현대미술사로 박사학위를 취득했다. 귀국한 2015년부터 조선대학교 미술대학 초빙교수로, 그 외에도 전남대학교(미술이론학과), 부산대학교(예술문화영상학과) 강사로 활동했다. 한국의 대학 교육 이외에도 현장에 관심이 많아 일상 속 예술의 역할을 고민하면서 미술비평 및 예술기획을 하고 있다. <미디어 도시 공간과 인간 지각의 문제>, <도시 미학과 현대예술>, <도시 발전과 공공미술의 상관관계> 등의 연구와 현장 활동을 가로지르며 도시 예술, 문화적 도시 재생, 공공 공간의 예술적·사회적 역할, 이론과 실천의 관계 등에 관심을 둔다. 대표적으로 2019~2023년 문화복합공간 해동문화예술촌 운영을 총괄했으며, 그 외 예술 프로젝트의 총감독으로 활동 중이다.
chorongyang@gmail.com

정종은

서울대학교에서 미학과 종교학(BA)을 전공했고, 석사과정에서 사회미학(MA)을 전공했다. 영국 글래스고 대학교에서 미디어 경영(MSc)과 문화정책학(Ph.D)을 공부했다. ㈜메타기획컨설팅에서 부소장으로, 한국문화관광연구원에서 부연구위원으로, 상지대학교 문화콘텐츠학과에서 조교수로 재직했으며, 현재 부산대학교 예술문화영상학과에서 부교수로 재직하고 있다. 문화체육관광부 자체평가위원, 청원심의위원, 여가친화기업인증위원, 국공립박물관/미술관 평가인증위원, 문화도시 평가위원, 길위의 인문학(박물관) 운영위원장, 국립현대미술관 정부미술품운영위원 등을 역임했다.
jjekorea@pusan.ac.kr

박현정

대학 시절부터 자연과 환경문제에 특별한 관심을 두고 있다가 독일 뮌헨 유학 시절 독문학과 생태학을 접목하여 생태문학을 연구하였다. 2010년 생태와 환경에 대한 다양한 이론과 문학을 접목한 『한스 마그누스 엔첸스베르거의 시와 에세이에 나타난 생태적 사유』로 문학박사 학위를 수여하였다. 현재 생태문학, 생태문화, 생태비평에 관한 다수 논문과 저술을 출간하였고 인간, 환경, 문화라는 주제로 연구와 강의를 지속하고 있다.
hyunpark@chungbuk.ac.kr

원향미

부산문화재단 정책연구센터 선임연구원. 부산대학교 불어불문학과를 졸업하고 부산대학교 예술문화와 영상매체 협동과정에서 「한국과 프랑스 문화정책의 역사적 비교 연구」로 예술학 박사학위를 취득했다. 춤 기획자, 부산민예총 정책위원장, 금정문화재단 문화소통팀장으로 근무한 경험이 있다. 지역문화진흥원 문화가 있는 날 <지역문화콘텐츠 특성화 사업> 컨설턴트, 부산테크노파크 커피포럼 문화분과 위원으로 활동하였다. 현재 부산문화재단 정책연구센터에서 부산지역 문화환경을 관찰하는 다수의 연구조사를 수행하면서 도시의 삶과 문화예술의 화학적 결합에 대한 고민을 이어가고 있다.

hmwon@bscf.or.kr

김용승

한양대, 영국 런던대와 바스대에서 수학하였으며 공간분석 이론을 공부하여 주로 박물관의 공간분석과 기본계획 및 타당성 조사 등에 관심을 두고 연구하고 있다. 한양대학교 에리카 건축학부 교수로 재직 중이며, 사)한국문화공간건축학회 회장을 역임하였다.

yskim@hanyang.ac.kr

이철호

서울대 외교학과에서 학사와 석사를 마치고 프랑스 사회과학대학원(EHESS)에서 정치학 박사학위를 받았다. 2003년부터 부산대학교 국제전문대학원 교수를 역임했으며, 현재 명예교수로 연구 활동 중이다. 2015년부터 2018년까지 부산인적자원개발원장과 부산인재평생교육진흥원장을 지냈다. 전문 분야는 동아시아지역협력과 도시권국제정치경제이다. 저서로는 『부산글로벌경제론』(공저 2016), 『도시재생 실천하라』(공저 2014) 등이 있으며, 논문으로는 "메가시티 담론과 국민국가의 변환"(2022), "글로벌 발전의제와 로컬 문화정책"(2020) 등이 있다.

chlee58@hanmail.net

예술하는 일상

부산문화재단 '문화+@' 총서 ①

ⓒ 2024, 부산문화재단

발행일	2024년 12월 31일 (초판 1쇄)
발행처	부산문화재단 정책연구센터
	(48543) 부산광역시 남구 우암로 84-1 (감만동)
	T. 051-744-7707 F. 051-744-7708 www.bscf.or.kr

발행인	이미연
글쓴이	강윤주 김용승 박소윤 박현정 양초롱
	원향미 이영범 이철호 정종은
책임편집	박소윤 이소민
디자인	박노니 이보리 (뮤트스튜디오 Muut Studio)

제작·유통	㈜호밀밭
출판등록	2008년 11월 12일 (제338-2008-6호)
	(48231) 부산광역시 수영구 연수로 357번길 17-8
	T. 051-751-8001 F. 0505-510-4675 homilbooks.com

ISBN 979-11-984487-9-8 (93300)